GUERRA DE NARRATIVAS

Luciano Trigo

GUERRA DE NARRATIVAS

A CRISE POLÍTICA E A LUTA PELO
CONTROLE DO IMAGINÁRIO

GLOBOLIVROS

Copyright © 2018 by Editora Globo S.A.
Copyright © 2018 by Luciano Trigo

Todos os direitos reservados. Nenhuma parte desta edição pode ser utilizada ou reproduzida —
em qualquer meio ou forma, seja mecânico ou eletrônico, fotocópia, gravação etc. — nem
apropriada ou estocada em sistema de banco de dados sem a expressa autorização da editora.

Texto fixado conforme as regras do Acordo Ortográfico da Língua Portuguesa
(Decreto Legislativo nº 54, de 1995).

Editora responsável: Amanda Orlando
Assistente editorial: Lara Berruezo
Preparação: Huendel Viana
Revisão: Denise Schittine e Alessandra Volkert
Diagramação: Filigrana
Capa: Elmo Rosa

1ª edição, 2018

CIP-BRASIL. CATALOGAÇÃO NA PUBLICAÇÃO
SINDICATO NACIONAL DOS EDITORES DE LIVROS, RJ

T747g Trigo, Luciano
Guerra de narrativas: a crise política e a luta pelo controle do imaginário / Luciano Trigo. - 1. ed. - Rio de Janeiro: Globo Livros, 2018.

276 p.: il.; 23 cm.
ISBN 978-85-250-6431-8

1. Brasil - Política e governo - Crônica. I. Título.

18-47772   CDD: 869.98
                                               CDU: 821.134.3(81)-8

Leandra Felix da Cruz - Bibliotecária - CRB-7/6135

Direitos exclusivos de edição em língua portuguesa
para o Brasil adquiridos por Editora Globo S.A.
Rua Marquês de Pombal, 25 — 20230-240 — Rio de Janeiro — RJ
www.globolivros.com.br

Para a Valentina

*Olha à direita e à esquerda do tempo, e que o teu
coração aprenda a estar tranquilo.*

FEDERICO GARCÍA LORCA

Sumário

1. É possível contar um monte de mentiras, dizendo só a verdade 11
2. Notas para uma definição da guerra de narrativas 43
3. Sobre a direita e a esquerda no Brasil de hoje 73
4. George Orwell na Dilmolândia 103
5. A bonança e a tempestade: o sentido dos protestos de 2013 135
6. A Escola com Partido: Gramsci e Althusser com os sinais trocados 171
7. A (má) consciência da classe média 203
8. A última fronteira: infância e ideologia de gênero 233

Conclusão
A revolução do mimimi: A guerra de narrativas não acabou 263

Capítulo i

É possível contar um monte de mentiras, dizendo só a verdade

> *Sem linguagem nova não*
> *há realidade nova.*
> Glauber Rocha

> *A degeneração de um povo, de uma nação ou raça,*
> *começa pelo desvirtuamento da própria língua.*
> Rui Barbosa

A política não é uma disputa entre o bem e o mal.

Muito menos no Brasil, hoje um país partido, em mais de um sentido: país dividido, mas também país que se foi. País marcado pela politização insana e permanente de todos os aspectos da vida cotidiana — politização que envenena, desagrega, divide e separa.

Hoje, se há algo que ainda une os brasileiros é o sentimento generalizado de que alguma coisa deu muito errado com o nosso país. Mas qual país queremos de volta quando dizemos que queremos nosso país de volta? Que país nos foi tomado, por quem e por quê?

As respostas variam radicalmente, e a rigor nenhuma pode ser considerada certa ou errada. Não somente porque interpretações contraditórias fazem parte da política, mas principalmente porque não é de realidade que estamos falando, e sim de narrativas.

Não foi o Brasil que entrou em colapso, foi uma narrativa de Brasil, ou a narrativa de um Brasil. Foi "a ficção de um Brasil". Foi também "a ficção de um consenso" em torno do país que desmoronou.

Essa ficção foi laboriosamente fabricada ao longo de décadas, antes mesmo da chegada do PT ao poder. Ela ultrapassa a questão partidária.

O processo foi paciente, subterrâneo e complexo, mas foi somente nos últimos anos, mais ou menos a partir das manifestações populares de 2013, que ele se explicitou e saiu do controle, com consequências inesperadas. Teve então início a radicalização de uma *guerra de narrativas* que ainda está em curso — e que continua esgarçando o tecido social brasileiro.

Vivemos um cenário de histeria coletiva, no qual a disputa entre "nós" e "eles" atingiu um patamar inédito. Agora são "todos contra todos": minorias contra minorias, gêneros contra gêneros, raças contra raças, sexualidades contra sexualidades, esquerdas contra esquerdas, direitas contra direitas, as elites contra as elites, o povo contra o povo.

E não adianta tentar ficar de fora dessa guerra, porque ela invadiu todos os espaços da existência. A polarização decorrente do agravamento da crise que levou ao fim do ciclo do PT no poder sugeria que se tratava de um embate passageiro e episódico, mas não. Aquela foi apenas a face explicitamente partidária dessa guerra, que continua de outras maneiras.

Mesmo com a "carta" Dilma Rousseff fora do baralho (a expressão foi usada por ela própria), as opiniões sobre todo e qualquer assunto se radicalizaram ainda mais após sua queda, excluindo posições independentes ou moderadas, e a demonização do outro se tornou regra e prática rotineira. Justamente porque todo e qualquer assunto se tornou político, foi contaminado pela política em seu nível mais rasteiro.

Nesse cenário, os grupos em disputa investiram e continuam investindo muito mais energia na desqualificação moral e na deslegitimação do adversário — associado à corrupção ou ao golpismo, conforme o ponto de vista, mas também à intolerância e a diferentes formas de preconceito — do que em defender a agenda particular. Mais do que fazer triunfar as próprias ideias, o objetivo é a destruição do outro.

Com as redes sociais tomadas pelo ódio maniqueísta e por discursos frequentemente vitimistas, sobrava e sobra pouco espaço para se pensar em saídas negociadas e menos traumáticas para a crise.

No esforço para afirmar uma narrativa em detrimento das outras, a verdade importa pouco. Consolidaram-se falsas dicotomias, que esvaziaram o debate político e geraram um ambiente de rancor e confusão, no qual o sectarismo e a patrulha ideológica, mesmo quando camuflados em um discurso de tolerância, prevalecem sobre qualquer argumentação racional.

Nesse processo de balcanização da sociedade, a atmosfera de animosidade e embrutecimento se tornou irrespirável: amigos romperam relações, parentes deixaram de se falar. O país se fragmentou em uma briga de facções cheias de ressentimento e impermeáveis a qualquer possibilidade de diálogo.

Nunca se defendeu tanto a tolerância; nunca se praticou tanto a intolerância.

Nunca se pediu tanto amor, por favor; nunca se sentiu tanto ódio.

Os leitores mais jovens podem não acreditar, mas o Brasil não era assim, não. Há menos de duas décadas, amigos votavam em candidatos de partidos diferentes e continuavam amigos. Parentes não deixavam de se relacionar por causa de política. Todos os brasileiros se sentiam à vontade para falar mal do governo sem que fossem patrulhados, ou acusados de odiar os pobres. Aliás, falar mal do governo sempre foi um esporte nacional praticado por todos.

Com a chegada de Lula ao poder, ocorreu um fenômeno curioso: a partir de então, ser governista, especialmente entre os mais jovens, tornou-se um imperativo moral, mesmo quando o governo roubava, mentia, corrompia ou caluniava.

Pobre do país onde a juventude é governista.

Pobre do país onde todos dizem "amém" para tudo que o governo — qualquer governo, independente do partido — faz.

Pobre do país onde quem preserva a independência é constrangido e intimidado pelos militantes que estão do lado do poder.

As conquistas sociais realizadas durante os governos Lula foram reais. Mas as conquistas sociais realizadas durante os governos Lula não contam, nem de longe, a história toda.

* * *

Para se compreender o que aconteceu com o Brasil ao longo da crise que levou ao impeachment de Dilma Rousseff, é preciso tentar se colocar do lado de fora dessa polarização. O primeiro passo é reconhecer que todas as narrativas são parciais: todas contêm verdades e mentiras, distorções e omissões, deliberadas ou inconscientes, motivadas pela inocência ou pelo cinismo.

Narrativas não são decalques da realidade: são ficções mais ou menos verossímeis sobre essa realidade, que atendem a determinados interesses em detrimento de outros.

O segundo passo é admitir que, frequentemente, as narrativas em conflito são menos inconciliáveis do que parecem.

Examinados mais de perto, elementos centrais de discursos antagônicos sobre os governos do PT não são excludentes, ao contrário do que somos levados a crer.

Contra todas as aparências, não há incompatibilidade alguma entre aqueles que afirmam que o governo Lula trouxe grandes conquistas sociais para o Brasil, de um lado, e, de outro, aqueles que afirmam que o PT, no poder, criou e consolidou uma verdadeira máquina de corrupção.

Pela simples razão de que *os dois lados têm razão*.

É certo que, tirando proveito da maré de alta nos preços internacionais das *commodities*, o governo Lula teve condições — e vontade política — para, aproveitando-se de uma janela de oportunidade inédita após um longo período de adversidades, implementar ou robustecer diversos programas sociais meritórios, que devem ser entendidos como conquistas do povo brasileiro, historicamente vitimado pela negligência dos governantes em relação à população mais carente do país.

Durante os dois governos Lula, a maioria mais desassistida do povo efetivamente passou a viver melhor. A fome e a miséria diminuíram. A combinação de políticas públicas redistributivas, criação de empregos formais, acesso popular ao crédito e aumento do salário mínimo acima da inflação configurou uma receita de sucesso em termos de pacificação social — e de desempenho eleitoral. Ainda que possam ser discutidas do ponto de vista da racionalidade econômica a médio e longo prazos,* seu êxito foi internacionalmente reconhecido.

Nem por isso essas conquistas, reais, deveriam ser usadas como justificativa para a corrupção, dando-se ao governo carta branca para fazer o que bem entendesse para permanecer no poder.

Mas foi exatamente isso que se viu. Tudo era justificado ou relativizado: Dilma podia maquiar as contas públicas para se reeleger, o Bndes podia enviar em sigilo dinheiro para ditaduras da América Latina e da África: incontáveis desvios e "malfeitos" se tornaram aceitáveis em nome de um bem maior, a redução da desigualdade social no Brasil.

Fato: ao longo de seus quase catorze anos no poder, o PT e seus aliados comandaram uma drenagem ilícita de recursos públicos nunca vista, como mostrou de forma cabal a Operação Lava-Jato. O partido não hesitou em fraudar as regras da democracia, protagonizando os dois maiores escândalos da nossa história: o Mensalão, denunciado já em 2005, e o Petrolão, investigado a partir de 2014 pela Lava-Jato.

Ainda que o potencial pedagógico dos dois escândalos tenha sido desperdiçado, não há como reduzi-los a uma invenção da direita ou da mídia golpista.

Mas não há contradição alguma entre reconhecer que a qualidade de vida do povo mais carente melhorou muito nos primeiros governos do PT e admitir que estes foram governos nos quais se montou um esquema industrial de corrupção — um esquema que, ignorando todos os limites, não poupou sequer o crédito consignado dos aposentados, que tiveram propina descontada em folha.

Resumindo, se esta fosse uma questão de múltipla escolha:

( ) as conquistas sociais dos governos Lula foram reais: milhões de brasileiros saíram da pobreza extrema;

---

* Também é importante lembrar, como escreve a economista Monica de Bolle no livro *Como matar a borboleta-azul* (Rio de Janeiro: Intrínseca, 2016), que "a renda das famílias aumentou de forma expressiva durante os governos petistas — cerca de 50% entre 2003 e 2011. Entretanto, parte desse aumento proveio de uma recomposição dos rendimentos de um retorno à normalidade, depois dos choques sofridos pela economia brasileira entre 1998 e 2003".

( ) nos governos Dilma, a incompetência na gestão da economia comprometeu a continuidade dessas conquistas, trazendo de volta a recessão e a inflação e jogando no desemprego 14 milhões de brasileiros;

( ) durante os governos do PT, institucionalizou-se a corrupção de maneira a facilitar a perpetuação do partido no poder, com a cumplicidade das elites;

Acertaria quem cravasse:

(X) todas as alternativas estão corretas.

As alternativas acima não são interexcludentes. Sendo todas verdadeiras, é um contrassenso usar uma como argumento contra a outra. E, no entanto, é nesse falso impasse que o debate político continua encalhado ainda hoje no Brasil.

* * *

Diversos livros foram escritos para contar a história da crise que levou ao impeachment de Dilma Rousseff, em 31 de agosto de 2016, ao fim de um longo e controvertido processo que foi, por definição, *jurídico* e *político*. Uns mais focados em aspectos econômicos dessa crise; outros em seus desdobramentos políticos imediatos. Outros, ainda, abertamente panfletários, se limitaram a defender o governo deposto e a classificar o impeachment como um golpe.

Mas quase todos esses livros, em alguma medida, têm em comum o fato de partir da premissa falaciosa e maniqueísta de entender a política como um embate entre o certo e o errado, entre bandidos e mocinhos — de entender a política, em suma, como *uma disputa entre o bem e o mal*.

Sendo tantas as fontes à disposição do leitor, nas livrarias e na internet, com graus variados de precisão nas informações e honestidade intelectual nas opiniões, seria chover no molhado recapitular em detalhe cada etapa do processo da agonia e queda do governo Dilma, o último capítulo do ciclo do PT no poder.

O objetivo aqui é outro: investigar como e por que, a partir das chamadas Jornadas de Junho, foi travado um embate cada vez mais duro entre discursos contrapostos, consolidando uma guerra de narrativas que, por diferentes motivos e de diferentes maneiras, envolveu os corações e mentes de todos os brasileiros.

Esse embate será analisado à luz da *disputa pelo controle do imaginário da população*, ou daquilo que se costuma chamar de "opinião pública", eixo de sustentação fundamental em qualquer governo, seja ele de esquerda, centro ou direita.

O recorte temporal escolhido foi o período entre janeiro de 2013, quando o projeto de poder petista surfava na popularidade de Dilma Rousseff, e dezembro de 2016, quando, já alijado do poder, o campo derrotado passou a apostar todas as suas fichas no combate ao governo do "usurpador" Michel Temer — agora a partir de um novo "lugar de fala", para usar uma expressão da moda: na oposição.

Ficam de fora da análise, portanto, comentários mais detalhados sobre os dois governos Lula e os primeiros dois anos do primeiro governo Dilma, bem como sobre os conturbados acontecimentos do ano de 2017, que mereceriam um livro à parte.

Ficam de fora, também, referências a episódios importantes do período, mas cuja relação com a guerra de narrativas foi apenas tangencial. Por exemplo, a forma como Dilma lidou com duas crises graves, mas que não eram políticas na sua origem nem em sua natureza: a epidemia de zika e a tragédia ambiental de Mariana, provocada pela omissão do governo e pela irresponsabilidade das empresas Vale e Samarco (ou "São Marcos", como disse a ex-presidente).

Personagens e acontecimentos serão evocados aqui não como matéria-prima e substância de um relato jornalístico, mas como elementos de uma reflexão sobre as origens e os desdobramentos da crise que abalou o (e mudou o rumo do) país. Crise que persiste, hoje, na forma de uma continuada instabilidade política, ainda que a economia demonstre impressionante resistência ao contágio.

Apesar de ancorado em extensa pesquisa, não se trata de um livro-reportagem: *Guerra de narrativas* é um livro de análise, de interpretação e de opinião. Como tal, constitui, ele próprio, uma narrativa — ou uma contranarrativa, que tenta se afirmar criticamente em relação à (e à margem da) narrativa dominante que prevaleceu no país ao longo dos últimos quinze anos.

A ênfase dessa narrativa se deslocará, conforme o caso, entre cinco atores/fatores diferentes, refletindo a ideia de que o (des)equilíbrio entre eles foi fundamental para o desenrolar e o desenlace da crise que depôs Dilma — da mesma forma que está sendo fundamental para o desenrolar da crise política endêmica do governo Temer, a saber:

- O comportamento dos mercados;
- O comportamento das ruas;
- O comportamento da classe política;
- O comportamento do Poder Judiciário;
- O comportamento da mídia.

É possível afirmar que, quando esses cinco atores atuam de forma concertada para derrubar um governo, não há presidente que resista. São eles que criam as condições políticas indispensáveis — tão indispensáveis quanto as condições jurídicas, o que muitos têm dificuldade em entender — para o êxito de um processo de impeachment, ou seja, para a derrubada constitucional e democrática de um presidente eleito.

Fato: mais que pelos crimes de responsabilidade cometidos, Fernando Collor e Dilma Rousseff caíram porque os mercados, as ruas, a classe política, o Judiciário e a mídia se uniram contra eles.

No momento em que escrevo, o Brasil atravessa outra crise grave. Mas a situação de Michel Temer, ainda que delicada, difere radicalmente daquelas vividas pelos dois presidentes afastados, já que, sem entrar no mérito das motivações, nem as ruas, nem os mercados, nem a classe política se mobilizaram contra ele — apenas a mídia, associada a alguns ministros do STF e ao ex-procurador-geral da República, Rodrigo Janot, apostaram na queda de Temer. E perderam a aposta.

O ponto de referência inicial escolhido — as manifestações populares de junho de 2013 — ainda é objeto de disputa por diferentes campos ideológicos. Na opinião do autor, os milhões de pessoas que foram às ruas em 2013 representaram não somente um ponto de inflexão na nossa história recente, mas também o marco zero do colapso do ciclo do PT no poder.

O fato de os protestos de massa terem sido ora exaltados, ora desqualificados por todos os atores do debate é revelador de sua importância e complexidade. Na verdade, não está sequer pacificado se as manifestações foram de esquerda ou de direita, se foram governistas ou antigovernistas, se foram conservadoras ou progressistas, ou mesmo se foram um sucesso ou um fracasso.

O certo é que as Jornadas de Junho se tornaram um dos dois grandes motores que pautaram a agenda política do país e determinaram o rumo dos acontecimentos nos anos seguintes: o segundo foi a Operação Lava-Jato.

Não há como exagerar a importância dos serviços prestados ao Brasil pela Lava-Jato, que *pela primeira vez na história deste país* mostrou que a Justiça pode de fato valer para todos, inclusive para os donos do poder e seus amigos.

Mas foi nas manifestações de junho de 2013 que "o gigante acordou", alterando de maneira radical a correlação de forças simbólicas que sustentava a estabilidade do governo Dilma.

Mas por que o gigante acordou? A quem interessava que ele acordasse? A quem serviu esse despertar? A quem serve seu novo sono profundo?

* * *

Na última etapa do ciclo do PT no poder, procedimentos de manipulação da linguagem foram sistematicamente utilizados na tentativa de consolidação de uma "ficção consensual" em torno da aprovação ao governo Dilma, que se desdobrou no discurso do impeachment como golpe.[*]

Um desses procedimentos foi o estabelecimento sistemático de laços fictícios entre dois fatos, teses ou ideias que, a rigor, não têm qualquer relação entre si, em uma inovação orwelliana da lógica da linguagem.

Por exemplo, à medida que a crise se agravava e o impeachment se tornava mais palpável, a ex-presidente optou repetidas vezes por desenvolver em suas falas, com algumas variações, um raciocínio mais ou menos assim: "Vocês me conhecem. Eu não sou ladra. Logo, o impeachment é um golpe".

A mensagem era reforçada pela tropa de choque de parlamentares do PT na Câmara e no Senado e por um exército de militantes virtuais nas redes

---

[*] A expressão *ficção consensual* é do filósofo Jacques Rancière: "Não há real em si, mas configurações daquilo que é dado como nosso real, como objeto de nossas percepções, de nossos pensamentos e de nossas intervenções. O real é sempre objeto de uma ficção, ou seja, de uma construção do espaço no qual se entrelaçam o visível, o dizível e o factível. É a ficção dominante, a ficção consensual, que nega seu caráter de ficção fazendo-se passar por realidade e traçando uma linha de divisão simples entre o domínio desse real e o das representações e aparências, opiniões e utopias" (Jacques Rancière, *O espectador emancipado*. São Paulo: WMF Martins Fontes, 2012).

sociais, que, além de repetir obsessivamente a palavra *golpe* a cada duas ou três sentenças, afirmavam e reafirmavam que Dilma era uma mulher "honrada".

Ora, muito objetivamente, inclusive *na forma* Dilma não foi deposta por ser ladra ou por não ser honrada — ao menos não no sentido que a militância atribuía às duas palavras —, mas:

1) por ter cometido uma série de crimes de responsabilidade passíveis dessa punição; e

2) por ter perdido as condições mínimas de governabilidade.

Não na minha opinião, nem na opinião do leitor, nem mesmo na opinião das ruas (embora esta tenha sido influente e eloquente), mas na opinião daqueles a quem a Constituição atribui o poder de decisão nesses casos, ou seja, os poderes Legislativo e Judiciário.

É importante observar que, a partir de um determinado momento, a insistência em colar em Dilma a imagem de uma mulher "honrada", vitimada por um golpe das elites, não tinha mais como intenção reverter o processo que resultou no impeachment, e sim incutir ou reforçar, no imaginário coletivo de parte da sociedade, uma narrativa baseada na convicção de que "nós" estávamos certos, como sempre estivemos e sempre estaremos, e de que "eles" estavam errados, como sempre estiveram e sempre estarão — pelo simples fato de que "nós" somos "nós", e "eles são "eles".

É por isso que, nas arenas de disputa política em torno do processo de impeachment, o campo lulopetista fingia não enxergar que é perfeitamente possível que um presidente da República, ao mesmo tempo:

- Não seja ladrão, no sentido de não ter colocado dinheiro no bolso;
- Seja uma pessoa "honrada", ainda que o adjetivo seja vago;
- Tenha combatido a ditadura militar, enfrentando corajosamente a prisão e a tortura.

E, sem prejuízo de nada disso:

- Tenha sido diretamente beneficiado por um esquema de corrupção em escala industrial, que desviou volumosos recursos públicos para financiarem sua eleição e reeleição;

- Tenha fraudado em ano de campanha as contas públicas, para passar aos eleitores a impressão de que a economia do país ia bem, adiando um ajuste urgente e inevitável para vencer a eleição a qualquer preço, com consequências desastrosas para a população, em especial a mais carente;
- Tenha tentado obstruir a justiça, nomeando um aliado como ministro para protegê-lo, com o foro privilegiado, da condenação à prisão por um juiz de primeira instância.

Em outras palavras, é perfeitamente possível um presidente não ser ladrão e ainda assim sofrer um processo legítimo de impeachment.

Outro artifício repetido à exaustão era tentar desviar o foco de Dilma para o então presidente da Câmara dos Deputados, Eduardo Cunha, preso há mais de um ano no momento em que escrevo. Em incontáveis ocasiões, em vez de negar as acusações que pesavam contra seu governo, a presidente alegou que não era ela quem tinha contas na Suíça — como se o fato de Cunha ter conta na Suíça a inocentasse de qualquer irregularidade cometida.

Assim se tentava costurar no imaginário coletivo da sociedade a convicção de que Cunha era o líder da oposição, e o impeachment seria, assim, apenas um projeto maquiavélico do deputado — narrativa que, surpreendentemente, "pegou", até para alguns respeitados jornais e revistas internacionais.

Fato: Eduardo Cunha pediu votos para Dilma tanto na eleição de 2010 quanto na de 2014.

Fato: na presidência da Câmara, Cunha rejeitou dezessete pedidos de impeachment contra a presidente.

Fato: milhões de pessoas foram às ruas pedir a queda de Dilma quando Cunha ainda era, praticamente, aliado e líder do governo na Câmara.

Mas os fatos importavam pouco. Nesses procedimentos de manipulação da linguagem, o que interessava era estabelecer uma conexão fictícia, que apelava mais à emoção que à razão, entre a convicção de Dilma *não ser ladra* e a opinião, vendida como verdade revelada, de que o impeachment era um *golpe*; ou estabelecer uma relação de causa e consequência entre Eduardo Cunha ser culpado e Dilma ser inocente — mais uma vez, para reforçar a tese de que o impeachment era um golpe.

Depois que diversos juristas — e até ministros do STF, como o próprio Dias Toffoli, ex-advogado do PT — afirmaram publicamente que o impeachment era um instrumento democrático e previsto na Constituição e que, portanto, evidentemente, *não era golpe*, surgiu uma variação do discurso original, quando este começava a perder sua força: "Impeachment sem crime de responsabilidade é golpe".

Esse novo slogan a ser martelado nas redes sociais pela militância e nas salas de aula pelos professores com partido não foi fruto de geração espontânea; nasceu dentro do Palácio do Planalto, pelas mãos da equipe de comunicação da presidência. Longa e sinuosa, a sentença é péssima no estilo, mas ainda assim foi adotada com entusiasmo pelos defensores de Dilma, acostumados que estavam a não emitir opiniões próprias, mas a repetir automatismos verbais, comandos e palavras de ordem cuidadosamente concebidos por marqueteiros especializados em guerrilha política.

Pois bem: o que esse slogan diz é verdade — de fato, impeachment sem crime de responsabilidade seria um golpe. Mas a sua premissa implícita é falsa — a de que não havia crime de responsabilidade nos atos da presidente.

Mais uma vez: quem ia decidir se a presidente cometera ou não crime de responsabilidade não era, por óbvio, a própria presidente, nem os militantes de seu partido, nem mesmo os militantes da oposição, nem os jornalistas, nem o cidadão comum, nem o autor, nem o leitor deste livro. Quem ia decidir eram os poderes Legislativo — formado por representantes eleitos de todas essas pessoas, representantes meu e seu inclusive — e Judiciário — lembrando que a composição do STF, naquela altura, tinha sido majoritariamente determinada por presidentes petistas.

Além disso, o impeachment não se reduz à avaliação jurídica da existência de crime de responsabilidade, condição necessária, mas não suficiente para se derrubar um presidente. Sem que existissem as condições políticas — incluindo a desagregação acelerada de sua base parlamentar —, Dilma seria presidente até hoje, mesmo tendo cometido crimes de responsabilidade. E não haveria nada de irregular nisso.

Na mesma linha de construir um argumento com base em premissas equivocadas, o campo governista se apropriou de expressões como "defesa da democracia" para desqualificar o impeachment e defender o mandato de Dilma

Rousseff. Ora, se a defesa da democracia era exclusividade de quem classificava o impeachment como golpe, a conclusão necessária era que todos os demais brasileiros lutavam contra a democracia.

(Seguiu essa lógica peculiar o abaixo-assinado "Em defesa do Estado de direito" no qual, já em 2012, cineastas, artistas e intelectuais se uniram contra a "politização" do julgamento do Mensalão, ou seja, contra a condenação de seus heróis José Genoino e José Dirceu, guerreiros do povo brasileiro, por corrupção ativa e passiva, formação de quadrilha e um rol de outros crimes. Se aqueles formadores de opinião defendiam o Estado de direito, a consequência necessária era que todos os brasileiros que apoiavam as sentenças do STF eram contra o Estado de direito.)

Essa conclusão era ofensiva à inteligência de milhões de brasileiros. Com exceção de um punhado de delinquentes ou malucos que invocavam Hitler ou viúvas da ditadura que exigiam uma intervenção militar, parece evidente que os milhões de cidadãos que foram às ruas protestar contra a corrupção e pedir o impeachment de Dilma também estavam defendendo a democracia. Ou não?

Negar as intenções democráticas dos manifestantes pró-impeachment não foi somente um ato de má-fé; foi também uma tolice e uma tática contraproducente — já que este se tornou um fator que fez crescer a antipatia da população comum — não comprometida com qualquer partido — contra Dilma Rousseff: afinal de contas, nenhum cidadão de bem, que estuda e trabalha para se manter honestamente, apoiaria uma presidente e um partido que o classificavam como *golpista*.

Associar o apoio ao impeachment ao golpismo eliminou qualquer possibilidade de se conquistar a simpatia daqueles brasileiros que foram às ruas para protestar contra a corrupção.

* * *

Este é um livro sobre os usos da verdade e da mentira por um partido que permaneceu no poder durante quase catorze anos, pelos partidos de sua base aliada e, em menor medida, pelos partidos da oposição, bem como sobre o impacto desses procedimentos narrativos no imaginário coletivo da sociedade.

O fato de a narrativa da oposição ser menos investigada que a do campo governista não representa uma opção política do autor a favor do PSDB, da Rede ou de qualquer outro partido. Não significa, tampouco, que o autor acredite que, uma vez no poder, esta oposição não viesse (ou não venha) a lançar mão de recursos similares em sua prática política. Como dizia o deputado Roberto Jefferson, que denunciou o escândalo do Mensalão: "Por dentro de um cano de esgoto não passa um fio de água limpa". O cano de esgoto, no caso, é o sistema político brasileiro.

(Mas aqui também é preciso afirmar o seguinte: a corrupção do PT não foi somente voltada para o enriquecimento ilícito, como era a nossa tradição; foi uma corrupção sistêmica, alinhada com um projeto de poder. E roubar "para o partido" pode ser mais grave para o país que roubar para si próprio — não que uma coisa tenha excluído a outra.)

O foco do autor na crítica à narrativa governista significa tão somente que o recorte adotado enfatiza o uso de procedimentos da linguagem *por parte do grupo político que estava no poder*, de maneira a tentar estabelecer uma nova hegemonia no país e dar sustentação simbólica a um projeto político de longo prazo — a eternidade, se possível. Projeto que, por uma conspiração improvável de circunstâncias, acabou fracassando miseravelmente, primeiro no impeachment de Dilma Rousseff e, em seguida, nas eleições municipais de 2016, realizadas poucos meses depois.

A guerra de narrativas é uma estratégia adotada, fundamentalmente, para se manter a ordem estabelecida, para se construir e consolidar uma nova hegemonia, já que é o grupo que está no poder quem detém os recursos e as ferramentas necessárias para mobilizar e influenciar o imaginário coletivo da população. A forma como um governo narra o que fez e faz e os meios de que dispõe para buscar obter o consentimento da sociedade e persuadir a opinião pública a apoiá-lo são os componentes fundamentais dessa guerra, que é, por natureza, desequilibrada.

E o grupo que estava no poder no período aqui abordado era o grupo liderado pelo PT. Simples assim.

A oposição, por definição, não estava no poder; não dispunha de dezenas de milhares de cargos comissionados para aparelhar o Estado com indicações políticas; não tinha a chave do cofre nem recursos públicos para distribuir com canetadas; não participava da divisão do butim da Petrobras e outras empresas estatais.

A oposição estava... na oposição. Ainda que isso não a isente de responsabilidade por crimes eventualmente cometidos — e alguns políticos de oposição já estão pagando um preço alto por esses crimes, transformados que foram em cadáveres políticos —, a sua participação nos escândalos monumentais da era petista terá sido, necessariamente, secundária.

Mesmo esse fato óbvio, contudo, foi relativizado com sucesso: não foram poucas as vezes em que a presidente Dilma fez discursos nos quais, em que pese seu estilo embaralhado, ela adotava habilmente a retórica da oposição, como se estivéssemos mergulhados em uma campanha eleitoral permanente. Assim ela se sentia à vontade para atribuir à oposição a responsabilidade por atos praticados pelo governo que ela própria comandava.

A presidente alimentava, assim, uma atmosfera de *luta permanente contra o inimigo* que é um componente fundamental da retórica esquerdista — sobretudo pelo seu apelo emocional junto aos jovens, sempre carentes de lideranças e causas para onde canalizar seu entusiasmo e seus hormônios em ebulição. Ainda que vivêssemos em plena democracia, como vivíamos, caracterizava-se assim uma atmosfera de um período de exceção, na qual se autorizavam atitudes excepcionais, como a tolerância ao roubo, à mentira e à "corrupção do bem", em nome da bandeira da justiça social.

O auge desse processo foi a campanha eleitoral de 2014, durante a qual, mesmo já sendo presidente há quatro anos, Dilma Rousseff foi apresentada aos eleitores como a candidata da mudança. E, por incrível que pareça, para a maioria dos eleitores a mensagem colou, porque este era um discurso que apelava à emoção, não à razão. Mérito do marqueteiro João Santana — mais tarde preso pela Operação Lava-Jato.

Mal foram fechadas as urnas, teve início uma tentativa atabalhoada de correr atrás do tempo perdido para corrigir a rota da economia, que caminhava a passos largos para o colapso. Curiosamente, nesse momento, a presidente reeleita passou a ser severamente criticada pela militância do seu próprio partido — não por ter mentido de cara lavada na campanha, mas por estar abraçando ideias e propostas do candidato derrotado.

Mas também isso era uma tática deliberada que também fazia parte da guerra de narrativas. A intenção era deslocar o foco da responsabilidade (pelas inevitáveis medidas impopulares que já começavam a ser tomadas) da presidente reeleita para a oposição derrotada nas urnas.

Para o PT, os erros são sempre dos "outros", mesmo quando somos "nós" que os cometemos. Ou, como dizia Roberto Campos: "Fracasso para a esquerda é apenas um sucesso mal explicado".

Acrobacias mentais como as descritas acima, apesar de desafiarem a lógica, se tornaram rotineiras nos meses seguintes ao início do segundo mandato de Dilma, mas com cada vez menos eficácia. A crise política e econômica que levaria à queda da presidente já estava contratada.

* * *

Não é preciso ser um cientista político para compreender que o objetivo de qualquer "campo"* político, após conquistar o poder, é permanecer nele tanto tempo quanto for possível.

O problema são os métodos. Uma fronteira perigosa é atravessada:

- Quando um projeto político se sobrepõe às próprias regras do jogo democrático;
- Quando a corrupção é institucionalizada e colocada a serviço da perpetuação de um grupo ou partido no poder;
- Quando se aceita que certos políticos tenham *direito adquirido ao crime*.

Além disso, importa observar que, no caso do PT, a chegada ao poder não foi mais que a concretização, na política, da hegemonia que já tinha sido conquistada nas redações dos jornais, nas salas de aula das universidades e nos ambientes intelectuais e artísticos do país.

---

* Campo, no pensamento do sociólogo francês Pierre Bourdieu, representa um espaço simbólico, no qual as lutas dos agentes determinam, validam e legitimam representações. É o poder simbólico que sustenta a dominação de um partido ou grupo político, por exemplo. Nele se procede uma classificação dos signos, do que é adequado, do que pertence ou não a um código de valores, tornando possível a reprodução de uma situação de poder estabelecida.

Depois de sucessivas derrotas, a ocupação do Estado se deu finalmente pelas urnas, em 2002, mas foi preparada muito antes, por meio do controle da narrativa. O pacto do lulopetismo com intelectuais, jornalistas, artistas e professores universitários — o establishment da cultura, identificado com o que foi outrora chamado de "esquerda festiva" — foi tão importante para o triunfo dessa ocupação quanto o pacto do PT com a elite econômica e financeira do país, com as empreiteiras guerreiras e os banqueiros companheiros.

O poder ideológico e cultural foi conquistado antes do poder político. A vitória na guerra cultural antecedeu a vitória na guerra política.

O poder na cultura brasileira já era da esquerda muito antes de o PT chegar ao poder. É por isso que a guerra real por trás da guerra de narrativas ultrapassa o lulopetismo e a política partidária. Ela é mais ampla, ambiciosa e mira um futuro a longuíssimo prazo. O ciclo do PT no poder foi apenas um capítulo dessa guerra, e ela ainda não acabou.

Mas foi com o lulopetismo que uma batalha importantíssima foi perdida (ou vencida, dependendo do ponto de vista). Foi ali que se consolidou de vez essa hegemonia cultural, foi ali que se colheram os frutos da sedução lenta, paciente e sistemática, geração após geração, dos jovens da classe média; foi ali que ganhou corpo a *burguesia petista*, grupo social que desempenhou um papel fundamental no êxito do projeto de poder do partido.

Mais que aceitar passivamente os termos em que se poderia travar qualquer debate público — qualificando como "progressistas" os próprios valores e ideias e desautorizando como "fascistas" todas as ideias e valores alheios, aos quais se negava respaldo ético e mesmo o direito à existência —, essa burguesia petista aderiu voluntariamente a esse padrão sectário e autoritário de comportamento.

Nessa disputa, ela marcava o local, o horário e até as armas que o adversário podia usar. Ela também apontava o vencedor.

Em busca da homogeneização das consciências, o PT apostou desde sempre na eliminação do dissenso, na guerra total à divergência. Ao negar o direito à diferença de opinião, que passou a ser associada a comportamentos reprováveis, a esquerda encarnada no PT e seus puxadinhos se comportou, paradoxalmente, como uma versão caricata da direita que ela dizia execrar.

Ao longo dos anos, a desqualificação de qualquer proposta alternativa ao projeto de poder em curso foi realizada com tanta determinação que não parece exagerado afirmar que muitos brasileiros introjetaram, por diferentes mecanismos — incluindo a necessidade psicológica e emocional de aceitação pelo grupo social em que se vive, sobretudo entre os mais jovens —, as seguintes convicções:

- Não votar no PT (ou ter apoiado o impeachment de Dilma Rousseff) é defender a desigualdade social;
- Não votar no PT (ou ter apoiado o impeachment de Dilma Rousseff) é ser contra as políticas de distribuição de renda;
- Não votar no PT (ou ter apoiado o impeachment de Dilma Rousseff) é apoiar a volta da ditadura militar;
- Não votar no PT (ou ter apoiado o impeachment de Dilma Rousseff) é ser contra os direitos humanos;
- Não votar no PT (ou ter apoiado o impeachment de Dilma Rousseff) é ser racista;
- Não votar no PT (ou ter apoiado o impeachment de Dilma Rousseff) é ser burro e alienado;
- Não votar no PT (ou ter apoiado o impeachment de Dilma Rousseff) é ser submisso ao imperialismo norte-americano;
- Não votar no PT (ou ter apoiado o impeachment de Dilma Rousseff) é odiar os pobres;
- Não votar no PT (ou ter apoiado o impeachment de Dilma Rousseff) é ser contra a diversidade cultural;
- Não votar no PT (ou ter apoiado o impeachment de Dilma Rousseff) é ser machista e desrespeitar as mulheres;
- Não votar no PT (ou ter apoiado o impeachment de Dilma Rousseff) é criminalizar os jovens das periferias;
- Não votar no PT (ou ter apoiado o impeachment de Dilma Rousseff) é defender torturadores;
- Não votar no PT (ou ter apoiado o impeachment de Dilma Rousseff) é defender a retirada de direitos dos trabalhadores e o fim do 13º salário;
- Não votar no PT (ou ter apoiado o impeachment de Dilma Rousseff) é ser capacho da Rede Globo e da revista *Veja*;

- Não votar no PT (ou ter apoiado o impeachment de Dilma Rousseff) é ser homofóbico;
- Não votar no PT (ou ter apoiado o impeachment de Dilma Rousseff) é querer aprofundar a espoliação social;
- Não votar no PT (ou ter apoiado o impeachment de Dilma Rousseff) é achar que bandido bom é bandido morto;
- Não votar no PT (ou ter apoiado o impeachment de Dilma Rousseff) é querer privatizar tudo o que for possível, começando pela Petrobras;
- Não votar no PT (ou ter apoiado o impeachment de Dilma Rousseff) é ser contra os direitos dos indígenas;
- Não votar no PT (ou ter apoiado o impeachment de Dilma Rousseff) é detestar nordestinos;
- Não votar no PT (ou ter apoiado o impeachment de Dilma Rousseff) é querer subordinar o Brasil aos interesses da CIA e do FMI;
- Não votar no PT (ou ter apoiado o impeachment de Dilma Rousseff) é não querer que o filho da empregada estude na mesma escola que o seu filho;
- Não votar no PT (ou ter apoiado o impeachment de Dilma Rousseff) é querer reduzir a pó a rede de proteção social dos brasileiros;
- Não votar no PT (ou ter apoiado o impeachment de Dilma Rousseff) é ser a favor do trabalho escravo;
- Não votar no PT (ou ter apoiado o impeachment de Dilma Rousseff) é defender a violência da PM;
- Não votar no PT (ou ter apoiado o impeachment de Dilma Rousseff) é ser contra as religiões de matriz africana, os terreiros de candomblé e os quilombolas;
- Não votar no PT (ou ter apoiado o impeachment de Dilma Rousseff) é ser contra a democracia;
- Não votar no PT (ou ter apoiado o impeachment de Dilma Rousseff) é querer entregar o pré-sal aos estrangeiros;
- Não votar no PT (ou ter apoiado o impeachment de Dilma Rousseff) é ser contra pobre andar de avião;
- Não votar no PT (ou ter apoiado o impeachment de Dilma Rousseff) é ser fascista;

- Não votar no PT (ou ter apoiado o impeachment de Dilma Rousseff) é defender a casa-grande e odiar a senzala;
- Não votar no PT (ou ter apoiado o impeachment de Dilma Rousseff) é ser golpista.

E, por último, mas não menos importante:

- Não votar no PT (ou ter apoiado o impeachment de Dilma Rousseff) é apoiar Michel Temer e o PMDB.

Essa lista, que poderia continuar por várias páginas, não é uma caricatura. Muitos artigos reunidos em coletâneas publicadas pouco depois do afastamento de Dilma Rousseff — como *Golpe 16, Por que gritamos golpe?* e *Historiadores pela democracia* — se fundamentam exatamente nessas teses farsescas, de forma mais ou menos explícita ou desonesta.

Essas teses são coonestadas também por cineastas, comediantes, músicos, apresentadores de TV e outros intelectuais orgânicos do partido.[*]

E, em alguma medida, as mesmas premissas fundamentaram, eleição após eleição, os votos de muitos brasileiros, desde 2002.

O último item da lista merece um comentário à parte.

Evidentemente, quem se aliou ao PMDB e escolheu Michel Temer como candidato a vice-presidente em duas eleições seguidas foi o PT. Também evidentemente, o apoio do PMDB, o maior partido do Brasil, foi indispensável para as vitórias do PT nessas eleições.

E, desnecessário dizer: quem votou em Dilma *também votou em Temer.*

Além de tudo isso, condenar a corrupção sistêmica praticada nos governos Lula e Dilma não implica, de maneira nenhuma, acreditar que Michel Temer é o presidente ideal para o Brasil, ou que o PMDB é um partido ético.

---

[*] Segundo Antonio Gramsci, intelectual orgânico é aquele que aparece e atua no seio de um determinado grupo social, tornando-se um representante engajado de sua ideologia e de seus interesses — em oposição ao intelectual tradicional, que é representante e porta-voz da ideologia dominante. Com a chegada ao poder, pode-se dizer quer os intelectuais orgânicos do lulopetismo viraram intelectuais tradicionais.

Afirmar que ser contra Dilma é ser a favor de Temer é apenas mais um sofisma da guerra de narrativas. Temer assumiu a presidência da República porque a Constituição determina que o vice-presidente eleito na mesma chapa do presidente, aliás pelos mesmos votos, assuma o posto, em caso de impedimento do titular.

Foi assim com Fernando Collor e Itamar Franco, e ninguém na posse de sua sanidade mental acredita que os brasileiros que apoiaram o impeachment de Collor, incluindo os jovens *caras-pintadas*, o fizeram para que Itamar Franco assumisse. Evidentemente, a motivação não era essa.

De maneira análoga, milhões de brasileiros foram às ruas não para colocar Michel Temer e o PMDB no poder (até porque eles já estavam lá, ao lado do PT); mas para tirar Dilma Rousseff da presidência, simplesmente porque, na percepção da maioria das pessoas, ela estava conduzindo o país para o colapso econômico e social — e, concretamente, já tinha perdido por completo as condições de governar o país.

Itamar foi a consequência, não a causa do colapso do governo Collor. Temer também foi a consequência, não a causa do colapso do governo Dilma.

Michel Temer foi o verdadeiro legado de Dilma Rousseff para o Brasil.

* * *

As palavras têm poder.

Em 1987, um comercial na TV do jornal *Folha de S.Paulo* teve grande repercussão. Ele começava mostrando pequenos pontos pretos na tela, que, à medida que a câmera se afastava, se uniam a centenas de outros pontos, formando uma trama reticulada que revelava aos poucos a imagem de um rosto em preto e branco, enquanto uma voz grave narrava as suas proezas no governo:

> Este homem pegou uma nação destruída, recuperou sua economia e devolveu o orgulho a seu povo. Em seus quatro primeiros anos de governo, o número de desempregados caiu de 6 milhões para 900 mil pessoas. Este homem fez o Produto Interno Bruto crescer 102% e a renda per capita dobrar. Aumentou os lucros das empresas de 175 milhões para 5 bilhões de marcos. E reduziu uma hiperinflação a no máximo 25% ao ano. Este homem adorava música e pintura e, quando jovem, imaginava seguir a carreira artística.

E concluía: "É possível contar um monte de mentiras, dizendo só a verdade".

O homem em questão era Adolf Hitler.[*]

Na época em que o comercial foi veiculado, não era de uso corrente a expressão *guerra de narrativas*, mas a ideia subjacente era esta: a de que é possível enganar a população inteira de um país construindo e repetindo à exaustão um discurso triunfalista, fundamentado em verdades parciais e omissões convenientes — e, assim, controlar e manipular o imaginário da população, colocando-o a serviço da perpetuação de um projeto político criminoso, no caso ratificado duas vezes nas urnas, na eleição de Hitler e no plebiscito que aumentou seus poderes (o que mostra que voto não basta para caracterizar uma democracia).

A ideia de que o uso mentiroso e seletivo da verdade pode ser tão perigoso quanto a mentira se aplica a políticos de qualquer partido ou orientação ideológica, é importante que se diga. Aliás, Hitler foi evocado em mais de uma ocasião por diferentes campos da guerra de narrativas: o juiz Sergio Moro, por exemplo, já foi chamado de nazista pelos detratores da Operação Lava-Jato.

O fato é que, trinta anos depois de ser veiculado, o comercial da *Folha* está mais atual do que nunca.

Cabe evocar aqui um postulado famoso associado à Alemanha nazista: "Uma mentira repetida mil vezes torna-se verdade".

A célebre citação (aliás, repetida muito mais que mil vezes) costuma ser atribuída ao ministro da Propaganda da Alemanha nazista, Joseph Goebbels. Na verdade, não foi bem isso o que ele disse. O que Goebbels afirmou textualmente foi algo bem mais elaborado e pertinente para os dias de hoje:

> Se você contar uma mentira grande o suficiente e repeti-la insistentemente, as pessoas acabarão por acreditar nela. Mas a mentira só pode ser sustentada enquanto o Estado puder proteger as pessoas das consequências políticas, econômicas e/ou militares dessa mentira. Torna-se, assim, de vital importância para o Estado usar todos os seus poderes para reprimir a dissidência, já que a verdade é o inimigo mortal da mentira — e, por extensão, a verdade é o maior inimigo do Estado.

---

[*] Disponível em: <https://youtu.be/usm5xhPdqlg>. Acesso em: 29 nov. 2017.

Também vale lembrar aqui o que escreveu Victor Klemperer, testemunha direta do ciclo nacional-socialista, em *A linguagem do Terceiro Reich*, a respeito da importância do front da linguagem no êxito do projeto de poder de Hitler:

> O nazismo se embrenhou na carne e no sangue das massas por meio de palavras, expressões e frases impostas pela repetição, milhares de vezes, e aceitas inconsciente e mecanicamente. [...] Palavras podem ser como minúsculas doses de arsênico: são engolidas de maneira despercebida e parecem ser inofensivas. Passado um tempo, o efeito do veneno se faz notar.

Também no Brasil do PT, criticar o governo se tornou uma atitude extremamente malvista e não livre de consequências para quem ousasse fazer isso. Mesmo apontar equívocos na condução da política econômica, ou questionar o planejamento e os gastos excessivos nos preparativos para a Copa do Mundo, não era algo aceitável, nem considerado democrático — e podia ser até perigoso em determinados círculos, no ambiente de crescente intolerância intelectual e patrulhamento ideológico que se instalava no país.

"Ah, mas aonde você quer chegar? Você está sugerindo que o PT é igual ao Partido Nacional-Socialista?"

Este é o tipo de pergunta de quem não está interessado em refletir ou argumentar, mas apenas em desqualificar o interlocutor e interditar o debate. A resposta, evidentemente, é não. Estou estabelecendo uma correlação, uma analogia.

É perfeitamente possível identificar pontos em comum entre os dois projetos políticos, a começar pela corrupção deliberada da linguagem, sem inferir daí que eles são equivalentes em sua essência, em seus objetivos ou em suas práticas.

Por exemplo, a autoexaltação, o messianismo e a desqualificação de toda e qualquer oposição ou dissidência foram traços distintivos do ciclo lulopetista no Brasil — e também do ciclo nacional-socialista na Alemanha, nos dois casos a serviço de um projeto de reengenharia psicossocial profunda e da perpetuação de um partido no poder. Ou não foram?

Além disso, no que diz respeito ao comportamento de seus militantes, um e outro movimento apresentaram características que os aproximavam de uma seita religiosa, na medida em que a fé no partido prevalecia sobre qualquer consideração de natureza ética ou legal.

Bastaria citar uma declaração feita já em 2003 pela professora de filosofia Marilena Chaui — exemplo máximo da intelectual orgânica do petismo — à *Folha de S.Paulo* para demonstrar a natureza religiosa da devoção a Lula: "Quando o Lula fala, o mundo se abre, se ilumina e se esclarece".[*]

E o próprio Lula, como é sabido, se comparou a Jesus Cristo em mais de uma ocasião ("Ele também foi perseguido. Herodes mandou matá-lo antes de nascer", afirmou em um comício, em setembro de 2016, só para citar um exemplo).

É nesses sentidos que a correlação entre o nazismo e o lulopetismo é perfeitamente plausível, embora sejam evidentes e inúmeras as diferenças entre os dois projetos e contextos históricos.

Mas, somente a título de provocação, vale lembrar o que Lula afirmou em entrevista à revista *Playboy*, no longínquo ano de 1979: "O Hitler, mesmo errado, tinha aquilo que eu admiro num homem, o fogo de se propor a fazer alguma coisa e tentar fazer".

* * *

A ascensão de Hitler ao poder marcou profundamente o escritor Elias Canetti, que escreveu seu principal ensaio, "Massa e poder", para investigar o comportamento irracional das massas na Alemanha dos anos 1930. Em maio de 2012, publiquei em meu blog um artigo evocando a obra de Canetti para analisar um fenômeno que desde então só fez crescer, os tribunais sumários das redes sociais:[**]

E-MASSA E E-PODER

As redes sociais estão se tornando veículo para perigosos rituais de justiça sumária e linchamento virtual

---

[*] A mesma professora de filosofia foi capaz de declarar, no programa *Roda Vida*, da TV Cultura: "Uma coisa que nunca foi posta em dúvida [...] é a honestidade de um governante petista".

[**] Luciano Trigo, "E-Massa e e-Poder", *G1*, 20 mai. 2012. Disponível em: <http://g1.globo. com/platb/maquinadeescrever/2012/05/20/e-massa-e-e-poder/>.

Nos anos 1930 do século passado, assustado diante da incompreensível adesão do povo alemão ao nacional-socialismo em ascensão, o escritor búlgaro Elias Canetti decidiu tentar decifrar o misterioso processo por meio do qual os indivíduos, quando diluídos na massa, são capazes de dar vazão aos instintos mais irracionais e agressivos, abrindo mão de sua consciência crítica e deixando suas vidas serem pautadas por verbos como mandar e obedecer, matar e destruir — bastando para despertar esses impulsos a simples e insuportável presença do outro, de formas de agir e maneiras de pensar que ameaçam o sentimento de segurança proporcionado pela tribo.

Canetti publicou suas conclusões em 1960, no hoje clássico ensaio "Massa e poder". Nesse empreendimento intelectual de várias décadas, ele demonstrou as raízes históricas desse comportamento: já em tempos imemoriais, quando o condenado era apedrejado por todos, ninguém assumia o papel de executor. Em determinados países da África, prisioneiros eram enterrados em formigueiros, para que as formigas fossem o carrasco. Mesmo nos pelotões de fuzilamento, os soldados que efetuavam os disparos não eram responsáveis pela execução, já que estavam cumprindo uma missão delegada pela sociedade. A mesma lógica pode ser aplicada aos romanos que crucificaram Jesus Cristo, já que a sentença foi dada pela massa.

Já em 1986, voltando ao tema, Canetti declarou: "Ainda hoje todos participam das execuções públicas, através dos jornais. A diferença é que assim tudo fica mais cômodo. Pode-se ficar tranquilamente instalado em sua própria casa, e, quando tudo termina, o prazer não é estragado pelo mais leve vestígio de culpa". Ainda não existia a internet, muito menos as redes sociais. Mas linchamentos midiáticos já eram práticas consolidadas. [...]

(Este) é um fenômeno social que desde então vem crescendo de forma assustadora: o uso das redes como veículo de rituais de justiça sumária. Em catarses coletivas, disparadas por diferentes pretextos, internautas se mobilizam — às dezenas, centenas ou milhares, dependendo do assunto e do tratamento dado pela mídia — para promoverem linchamentos virtuais que seria ingênuo classificar de inofensivos, já que podem ter impactos sérios na imagem e na vida de indivíduos e empresas, ou de determinar o sucesso ou o fracasso de obras artísticas e produtos comerciais.

O ato de agressão coletiva não é apenas de êxito garantido — pela superioridade numérica em relação à vítima indefesa; ele também elimina o risco de punição. A responsabilidade pelo que é dito, da mesma forma que a identidade de quem diz, é diluída no anonimato do grupo. Na massa virtual com quem compartilha sua raiva, o internauta encontra um sentido que talvez não exista em sua existência real, medíocre e atomizada. Daí sua entrega eufórica à desrazão coletiva, que exerce sobre ele a mesma atração hipnótica que a música eletrônica sobre mentes alteradas. A esse fenômeno recente, diretamente vinculado à expansão das redes sociais, proponho chamar, na falta de melhor termo, de "e-massa".

A e-massa enxerga a realidade em preto e branco e divide as pessoas em "nós" e "eles". A e-massa se compraz em ironizar, debochar, humilhar, diminuir, expor ao ridículo. A e-massa sabe que sua força vem de sua união, não da consistência de seu pensamento. A e-massa é dogmática: tem a convicção de estar com a razão e está disposta a esfolar e arrebentar quem discordar dela. A e-massa se julga democrática e defensora da liberdade e da tolerância, quando na verdade é autoritária, intolerante e desconhece a liberdade de quem pensa de forma diferente.

Hoje assistimos rotineiramente à conformação de coletivos, para usar um termo da moda, que se mobilizam (mas também se desmobilizam) rapidamente, movidos pelo instinto de manada e pela necessidade de afirmação, de reconhecimento, de pertencimento, em ataques à vítima da vez. Basta ter uma conta no Twitter ou um perfil no Facebook para qualquer indivíduo se arvorar como juiz, promotor e carrasco em casos que mal compreende. O que importa é estar do lado certo — isto é, do lado de quem ataca.

* * *

Ao longo de quase catorze anos, toda e qualquer ressalva aos governos do PT foi recebida com escárnio, como expressão de um preconceito de classe ou região, ou mais explicitamente de um preconceito das elites contra o ex-operário cuja mãe nasceu analfabeta.

Invariavelmente, o crítico era rotulado e execrado como membro da "elite branca e golpista", da "turma do contra", dos "pessimistas", daqueles que "não aceitaram a derrota nas urnas".

Reduzida ao silêncio, a oposição ao lulopetismo foi assim empurrada, pouco a pouco, para uma quase clandestinidade — o que ajuda a entender dois fenômenos paradoxais:

- A *rebeldia chapa branca*, que combinava a pose de rebelde com o apoio incondicional ao governo, comum a muitos artistas, intelectuais e estudantes universitários;
- A eclosão de uma *contracultura de direita*, formada por aqueles que se opunham ao estado de coisas, mas não dispunham de espaços para se manifestar, já que todos os canais tradicionais estavam ocupados pela elite intelectual e artística ligada ao campo governista.

Criou-se assim uma atmosfera de constrangimento geral, na qual *pegava mal* fazer qualquer restrição ao governo, e assim muitos preferiram optar pelo silêncio, para não sofrerem as consequências sociais de uma opinião considerada imprópria.

Dessa forma, mesmo quem não aderia incondicionalmente ao governo do PT contribuía, pela omissão, para a percepção geral de que Lula e, mais tarde, Dilma contavam com o consentimento unânime da população.

Essa estratégia de intimidar, reprimir e constranger a diferença de opinião foi extremamente bem-sucedida, em parte graças à ativa colaboração dos sindicatos, de ONGS, de movimentos sociais e de boa parte da mídia — aí incluída, ironicamente, a imprensa dita golpista, além, é claro, da rede de blogs de opinião financiados com recursos públicos, por meio da compra de espaço publicitário pelo Bndes, pela Caixa Econômica Federal, pela Petrobras e outros órgãos estatais para defender o governo e atacar a oposição: a mídia companheira, *aka* "blogs sujos".[*]

Enquanto foi exitosa, a guerra de narrativas avocou para o campo lulopetista:

- o monopólio da moral;
- o monopólio das boas intenções;
- o monopólio da justiça;
- o monopólio da representação dos pobres e de todas as minorias;
- o monopólio da virtude;
- o monopólio da defesa da igualdade;
- o monopólio da defesa da liberdade;
- o monopólio do amor ao próximo (desde que o próximo não pensasse de forma diferente).

Pregava-se, simultaneamente, "mais amor, por favor" e o ódio à classe média e às elites brancas; atacava-se a violência da PM, mas se justificava ou relativizava o vandalismo dos *black blocs* e até mesmo o assassinato de um cinegrafista durante um protesto.

Tempos estranhos, nos quais as bandeiras da esquerda e das minorias foram apropriadas e usadas como escudo contra qualquer crítica à corrupção entranhada no governo.

Durante anos, o campo da esquerda associado ao petismo deteve, também, o *monopólio da fala* — nas salas de aula, principalmente, mas também em ambientes domésticos e profissionais e em outras esferas da vida cotidiana.

E foi tão naturalizado esse monopólio da fala que intelectuais, professores da USP e artistas "do bem" reagiram escandalizados quando descobriram que já não falavam mais sozinhos.

---

[*] "Sites alinhados ao governo foram beneficiados com gasto em publicidade", *Folha de S.Paulo*, 17 dez. 2014. Disponível em: <http://www1.folha.uol.com.br/poder/2014/12/1563487-sites--alinhados-ao-governo-tambem-foram-beneficiados.shtml>. Acesso em: 29 nov. de 2017.

Foi o caso do professor de filosofia da USP Vladimir Safatle, que já em 2012 escreveu, para a revista *Carta Capital*, espécie de porta-voz informal dos governos do PT, um artigo indignado diante da possibilidade do fim da hegemonia cultural da esquerda:

> Durante décadas, a esquerda conseguiu sustentar certa hegemonia no campo cultural nacional. Mesmo na época da ditadura, tal hegemonia não se quebrou. [...] Nesse contexto, sela-se uma situação nova no Brasil. Pela primeira vez em décadas a esquerda é minoritária no campo cultural. Há de se compreender como chegamos a esse ponto.*

O "ponto" a que o Brasil tinha chegado para espanto do articulista era a existência da diferença; eram as falas ainda tímidas daqueles que rejeitavam esse Brasil monopolar.

Independente do que pensavam sobre o grau de intervenção ideal do Estado na economia, ou sobre a forma como devem ser conduzidas as políticas públicas voltadas à redução da desigualdade, ou mesmo sobre o encaminhamento que deve ser dado a temas controversos como aborto, drogas, união civil entre homossexuais etc. — ou seja, independente do rótulo de esquerda ou direita que quisessem colar nelas, essas pessoas não aceitavam que o preço a pagar por um Brasil mais justo fosse a naturalização da corrupção praticada por um grupo que se declarava capaz de fazer o diabo para ganhar uma eleição.

Na época do artigo de Safatle, esses brasileiros ainda se sentiam minoria e — por preguiça, cansaço ou medo — tinham se acostumado a ficar calados. Remar na contracorrente do discurso hegemônico costuma ter um preço elevado, social e profissionalmente. Não foram poucos aqueles que perderam oportunidades de trabalho ou cargos comissionados no serviço público, ou mesmo promoções em empresas privadas, ou o próprio emprego, por não rezarem segundo o catecismo do PT.

Chegou-se ao ponto de explicitar, em um post nas redes sociais que anunciava vagas para trabalho em um projeto audiovisual, que *não se aceitavam candidatos golpistas*. Aliás, isso continua acontecendo, só que de forma mais velada.

---

* Vladimir Safatle, "A perda da hegemonia", *Carta Capital*, 1 set. 2012. Disponível em: <https://www.cartacapital.com.br/cultura/a-perda-de-hegemonia>. Acesso em: 29 nov. 2017.

Os poucos que ousavam levantar a voz contra essa ficção de consenso eram imediatamente estigmatizados e, simbolicamente, expulsos do clube da "galera do bem".

Por tudo isso, em oposição à narrativa triunfante do poder lulopetista, a reação não foi a construção de uma contranarrativa, ou de uma narrativa contra-hegemônica, mas sim a acomodação em uma indignação muda, em uma crescente *espiral de silêncio*, movida, em grande parte, pelo receio de isolamento social e pelos benefícios da adesão à opinião média, do pertencimento ao clube dos que diziam "sim".

A expressão *espiral do silêncio* é da cientista política Elisabeth Noelle-Neumann, que escreveu:

> Mesmo quando sabem claramente que algo está errado, as pessoas mantêm-se claramente em silêncio se a opinião pública (opiniões e pensamentos que podem ser exibidos em público, sem o medo do isolamento), e, portanto, o consenso sobre o que constitui o bom gosto e a opinião moralmente adequados, estiver contra elas.[*]

Intimidado ou complacente, é certo que esse silêncio, apesar de reforçar a *ficção do consenso* em relação a Dilma, teve dois efeitos colaterais que passaram despercebidos ao campo no poder:

- Esse silêncio camuflava uma insatisfação crescente e profunda de uma parcela significativa da população com os rumos que o país estava tomando — insatisfação que crescia na mesma proporção em que aumentava o abismo entre a sociedade e o discurso daqueles que falavam em seu nome;
- Esse silêncio contribuiu para convencer o campo governista de que ficaria no poder para sempre — e, sendo assim, poderia fazer aquilo que bem entendesse, inclusive mentir, roubar, corromper, caluniar: a pretensa exclusividade da "preocupação com o social" autorizava tudo.

---

[*] Cf. Elisabeth Noelle-Neumann, *The Spiral of Silence: Public Opinion, Our Social Skin.* 2ª ed. Chicago: The University of Chicago Press, 1993.

Este é um ponto fundamental para se compreender os motivos do colapso do lulopetismo. Transformadas em imenso capital político, a partir da eleição de 2010, as conquistas sociais dos governos Lula se tornaram escudos contra qualquer crítica ou ataque a Dilma Rousseff.

A estratégia, adotada com êxito até certo ponto impressionante, era transformar até mesmo questionamentos técnicos sobre medidas econômicas heterodoxas em sinais inequívocos de preconceito e ódio aos pobres, ou em tentativas perversas de reverter o processo de redução da desigualdade promovido pelos governos Lula.

Qualquer crítica era imediatamente — e agressivamente — rechaçada como manifestação de quem não queria ver negros nas universidades, nem pobres viajando de avião. Divergência democrática passou a significar retrocesso golpista.

Uma explicação psicológica possível para o sucesso dessa estratégia é que, parafraseando o poeta Ferreira Gullar (um esquerdista histórico, massacrado nos últimos anos de vida pelo campo lulopetista), a maioria dos brasileiros não queria estar com a razão: queria ser feliz.

Entre a verdade e a fantasia, a narrativa petista (como aliás a narrativa das esquerdas em geral) sempre preferiu a fantasia, que é muito mais atraente e sedutora para o cidadão comum, especialmente para a juventude, do que qualquer narrativa racional e realista, que envolva a necessidade de fazer sacrifícios e assumir responsabilidades.*

A narrativa racional e realista implica o reconhecimento de uma série de deveres — a começar pelo dever da responsabilidade individual —, enquanto a narrativa fantasiosa sempre joga no outro a culpa pelos próprios problemas.

Quem opta pelo reino da fantasia de forma submissa e acrítica tem sempre a consciência limpa, tem sempre uma atitude acusatória, tem sempre algo ou alguém em quem jogar a responsabilidade por aquilo que vai mal.

---

* Vale citar também uma entrevista de Ferreira Gullar à revista *Veja*, que ilustra o processo por meio do qual se colou a imagem de direitista em todos os que se opunham ao PT: "O senhor se considera um direitista?". "Eu, de direita? Era só o que faltava. A questão é muito clara. Quando ser de esquerda dava cadeia, ninguém era. Agora que dá prêmio, todo mundo é. Pensar isso a meu respeito não é honesto. Porque o que estou dizendo é que o socialismo acabou, estabeleceu ditaduras, não criou democracia em lugar algum e matou gente em quantidade. Isso tudo é verdade. Não estou inventando".

É muito mais cômodo ter um *sistema*, uma estrutura socioeconômica perversa, uma elite gananciosa a quem culpar, e diante dos quais se colocar na posição de *vítima ressentida*, do que tentar entender a realidade. É muito mais fácil acreditar que a minha felicidade é uma obrigação do Estado, e que os "outros" têm uma dívida histórica a saldar comigo, do que assumir a minha responsabilidade pelo meu sucesso ou fracasso.

(Parênteses: um dos problemas da esquerda no mundo hoje é, justamente, a acomodação a uma divisão simbólica de papéis, na qual correspondem à direita a gestão da realidade e a busca da eficiência, cabendo à esquerda o monopólio do sonho e da fantasia — e dos valores "do bem" associados a esse monopólio. Esta é uma divisão de territórios cômoda, mas que tem seu preço: ao dividir o mundo entre o princípio do prazer e o princípio da realidade e ao se associar ao primeiro, a esquerda perde força em períodos de crise, quando as pessoas comuns se dão conta de que a realidade prevalece sobre o discurso.)

Enquanto a esquerda continuar confinada em um cercadinho ideológico impermeável a críticas; enquanto a esquerda continuar mergulhada em um utopismo genérico alheio às pressões dos fatos, a direita tenderá a crescer no Brasil. Por isso mesmo, aconteça no grau em que acontecer, a eclosão da chamada "onda conservadora" e a eventual eleição de um político populista de direita terão sido de responsabilidade exclusiva da esquerda.

Nas duas eleições de Dilma Rousseff, dobrar a aposta na *ilusão de felicidade* produzida pelos dois governos Lula era uma decisão que implicava um custo emocional muito menor do que admitir que as coisas caminhavam mal.

Os iludidos a quem se sonegava a verdade, crescentemente dependentes do Estado-babá e cada vez mais endividados, compreensivelmente não enxergavam ou não queriam enxergar que aquela era uma felicidade sem lastro e sem futuro. Mas mesmo esses brasileiros logo perceberiam que poder comprar *smartphone* em parcelas a perder de vista e ficar pendurado em mesada do governo não representavam solução para nada.

Não se erradica a estrutura geradora da pobreza com dinheiro grátis. Não se erradica a estrutura geradora da miséria sem educação e sem trabalho.

Havia, também, aqueles inocentes úteis, educados na Escola e na Universidade com Partido para transformar o mundo, ainda que por meio do sectarismo ideológico e do atropelo das leis e da ética (e da gramática: no momento em que escrevo, uma ex-presidente da UNE reclama no Twitter contra a "perca" de direitos promovida pelo governo Temer...).

* * *

É possível contar um monte de mentiras dizendo só a verdade. Mas nenhuma narrativa, por mais eficaz que seja, consegue prevalecer por muito tempo sobre a realidade. Essa ilusão de uma narrativa que poderia ignorar indefinidamente os fatos foi uma das fraquezas que levaram à derrocada do projeto de poder do PT.

Foi a partir das Jornadas de Junho que o vento começou a mudar. Foi então que os brasileiros que se recusavam a vincular o desejo por um país melhor ao apoio incondicional ao PT perderam o medo de se manifestar e se descobriram maioria, ao mesmo tempo que teve início uma improvável conspiração de circunstâncias que resultaria na queda de Dilma.

Mas o Brasil está longe de ser pacificado. A guerra de narrativas não acabou com o impeachment. O governo Dilma desmoronou, o ciclo lulopetista chegou ao fim, mas em mais de um sentido permanecem arraigados — na mídia, nas redes sociais, nas salas de aula — valores e práticas de um pensamento hegemônico que esteve em vias de consolidação no Brasil.

Os escombros desse projeto (que não alcançou seu termo, mas chegou bastante perto disso) convivem de forma litigiosa com uma compreensível onda reativa, que pode se tornar igualmente nociva para o país. Entre o fascismo de esquerda e o fascismo de direita, entre a descrença e a insatisfação, muitos cidadãos já sentem a tentação de rejeitar todos os políticos e toda a política.

Infelizmente, não há saída fora da política: é preciso tomar cuidado para que a reprovação a um projeto populista e messiânico de esquerda, corrompido e fracassado, não leve as pessoas a apostarem em um projeto oposto, populista e messiânico de direita, que também estaria inevitavelmente condenado ao fracasso — porque populista e messiânico, não porque de direita. A frustração seria imensa.

Capítulo 2

Notas para uma definição da guerra de narrativas

*É mais fácil enganar as pessoas do que
convencê-las de que elas foram enganadas.*
Mark Twain

*Propaganda não engana as pessoas;
ajuda as pessoas a se enganarem.*
Eric Hoffer

Se o projeto de perpetuação no poder do PT concretamente fracassou com a queda de Dilma Rousseff, simbolicamente ele se prolonga na guerra de narrativas do Brasil pós-impeachment. Isso explica por que, a partir de determinado momento, a insistência no discurso do impeachment como golpe já não tinha mais como intenção reverter o processo legal em andamento, que todos sabiam ser irreversível, mas sim transportar o embate para outra arena, simbólica e discursiva: a arena, justamente, da guerra de narrativas.

Em outras palavras, o campo lulopetista insistiu no discurso da "resistência ao golpe" como estratégia para *tentar ganhar, na narrativa, a guerra que perdeu no Legislativo, no Judiciário e nas ruas.*

Esse processo ainda está em curso. Mais de um ano depois do impeachment, a militância continua aferrada ao discurso de que quem não vota no PT/quem apoiou a queda de Dilma deseja que a desigualdade social do país aumente.

Esse campo se apropriou simbolicamente do monopólio da luta pela justiça social como forma de desqualificar seus adversários e empurrá-los para a "direita" — entendida não como alternativa legítima de visão de mundo, mas como lugar daqueles que querem a volta da escravidão ao país.

Ao longo dos anos, essa ideia foi martelada de forma tão sistemática e insistente que se tornou quase uma intuição, quase uma segunda natureza, quase um imperativo categórico não apenas para a militância, mas também para uma parcela significativa da geração formada na Escola com Partido.

Mas o que pouca gente recorda é que, muito antes da redemocratização do país, já era esta a narrativa que se consolidava no imaginário coletivo da população.

Isso coloca em questão o lugar-comum de que a história é sempre escrita pelos vencedores: na ditadura militar brasileira, mesmo com a baixa adesão popular ao projeto de resistência armada da esquerda, no ambiente cultural e acadêmico dos anos 1960-80, a narrativa vitoriosa estava sendo escrita pelos perdedores, por aqueles que tinham sido perseguidos e derrotados, não pelos apoiadores dos militares que estavam no poder.

Agora como então, os perdedores na política apostam na vitória na narrativa, mas com uma diferença crucial: antes havia uma ditadura no país; hoje há uma democracia.

O regime militar, com a miopia característica dos regimes autoritários (de direita e de esquerda), não percebeu — ou não avaliou direito as consequências disso — que o inimigo mais poderoso a combater não estava entrincheirado na guerrilha do Araguaia, nem mesmo nos focos urbanos de luta armada, mas nas redações de jornais e nas salas de aula de escolas e universidades públicas e privadas, ocupadas sem qualquer dificuldade por aqueles que seriam os autores dessa narrativa triunfante — e que, mais tarde, embarcariam, quase todos, na adesão incondicional ao lulopetismo.

Uma vez no poder, como estratégia de sobrevivência para se manter como campo dirigente e dominante, o PT investiu maciçamente em ocupar, controlar e manipular ideologicamente instituições de ensino e outros aparelhos ideológicos do Estado.

Consequência fundamental desse processo foi a formação de uma *burguesia petista*, muito mais importante para o partido que as classes populares que o PT e seus puxadinhos afirmam representar.

Cabe evocar aqui a metáfora do espantalho e do agrotóxico.

O espantalho é o inimigo visível e facilmente identificável; para a esquerda, eram os militares, e, para os militares, eram os guerrilheiros — uns e outros acreditavam na violência e na força bruta como caminho da salvação. E os dois lados podiam jogar no respectivo espantalho a culpa de tudo que havia de errado no país: os próprios medos, equívocos, mentiras e impotências eram deliberadamente ignorados. Nessa lógica binária, o problema para a esquerda era a ditadura, e o problema para a ditadura era a esquerda.

O agrotóxico é o inimigo que não se vê. A narrativa de exaltação do socialismo e da revolução foi pacientemente espalhada nas salas de aula e aspirada por gerações de estudantes como uma verdade revelada — por mais que a realidade histórica demonstrasse de forma cabal o fracasso de todos os projetos socialistas do planeta.

A ideologia — seja ela de esquerda ou de direita — funciona como o agrotóxico, não como o espantalho. Ela é inoculada e assimilada de forma invisível, mas seus efeitos podem ser irreversíveis. Seu domínio sobre a mente das pessoas é exercido de forma muito mais sutil — e, portanto, é muito mais difícil de ser combatido.

⁂

No dia 20 de fevereiro de 2017, publiquei o seguinte artigo na página de Opinião do jornal *O Globo*:

> *A guerra de narrativas não acabou*
>
> Na mesma linha, na novilíngua brasileira, *golpe* respeita a Constituição, e *fascistas* defendem a redução do tamanho do Estado

A guerra de narrativas não terminou com o impeachment de Dilma Rousseff. Nas ruas, nas salas de aula, nas redes sociais e também nas páginas dos grandes jornais e blogs ativistas, persiste a disputa pelo controle do imaginário de uma determinada fatia da classe média — demograficamente modesta, mas simbolicamente importante, por incluir intelectuais, professores, artistas, estudantes universitários e, de uma forma geral, os chamados "formadores de opinião".

O campo lulopetista pode ter sido derrotado nas batalhas do Legislativo e do Judiciário, na batalha das urnas nas eleições municipais de 2016 e, de forma mais significativa, na batalha das ruas, onde o PT era hegemônico. Mas continua na ofensiva no front da linguagem. O objetivo aparente é determinar, de antemão, como será contada para as futuras gerações a história da crise que interrompeu o ciclo do partido no poder. Mas a própria crise revelou que toda tentativa de controlar o futuro é incerta.

Inverte-se, em todo caso, o lugar-comum de que a história é contada pelos vencedores; no Brasil, país das jabuticabas, frequentemente prevalece a versão dos perdedores. Não é por acaso que se tentou insistentemente associar o momento atual à ditadura militar: porque, mesmo no poder, a ditadura fracassou (ainda bem) em criar uma narrativa vitoriosa. O que triunfou no imaginário coletivo dos brasileiros foi o enredo dos que resistiram.

Em parte porque, hoje e sempre, sobretudo para os mais jovens — para quem o reconhecimento pelo grupo social e a sensação de pertencimento são mais importantes que qualquer coisa —, o papel de resistente "em defesa da democracia" é sedutor (principalmente quando assumir esse papel não traz qualquer risco ou consequência; como escreveu Ferreira Gullar, "agora que (ser de esquerda) dá prêmio, todo mundo é".*

Mas as diferenças objetivas entre o Brasil de hoje e o Brasil da ditadura são tão abissais que o empenho em se estabelecer qualquer paralelo já demonstra sinais de exaustão. Leio que o próprio Lula tenta se aproximar de Michel Temer e convencer o PT a superar o "discurso do golpe", ao mesmo tempo que o partido se acomoda no Congresso com seus supostos algozes. Em suma, a narrativa do golpe está se esgotando.

Para os aguerridos militantes das redes sociais e para os jovens formados na "Escola com Partido", porém, nada disso importa: com inocência sincera ou falsa, eles aprenderam a ignorar todos os fatos que não se encaixam na lógica binária com que lhes ensinaram a enxergar o mundo. A linha de giz riscada no chão entre "nós" e "eles" é a face mais visível desse aprendizado. Deliberado ou não, o mau uso das palavras é outra.

Ao longo do processo que começou com a Operação Lava-Jato, passou pelo colapso da estabilidade econômica, culminou no impeachment de Dilma e continua com o bombardeio a Temer, uma vítima pouco lembrada dessa guerra é o sentido das palavras. Na distopia imaginada por George Orwell no romance *1984*, o controle da linguagem é uma ferramenta de controle do pensamento. Na mesma linha, na novilíngua brasileira, *golpe* respeita a Constituição, e *fascistas* defendem a redução do tamanho do Estado; *tolerância*, *democracia* e *censura* são outras palavras que ganharam novos e criativos significados.

---

* De fato, já há bastante tempo, apesar do recorrente discurso de vitimização, é ser de esquerda que dá prêmio no Brasil, bastando citar os prêmios literários concedidos a Chico Buarque, suprassumo da adesão do artista-intelectual ao projeto petista.

Isso não é casual: é o resultado de um programa prolongado e sistemático de formação de um novo senso comum — de uma nova hegemonia, para citar Gramsci. Interrompido antes de chegar a seu termo, esse programa durou tempo suficiente para causar sequelas cognitivas em muita gente. Este é talvez o pior legado do ciclo lulopetista. A crise política e a crise econômica vão passar. Levará muito mais tempo para parte da população entender que a política não é uma disputa entre o bem e o mal. Muito menos no Brasil.

Modéstia à parte, o tempo deu razão ao autor. De lá para cá, pouca coisa mudou.

O que não mudou foi o fato de que a literatura sobre o conceito de guerra de narrativas continua relativamente escassa, apesar de a expressão ter aparecido de forma recorrente, na mídia e em textos acadêmicos, ao longo da crise política que culminou no impeachment da presidente Dilma.

O conceito não deve ser confundido com outro, seu vizinho, o de "guerra de informação" (*info war*) — este sim exaustivamente estudado em vasta bibliografia, na universidade e fora dela, pelo menos desde a Guerra do Vietnã — quando o Pentágono e os órgãos de inteligência americanos entenderam que, cada vez mais, uma guerra também precisava ser vencida no front da mídia.

Na falta de uma teoria consolidada sobre o tema, proponho a seguir alguns enunciados sobre aquilo que diferencia a guerra de narrativas da guerra de informação clássica.

1) Em uma guerra de informação, os agentes costumam ser atores políticos e econômicos, como governos ou grandes corporações que, para defender seus interesses estratégicos, manipulam a opinião pública por meio de usos distorcidos dos meios de comunicação, como a adulteração e/ou omissão seletiva daquilo que é divulgado para seu público de interesse ou para os cidadãos em geral.

2) Perseguindo o controle do fluxo das informações e da percepção das audiências, uma guerra de informação busca basicamente enganar os receptores e induzir a formação de determinadas opiniões sobre temas ou episódios específicos, vendendo uma mentira como verdade ou, simplesmente, camuflando informações essenciais sobre o assunto em questão.

3) Na guerra de informação, o cidadão é meramente o receptor/espectador; é basicamente alguém a quem se tenta enganar e convencer, alguém

de quem se busca algum tipo de consentimento passivo diante de um determinado contexto ou acontecimento. O principal elemento da guerra de informação é o canal, o veículo, o meio — o foco está na mídia.[*] Os temas são específicos e o público é um destinatário passivo.[**]

4) Já na guerra de narrativas, o foco não está no veículo, mas na mentalidade das pessoas: os agentes (e também as vítimas) somos todos nós e cada um de nós, na medida em que cada indivíduo se identifica com — e reproduz no seu dia a dia — um determinado enredo, uma determinada interpretação das coisas, um determinado discurso, em contraposição a outros enredos, interpretações e discursos em disputa; uma determinada narrativa ficcional sobre a realidade em que vivemos.

5) A guerra de narrativas é feita para manipular, persuadir, cooptar, explorar e orientar os sentimentos da população, mais do que para determinar a percepção e a interpretação de um determinado acontecimento. Ela fala ao emocional, ao espiritual e ao inconsciente, mais do que às faculdades do raciocínio.

6) A guerra de informação é essencialmente tática, enquanto a guerra de narrativas é essencialmente estratégica, mas sem deixar de recorrer a procedimentos táticos. Seu objetivo não é o convencimento pela lógica: é conquistar a alma de cada indivíduo, para transformá-lo em *um cão de guarda voluntário do poder constituído*, em um aliado incondicional contra um inimigo comum: o outro.

7) O que importa na guerra de narrativas não é conhecer ou fazer conhecer, mas persuadir ou dissuadir apelando ao (supostamente bom) coração das pessoas, mas de forma que a lealdade à causa se sobreponha até mesmo à lealdade à família e aos amigos.

* * *

[*] A rigor o correto seria *nos media* (já que *media* é plural de *medium*), mas fico com a forma consagrada pelo uso.
[**] Exemplo: o programa eleitoral de Marcelo Crivella à prefeitura do Rio de Janeiro manipulou uma fotografia que mostra líderes do PMDB (Pezão, Cabral, Garotinho e João Paulo) abraçados a Lula. Lula foi excluído digitalmente da imagem, supostamente com a intenção de preservá-lo, já que foi antigo aliado.

É claro que narrativas em confronto sempre fizeram parte da política. Mas o que o campo lulopetista perseguiu, ao longo de quase catorze anos no poder, foi muito além de uma prática habitual na arena política.

A meta era o controle absoluto do imaginário coletivo, de forma a conquistar e deter o monopólio da leitura correta e aceitável (e da fala correta e aceitável) sobre a realidade do país.

O que se tentava era, por meio da formação de um verdadeiro exército do pensamento, estabelecer e consolidar no país uma nova *hegemonia*, para usar um conceito gramsciano caro aos intelectuais do campo da esquerda.[*]

Entre outras coisas, o filósofo italiano Antonio Gramsci propunha a abolição da distinção entre o trabalho manual e o trabalho intelectual: uma vez que toda atividade humana depende do pensamento, para ele "todos os homens são intelectuais" — ainda que nem todos exerçam na sociedade a *função* de intelectuais.

Na visão gramsciana é fundamental proporcionar às classes oprimidas a possibilidade de formar seus próprios intelectuais; caso contrário, as classes dominantes sempre vencerão a "batalha das ideias".

Nesse sentido, para transformar a sociedade, é necessário lutar contra a apropriação privada, pelas elites, do saber e da cultura, por meio de uma reforma intelectual e moral, de *um projeto de reengenharia psicossocial* que transformará a própria maneira de se compreender o mundo.

A guerra de narrativas se insere nesse projeto. Embora lance mão de procedimentos táticos similares aos da guerra de informação, ela vai muito além da mentira e da manipulação de dados. Sua natureza é outra, mais ambiciosa e profunda.

---

[*] Na acepção do teórico marxista italiano Antonio Gramsci, hegemonia é uma dominação consentida, especialmente de uma classe social sobre as outras. Hegemonia não equivale a uma imposição, mas à adoção inconsciente pelas massas de determinados princípios e valores da classe dominante. Por meio da hegemonia, as classes dominantes controlam as dominadas, por meio do controle do sistema educacional, das instituições religiosas e dos meios de comunicação. Dessa forma, sempre segundo Gramsci, as classes dominantes "educam" os dominados para que estes vivam em submissão às primeiras como algo natural e conveniente, inibindo assim sua potencialidade revolucionária. O projeto do Partido dos Trabalhadores é explicitamente gramsciano, no sentido de propor a construção de uma nova hegemonia em substituição ao que eles consideram ser a hegemonia atual.

Se a guerra de informação busca ludibriar, no mundo dividido entre "nós" e "eles" em que vivemos hoje, a guerra de narrativas busca seduzir e cooptar, mas também constranger e intimidar. O outro deve se sentir envergonhado se não pensar como nós; ele deve temer (sem trocadilho) a ameaça de exclusão social, porque o risco de ser isolado, execrado e evitado como uma praga é real; prejuízos sociais e profissionais sérios podem ser o preço da ousadia de ter uma opinião diferente daquela que prega a cartilha do partido.

Um exemplo da combinação entre tática e estratégia foi a viralização nas redes sociais de uma suposta declaração do procurador Deltan Dallagnol, do Ministério Público Federal, que teria afirmado, na entrevista coletiva de apresentação da denúncia contra Lula no caso do tríplex, em 14 de setembro de 2016: "Não temos provas, mas temos convicções".

Menos de 24 horas depois, já tinha sido cabalmente demonstrado que o procurador *não disse isso*, mas algo bem diferente:

> Provas são pedaços da realidade, que geram convicção sobre um determinado fato ou hipótese. Todas essas informações e todas essas provas analisadas como num quebra-cabeça permitem formar seguramente a figura de Lula no comando do esquema criminoso identificado na Lava-Jato. [...] Precisamos dizer desde já que, em se tratando da lavagem de dinheiro, ou seja, em se tratando de uma tentativa de manter as aparências de licitude, não teremos aqui provas cabais de que Lula é o efetivo proprietário no papel do apartamento, pois justamente o fato de ele não figurar como proprietário do tríplex, da cobertura em Guarujá, é uma forma de ocultação, dissimulação da verdadeira propriedade.[*]

Mesmo depois do desmentido, contudo, os militantes narrativos continuaram espalhando a informação falsa, explicitando sua má-fé e deixando claro que seu compromisso não era com a verdade, mas com a narrativa de desqualificação da Operação Lava-Jato, da Polícia Federal e do Ministério Público Federal.

Além de reproduzida milhares de vezes, a falsa declaração ensejou a disseminação maciça de memes e piadinhas (a "guerra memética" e o uso do

---

[*] "Afinal, procurador da Lava-Jato disse, não temos provas, temos convicção?" *G1*, 15 set. 2016. Disponível em: <http://g1.globo.com/politica/operacao-lava-jato/noticia/2016/09/afinal-procurador-da-lava-jato-disse-nao-temos-prova-temos-conviccao.html>. Acesso em: 29 nov. 2017.

humor e da ironia são procedimentos típicos da guerra de narrativas) nas redes sociais, com o intuito de colocar em dúvida a legitimidade e a gravidade da denúncia do MPF.

A ideia por trás desse procedimento não era persuadir o leitor de forma racional, mas criar um ambiente no qual era necessário, a todo momento, que pessoas honestas ficassem na defensiva e perdessem tempo explicando o óbvio: que o procurador não disse aquilo de que o acusavam, e que o processo de impeachment, previsto pela Constituição, era perfeitamente legal e estava cumprindo todos os ritos e prazos determinados pela lei.

Assim o embuste assumia ares de verdade — para colocar na defensiva todos aqueles que apoiavam o impeachment. Ao longo de toda a crise, na defesa da narrativa de que houve um golpe, militantes profissionais eram vendidos por parte da mídia como especialistas isentos, e peças de propaganda política eram apresentadas como análises imparciais.

(Como contraponto, vale citar a tentativa, por parte do PSDB, de maximizar o episódio da bolinha de papel arremessada na cabeça do candidato José Serra, na campanha eleitoral de 2010, o que acabou se voltando contra o partido. A bem da verdade, nesse episódio nenhum dos lados tinha razão: se não foi arremessada nenhuma pedra ou objeto contundente na calva de Serra, como afirmaram seus partidários, o candidato foi, sim, atingido, antes da bolinha de papel, por um rolo de fita adesiva. Quem acha que um rolo de fita adesiva arremessado na cabeça não dói que atire a primeira bolinha de papel.)*

Em épocas de crise, os discursos e posições políticas tendem a se polarizar, reforçando o abismo entre grupos de interesse antagônicos. O convite à exclusão de quem pensa de forma diferente de "nós" ficou claro, por exemplo, na fala de Isa Penna, candidata a vereadora na campanha para as eleições municipais de 2016, no campus da PUC de São Paulo, que assim se referiu a quem apoiou o impeachment de Dilma Rousseff: "Nós não queremos que vocês existam. [...] Viva o ódio!".**

---

* Para uma reconstituição detalhada do episódio e sua cobertura pela imprensa, cf. "Caso da bolinha de papel", *Memória Globo*. Disponível em: <http://memoriaglobo.globo.com/acusacoes-falsas/caso-da-bolinha-de-papel.htm>. Acesso em: 29 nov. 2017.

** Disponível em: <https://www.facebook.com/VIRALIVRE/videos/1796166530601290/>. Acesso em: 29 nov. 2017.

O que mais impressiona no vídeo, disponível no YouTube, é que se percebe que Isa é *sincera*. De longe se vê que seu sentimento de ódio é verdadeiro. Ela não é uma cínica; é agente e vítima de uma deformidade moral coletiva, produzida pela guerra de narrativas. Ainda que inconsciente, o projeto latente na sua fala é eliminar os adversários políticos e qualquer tipo de contradição — se não em pelotões de fuzilamento reais, certamente no pelotão de fuzilamento simbólico produzido pelo medo e pela intimidação.

* * *

Uma narrativa se constrói com o tempo, pacientemente, mas tem efeitos prolongados. Ela diz respeito àquilo que cada indivíduo percebe como um conjunto de valores, crenças e convicções essenciais e incontestáveis, porque estruturantes de sua própria identidade.

Por isso mesmo, uma narrativa vai muito além de afirmar como verdadeira uma mentira, ou como mentira uma verdade, como ocorre na guerra de informação: ela *confere sentido à vida das pessoas*, proporciona a elas um senso de pertencimento, de integridade, de identidade, de propósito; dá a elas, em suma, uma razão de viver.

Isso explica por que é tão difícil abandonar uma narrativa na qual se apostou tanto; ainda mais difícil é reconhecer que essa narrativa estava errada: a experiência demonstra que, depois que alguém associa — psicologicamente, emocionalmente, socialmente, simbolicamente — sua própria identidade como indivíduo ao papel de agente de uma narrativa, reverter esse processo tem um custo emocional altíssimo.

Naturalmente, nesse embate, alguns indivíduos têm lugar privilegiado: jornalistas, artistas, professores (do ensino básico às universidades), historiadores e outros intelectuais e personalidades públicas que, por sua visibilidade e pela própria natureza de seus ofícios, costumam desempenhar o papel de formadores de opinião. Até pela necessidade de reconhecimento e aceitação por parte de seus pares, este é o grupo que mais se aferra às suas convicções, mesmo quando todas as evidências demonstram que estavam equivocadas.

* * *

Os resultados das eleições municipais de 2016, que praticamente varreram o PT do mapa, parecem ter agravado o emprego do "delírio como método" por parte de certa militância. Naquele momento, inadvertidamente, o campo lulopetista partiu para a desqualificação da própria base social que o sustentava no poder.

O mesmo povo esperto e consciente que elegera em quatro ocasiões candidatos petistas para a presidência era agora reduzido a uma massa de manobra, ignorante e despreparada.

Foi o caso da capa da revista *Carta Capital* de 4 de novembro de 2016, que não titubeou em estampar a manchete: "Pobre povo brasileiro — As eleições municipais provam sua incapacidade de agir politicamente e entender que os golpistas o escolhem como vítima".

Ou seja, para a *Carta Capital*, o povo brasileiro é incapaz.

A revista considera que os eleitores que não votaram como ela queria precisam ser esclarecidos, doutrinados e tutelados, até aprenderem novamente a votar direitinho — ou seja, a votar nos candidatos da *Carta Capital*. No fundo a revista *Carta Capital* despreza os brasileiros comuns e seus valores "retrógrados" — e nem faz questão de disfarçar esse desprezo.

Outro exemplo. Em um dos muitos livros de ocasião que foram lançados durante e após a crise que levou ao impeachment — *A radiografia do golpe*, de Jessé de Souza — está impresso, com todas as letras, na página 134: "Até um povo imbecilizado como o nosso pode passar a compreender [...]". Duas páginas depois, o autor explica a desigualdade do Brasil pelo "desprezo de uma classe média boçal e tola".

Ou seja, para o autor de *A radiografia do golpe*, o povo brasileiro é imbecil, e a classe média é boçal.

Jessé de Souza, aliás, conclui seu livro escrevendo que "o reprimido sempre volta se não for *encarado de frente*" (sic).

Nem tudo o que Jessé escreve, contudo, é equivocado. Por exemplo, ele está certíssimo quando afirma: "Não se pode fraudar e mentir impunemente", ou "Não se joga o capital acumulado em confiança no lixo", ou ainda: "Não se engana alguém à toa. Sempre tem volta, e sempre tem troco".

Ele tem toda razão. Aliás, também concordo com Jessé quando ele escreve: "A mentira bem construída tem sempre verdades parciais".

Perfeito. O campo lulopetista sabe como ninguém que a fórmula para uma mentira ser bem-sucedida é colocar na receita alguns temperos de verdade, para "engrossar o caldo" e facilitar a digestão. Isso remete ao já evocado comercial da *Folha de S.Paulo*: é possível contar uma enorme mentira dizendo somente verdades.

Os projetos de poder mais perigosos e nocivos da história não foram construídos com base só em mentiras — fosse assim, não teriam logrado êxito. O perigo está justamente nas pequenas verdades parciais que lideranças populistas e autoritárias usam como escudo para justificar as suas grandes mentiras — e assim obter o consentimento da sociedade para se perpetuar no poder.

Jessé de Souza foi presidente do Instituto de Pesquisa Econômica Aplicada (Ipea) em 2015 e 2016, na agonia do governo Dilma. Leio que atualmente é professor titular de ciência política na UFF. Alguma dúvida sobre o que ele ensina aos seus alunos em sala de aula?

* * *

A confusão deliberada entre Estado e governo, entre o público e o privado, entre as necessidades do país e os interesses do partido, colocada em prática pelo PT desde os primeiros dias do primeiro mandato de Lula (basta lembrar a estrela petista colocada, a mando de dona Marisa Letícia, no jardim do Palácio da Alvorada), só é aceitável em um país em que a maior parte da população desconhece os mais rudimentares princípios e normas que regem sua organização social e política.

Somente um ambiente de ignorância desses princípios e normas explica, por exemplo, que servidores concursados se comportem (ou sejam tratado) como militantes partidários a serem favorecidos com cargos, viagens e outros benefícios — ou sejam vistos como inimigos a serem perseguidos em seu ambiente de trabalho, a depender de suas preferências políticas.

Somente nesse ambiente se torna compreensível que alguém ataque, de cara lavada, a "pretensa" luta contra a corrupção empreendida pela Polícia

Federal, por procuradores do Ministério Público Federal e por juízes como Sergio Moro ao longo da Operação Lava-Jato, ignorando as toneladas de provas produzidas, as dezenas de corruptos presos e os bilhões de reais recuperados para o Estado.*

Nem os aposentados escaparam da roubalheira, com propina descontada no contracheque; mas, na mentalidade do militante narrativo, não existem provas, só existe ódio de classe.

Por fim, somente em um ambiente de arrogância por parte dos donos do poder, perfis nas redes sociais de jornalistas críticos ao governo podem ser alterados *de dentro do Palácio do Planalto*, como aconteceu com o de Miriam Leitão, do jornal *O Globo*, e o de Carlos Alberto Sardenberg, da CBN, em maio de 2013 — vítimas da verdadeira máquina difamatória colocada a serviço do campo governista para caluniar e constranger qualquer um que não coonestasse as práticas do PT no poder.**

Mais tarde, Miriam Leitão seria vítima de outra conduta covarde: em um voo da Avianca, já em junho de 2017, a jornalista foi hostilizada e agredida verbalmente por um grupo de militantes, como ela relatou em sua coluna no jornal *O Globo*.***

Tudo isso só pôde acontecer porque, na guerra de narrativas, não existe meio-termo: ou os jornalistas apoiam incondicionalmente o partido no poder ou são tratados como inimigos a serem perseguidos e, simbolicamente, exterminados. A premissa é que não há interlocução possível com quem pensa de forma diferente da nossa: eles precisam ser abatidos.

---

* Dados disponibilizados pelo portal oficial da Operação Lava-Jato em 5 de junho de 2016: 105 condenações, contabilizando 1.140 anos, nove meses e onze dias de pena; 1.237 procedimentos instaurados; 608 buscas e apreensões; 161 mandados de condução coercitiva; 73 prisões preventivas; 87 prisões temporárias; seis prisões em flagrante; 108 pedidos de cooperação internacional com trinta países; 52 acordos de delação premiada com pessoas físicas; cinco acordos de leniência; um termo de ajustamento de conduta.

** Paulo Celso Pereira, "Planalto altera perfil de jornalistas na Wikipédia com críticas e mentiras: Mudanças em textos da enciclopédia virtual foram feitas do palácio da Presidência", *O Globo*, 8 ago. 2014. Disponível em: <https://oglobo.globo.com/brasil/planalto-altera-perfil-de-jornalistas-na-wikipedia-com-criticas-mentiras-13530321>. Acesso em: 29 nov. 2017.

*** Miriam Leitão, "O ódio a bordo", *O Globo*, 13 jun. 2017. Disponível em: <http://blogs.oglobo.globo.com/miriam-leitao/post/o-odio-bordo.html>. Acesso em: 29 nov. 2017.

Sinal dessa atitude é a ameaça feita por Lula, já em maio de 2017, quando o ex-presidente, então réu em cinco processos, ainda se sentia à vontade para declarar: "Essa mesma imprensa que dizia que o PT acabou, dizia todo dia: amanhã, o Lula vai ser preso. Faz dois anos que eu ouço isso. Se eles não me prenderem logo, quem sabe um dia eu mando prendê-los por mentir".

Não foi a primeira vez que Lula fez ameaças. Ao ser conduzido coercitivamente para prestar depoimento ele teria dito aos policiais, antecipando claramente uma vingança: "Quando eu voltar a ser presidente, vou me lembrar de cada um de vocês".

O que importa nas duas falas não é tanto o tom de ameaça explícita ou velada (embora este também seja grave), mas o apelo intuitivo ao subconsciente daqueles indivíduos, grupos ou classes que foram ensinados a acreditar que o ressentimento, a vitimização e o desejo de vingança — sempre projetados no outro, é claro — são o coração da matéria, o cerne da vida política no Brasil.

A mensagem era clara: a vítima de hoje pode ser o carrasco de amanhã. O explorado de hoje pode ser o explorador de amanhã.

A mensagem era:

Rejubilem-se, perseguidos e discriminados: a sua hora de perseguir e discriminar vai chegar. Será a revanche do povo escravizado contra as elites brancas e golpistas. Enquanto isso, odeiem. É do seu ressentimento e de sua ignorância moralista que nós nos alimentamos.

* * *

Se o campo lulopetista apostou, desde sempre, na polarização da sociedade, não foi por uma intenção maquiavélica de dividir para governar. A ambição era outra, ainda maior: implementar no Brasil um novo pensamento hegemônico, de maneira que mesmo aquelas pessoas ou grupos apontados como inimigos introjetassem como naturais e incontestáveis o discurso e os valores do partido no poder.

A consolidação de uma nova hegemonia demanda tempo: ela se dá por meio de um conjunto de lentas e pequenas transformações e rupturas no meio ambiente simbólico da sociedade. É uma espécie de *revolução pacífica*, promovida na paciente modelagem de novos valores, convicções e visões de mundo.

Esse processo compreende um "sistema ideológico" que, nas palavras da teórica gramsciana Maria-Antonietta Macciocchi:

> [...] envolve o cidadão por todos os lados, envolve-o desde a infância no universo escolar e, mais tarde, no da Igreja, do exército, da justiça, da cultura, das diversões e inclusive do sindicato, e assim até a morte, sem a menor trégua: essa prisão de mil janelas simboliza o reino de uma hegemonia, cuja força reside menos da coerção que no fato de que suas grades são tanto mais eficazes quanto menos visíveis se tornam.[*]

Coerentemente, antes mesmo de chegar ao poder de fato, o campo associado ao lulopetismo conquistou o controle da narrativa do país — controle que se prolonga para além da queda de Dilma.

Antes mesmo de ser a classe formalmente dirigente, os petistas já constituíam, informal e simbolicamente, a classe dominante, ao menos naquilo que diz respeito à mentalidade dos professores, intelectuais, artistas e outros formadores de opinião.

O gênio do sistema está no fato de que isso não resultou de mecanismos de controle ou coerção, e sim de convencimento e persuasão, discretamente disseminados (como o agrotóxico da metáfora) nas escolas, universidades, igrejas — em suma, nos "aparelhos privados de hegemonia", no jargão de Gramsci, ou nos "aparelhos ideológicos de Estado", no jargão de Louis Althusser —, com a cumplicidade entusiasmada de *idealistas que lucram com seus ideais*, todos unidos em nome de um projeto de reengenharia social que envolve a reforma moral da sociedade e a consolidação de um novo senso comum, de acordo com os interesses de um partido.[**]

Como escreveu o cientista político italiano Norberto Bobbio a propósito do papel dos intelectuais nesse processo:

---

[*]   Maria-Antonietta Macciocchi, *A favor de Gramsci*, Paz e Terra, 1977.
[**] "Desconfie de todo idealista que lucra com seus ideais", Millôr Fernandes.

> [...] sempre existiu em todas as sociedades, ao lado do poder econômico e do poder político, o poder ideológico, que se exerce não sobre os corpos como o poder político, jamais separado do poder militar, não sobre a posse de bens materiais dos quais se necessita para viver e sobreviver, como o poder econômico, mas sobre as mentes, pela produção e transmissão de ideias, de símbolos, de visões de mundo.[*]

Com vistas à construção de um novo consenso, naturaliza-se, assim, uma narrativa ideologicamente fabricada, mas tão entranhada na consciência do homem comum que sua natureza artificial se torna invisível para ele. Na hegemonia da Itália fascista, na qual crianças eram estimuladas a denunciar desvios de seus pais, essa narrativa se baseava na onipresença do Estado: o lema do fascismo, como se sabe, era "Tudo no Estado, nada contra o Estado, e nada fora do Estado".

Qualquer semelhança não é mera coincidência: o Brasil com que se sonhava poderia ter como lema "Tudo no Estado petista, nada contra o Estado petista, e nada fora do Estado petista".

Mas, segundo os militantes narrativos, para os *Social Justice Warriors* (sjw), para os autointitulados defensores da democracia, fascistas eram aqueles que se opunham a esse projeto...

Pois bem, vejamos uma definição do fascismo colhida ao acaso na internet:

> O fascismo é o sistema de governo que opera em conluio com grandes empresas (as quais são favorecidas economicamente pelo governo), que carteliza o setor privado, planeja centralizadamente a economia subsidiando grandes empresários com boas conexões políticas, exalta o poder estatal como sendo a fonte de toda a ordem, nega direitos e liberdades fundamentais aos indivíduos (como a liberdade de empreender em qualquer mercado que queira) e torna o Poder Executivo o senhor irrestrito da sociedade.[**]

Reveladas as conexões do projeto de poder lulopetista com as grandes empreiteiras companheiras — Odebrecht, oas, Camargo Corrêa, Andrade Gutierrez, utc Engenharia etc. (isso para ficar só no ramo da construção e nos contratos superfaturados assinados com a Petrobras) —, a semelhança do fascismo italiano com o modelo de capitalismo de compadrio

---

[*] Norberto Bobbio, *Os intelectuais e o poder*. São Paulo: Unesp, 1997.

[**] Disponível em: <http://www.mises.org.br/Article.aspx?id=1343>. Acesso em: 29 nov. 2017.

que estava se consolidando no Brasil como uma ordem natural das coisas chega a ser assustadora.

Se é certo, como afirmou o simpatizante do PT (e ex-ministro da Educação de Dilma) Renato Janine Ribeiro, que "não há mais como a esquerda atuar na economia fora do horizonte do capital"*, esse modelo do capitalismo de compadrio abraçado pelos governos petistas une o pior de dois mundos:

- de um lado, um Estado inchado e corrompido, ocupado e aparelhado do primeiro ao último escalão por um grupo político determinado a se perpetuar no poder a qualquer preço, fazendo do combate à pobreza justificativa para mandar às favas qualquer escrúpulo ético ou limite legal;
- de outro, "capitalistas" viciados em dinheiro público, que se habituaram a fechar contratos bilionários com esse grupo no poder, em troca de apoio político e da operacionalização de um esquema montado para irrigar com bilhões de reais em propinas o caixa dos partidos do governo.

Completando esse cenário de horror, a parcela produtiva da sociedade consentia que parte da riqueza gerada pelo seu trabalho fosse confiscada e redistribuída, o que é justificável e até desejável, mas sem imaginar que estava contribuindo para a perpetuação de um esquema que fraudava as regras da democracia e drenava para seus líderes verdadeiras fortunas em recursos públicos.

Fato: o mesmo grupo que promovia programas sociais meritórios (e dele extraía enormes dividendos eleitorais) alimentava o próprio cofre e o cofre das grandes empreiteiras amigas com recursos públicos cada vez mais volumosos: dezenas de bilhões de reais foram roubados só na Petrobras. Sem falar nas muitas caixas-pretas que continuam fechadas.

---

* Em *A crise das esquerdas*, org. de Aldo Fornazieri, Civilização Brasileira, 2017.

Não podia dar certo, ao menos não para sempre. Não somente porque em algum momento a conta não ia fechar, como não fechou, já que dinheiro não cai do céu nem dá em árvore. Mas, principalmente, porque havia algo de intrinsecamente perverso nesse esquema, que carregava em si o germe de sua própria destruição.

Mas, para a inteligência de esquerda, atacar esse capitalismo de compadrio era ser de direita, fascista, golpista e reacionário. Ser de esquerda, para essa inteligência, era apoiar as empreiteiras guerreiras do povo brasileiro...

Tudo isso só demonstra que *fascismo, direita* e *esquerda*, sem falar de *golpe*, foram palavras esvaziadas de sentido na guerra de narrativas. *Fascista* tornou-se meramente uma ofensa, um termo pejorativo usado para descrever qualquer posição política da qual determinada pessoa ou grupo não goste — ainda que, a rigor, o termo se aplique mais apropriadamente à pessoa ou o grupo de quem parte a agressão.

O mal feito à cabeça das pessoas é o pior legado do ciclo lulopetista. O nível de histeria com que se reage a qualquer indivíduo identificado como contrário à agenda do lulopetismo é medonho. O mais preocupante não é a militância profissional, que se comporta assim por estratégia e cinismo, ou para ganhar algum trocado, é a geração de jovens embotados, mas religiosamente convictos de que estão do lado certo, e que aparentemente acham que gritar e ofender é demonstração de força. Não é. É demonstração de fraqueza e estupidez.

A destruição da consciência crítica de toda uma geração (ou de mais de uma geração) é um passivo que levará décadas para ser superado.

Como essa parcela da população optou por trocar a capacidade de refletir por reagir como o cão de Pavlov a palavras-gatilho, e como o debate intelectual e político se tornou anêmico, rasteiro e desonesto, talvez seja adequado esclarecer algumas coisas, para evitar mal-entendidos:

1) O autor deste livro defende, por formação e convicção, entre outras políticas públicas, *investimentos maciços do Estado em saúde e educação* e em serviços públicos de qualidade, bem como programas redistributivos que levem à efetiva diminuição da absurda desigualdade social que persiste no Brasil.

Programas de combate à miséria são fundamentais — mas precisam estar atrelados a uma intenção real de integração dos mais pobres à sociedade e ao sistema produtivo, por meio do acesso à educação pública de qualidade e a oportunidades de trabalho.

O que não pode é programas sociais serem usados como ferramentas de perpetuação da pobreza, nem muito menos como moeda eleitoral por parte de um neocoronelismo populista que troca voto por esmola, pendurando indefinidamente uma parcela potencialmente produtiva da população em uma mesada estatal.

Políticas distributivas devem ser programas permanentes de Estado, e não de governo (muito menos de partido).

2) O autor votou em Lula em 2002 e considera sua vitória, naquele contexto, um momento importantíssimo na nossa história recente. Nunca antes na história deste país um presidente eleito reuniu tantas condições — incluindo seu carisma pessoal e a sorte da bonança econômica internacional que se seguiu — de fazer um governo exemplar.

Um dos lemas da campanha de Lula em 2002 foi, aliás, "Corrupção, tô fora!". Infelizmente, já nos primeiros anos do primeiro mandato, ficou claro qual seria o rumo escolhido pelo PT no poder: o aluguel de parlamentares dos partidos da base aliada para garantir vida fácil no Congresso.

A revelação, ainda em 2004, de que Waldomiro Diniz, subchefe de Assuntos Parlamentares e homem de confiança do então ministro da Casa Civil, José Dirceu, recebeu propina de bicheiros para a campanha do PT de 2002 acendeu a luz amarela.[*] O governo do PT começava a mostrar que não "tava" tão fora da corrupção quanto dizia.

Depois vieram, a partir de maio de 2005, o escândalo dos Correios, as denúncias do deputado Roberto Jefferson contra a cúpula do PT — mas preservando Lula — e a exposição estarrecedora do escândalo do Mensalão.[**] Quarenta pessoas foram indiciadas e julgadas pelo STF, e muitas delas foram presas, incluindo José Dirceu.

---

[*] Cf. Liz Batista, "Escândalo Waldomiro Diniz completa 10 anos", *O Estado de S. Paulo*, 13 fev. 2014. Disponível em: <http://acervo.estadao.com.br/noticias/acervo,escandalo-waldomiro-diniz-completa-10-anos,9729,0.htm>. Acesso em: 29 nov. 2017.

[**] Para quem não conhece os detalhes da história do Mensalão, recomendo a leitura de *Nervos de aço: Um retrato da política e dos políticos no Brasil*. Rio de Janeiro: Topbooks, 2006, depoimento de Roberto Jefferson ao autor.

Hoje se sabe que o fim do Mensalão não representou o fim da corrupção nos governos do PT. De proporções muito maiores, o Petrolão não deve nem mesmo ser entendido como um esquema alternativo que sucedeu o Mensalão, já que os dois foram concebidos ao mesmo tempo, na transição do último governo FHC para o primeiro governo Lula.*

3) O autor não se considera de direita (não que isso fosse um problema) e se recusa a cair nessa armadilha semântica com a qual durante décadas se constrangeram pessoas de bem ao silêncio envergonhado.

Desigualdades sociais extremas não são naturais; são historicamente construídas, são fruto de escolhas e de projetos, e uma missão fundamental da política é lutar pela redução dessas desigualdades.

Mas, para que isso aconteça, a distinção que deve interessar ao eleitor não é entre direita e esquerda, mas entre a honestidade, a seriedade e a competência, de um lado; e a desonestidade, a burrice e a incompetência (geralmente amparadas no poder como único valor) de outro.

O Brasil será um país melhor no dia em que eficiência administrativa e respeito às regras da democracia forem mais importantes para o eleitor que o rótulo de esquerda ou direita.

Ser de esquerda não deveria obrigar ninguém a defender Lula e o projeto de poder do PT; ao contrário, quanto mais as pessoas de esquerda teimarem em se associar a Lula e ao PT, mais o populismo de direita irá crescer.

Isso já está acontecendo.

---

* "O Petrolão começou a ser estruturado já no período de transição entre os governos do presidente Fernando Henrique e Lula. A escolha de pelo menos dois diretores com mandato para cobrar propina foi feita durante a transição ou nos primeiros dias do governo. Renato Duque e Nestor Cerveró assumiram seus postos sabendo exatamente o que deveriam fazer. O Paulo Roberto Costa assumiu em maio de 2004, também sabendo muito bem qual seria a sua missão. Portanto, o esquema dentro da Petrobras já estava em funcionamento antes mesmo de o Mensalão ser descoberto. Na verdade, hoje já se sabe que a Petrobras alimentou o pagamento de mensaleiros, enviando recursos para o próprio Marcos Valério, condenado no Mensalão. Na minha opinião, Petrolão e Mensalão são a mesma coisa, duas faces da mesma moeda." Roberta Paduan, em entrevista ao autor, sobre seu livro *Petrobras: Uma história de orgulho e vergonha*, em: *G1*, blog Máquina de Escrever, "Livro-reportagem revela os bastidores da corrupção na Petrobras". 25 set. 2016. Disponível em: <http://g1.globo.com/pop-arte/blog/maquina-de-escrever/post/livro-reportagem-revela-os-bastidores-da-corrupcao-na-petrobras.html>. Acesso em: 29 nov. 2017.

Os principais responsáveis pelo crescimento da direita no Brasil são aqueles que se dizem de esquerda. Por miopia, ingenuidade ou má-fé, continuam apoiando incondicionalmente um partido que não hesitou em adotar práticas criminosas, sem se darem conta de que o mal que Lula, Dilma e o PT causaram à imagem da esquerda só é comparável, em intensidade e duração, ao mal que a ditadura militar fez à imagem da direita.

4) O autor também acredita que, em uma sociedade democrática, tolerante e verdadeiramente diversificada e plural:

- Todos devem ter direito à voz e ao espaço, independentemente de sua filiação partidária ou orientação ideológica, sem qualquer tipo de intimidação, constrangimento ou patrulha — aí incluídas as patrulhas das minorias sobre as maiorias; isso porque, em questões ligadas a comportamento e escolhas individuais, tenta-se frequentemente impor à maioria uma ditadura das minorias, invertendo-se o sinal da intolerância. Alguns debates nas redes sociais sugerem que passou a representar uma falha de caráter ou defeito socialmente condenável ser heterossexual ou ter uma religião, por exemplo; ou ser magra e bonita, o que se tornou algo "opressor"; ou mesmo ser "velho" — pecha de que foi acusado o primeiro ministério montado por Michel Temer;
- A alternância de partidos no governo é fundamental para que se evite o enraizamento de esquemas sofisticados de assalto ao Estado pela elite no poder, *seja esta elite de esquerda ou de direita*;
- A meritocracia deve ser entendida não como um mecanismo de reprodução de desigualdades, mas como *um horizonte a ser perseguido*: um horizonte de igualdade de *oportunidades*, no qual sejam proporcionadas a todos condições de vencer pelo estudo, pelo trabalho e pelo esforço individual. Igualdade de oportunidades no ponto de partida, portanto no sentido liberal do conceito, e não igualdade no ponto de chegada, que é o sentido associado ao socialismo;
- O empreendedorismo e a competição entre os agentes do mercado devem ser estimulados, e não atacados; isso não significa

defender que o mercado, por si só, dará conta dos desafios da sociedade. Mercados devem ser regulados de forma transparente e eficaz, de maneira a mitigar suas falhas e maximizar e democratizar seus benefícios, gerando eficiência, emprego e renda (até porque nem mesmo os governos de direita acreditam mais na ideia da "mão invisível", que só sobrevive, como mito, no discurso do campo da esquerda);

- O Estado laico deve ser entendido não como um Estado ateu, mas como um Estado no qual *todas* as religiões são respeitadas, dos cultos de origem africana às igrejas evangélicas (que são, frequentemente, vítimas de intolerância e perseguição, como ficou claro nas campanhas à presidência de 2014 e à prefeitura do Rio de Janeiro em 2016); e

- As salas de aula de escolas e universidades, públicas ou privadas, não devem ser espaços de doutrinação, independente do viés ideológico dos professores; até porque, se hoje quem dá aula aos seus filhos são professores que estão do seu lado, amanhã podem ser professores que estão do lado contrário, e a doutrinação de direita deve ser tão evitada e prevenida quanto a doutrinação de esquerda.

Estas são opiniões, e não dogmas. Dogmas são camisas de força. Opiniões podem variar conforme as circunstâncias, e o autor não vê problema algum em mudar de opinião. Faz parte da condição do intelectual o dever de colocar em questão as próprias convicções.

Outra opinião do autor é que, uma vez garantidos direitos fundamentais e liberdades individuais, o Estado não deve interferir em questões relacionadas à intimidade e ao comportamento.

Por fim, também é preciso lembrar que o autor é responsável por aquilo que escreve, não pelo que alguns leitores — por incapacidade ou má-fé — entendem.

* * *

Na guerra de narrativas fomentada ao longo de quase catorze anos, o terreno das liberdades individuais foi estranhamente ocupado pelo campo governista. Segundo a cartilha adotada, consolidou-se a tese — equivocada — que associa a esquerda à defesa da liberdade e à tolerância às diferenças, quando o que se vê é o exercício diário da intolerância pelos militantes narrativos, a começar pela intolerância ideológica.

Fato: os países mais intolerantes em questões ligadas a religião, gênero e comportamento (como a orientação sexual e o consumo de drogas) são aqueles em que triunfaram regimes ditos de esquerda, como Cuba, enquanto os mais tolerantes são os de cultura liberal, que valorizam e respeitam as liberdades individuais, começando pelos Estados Unidos.

O triunfo dessa estranha associação entre a defesa da liberdade e o campo da esquerda no Brasil — patente, aliás, no próprio nome do partido Psol — Socialismo e Liberdade, uma contradição em termos — foi um fator fundamental para o êxito de uma determinada narrativa, sobretudo entre a juventude, condicionada por antolhos interpretativos a acreditar que ser de esquerda significa defender a liberação das drogas ou do aborto — quando, na verdade, uma pessoa pode (ou deveria poder) defender o livre mercado, consumir drogas e ser a favor do aborto; ou ser evangélica e de esquerda; ou ser homossexual e defender o livre porte de armas; ou ser negra e discordar das cotas raciais.

As pessoas são livres para fazerem suas escolhas. Ninguém é obrigado a nada. Não existem pacotes ideológicos fechados, vinculando opiniões sobre questões polêmicas a posicionamentos político-partidários.

Somente na guerra de narrativas prevalecem essas armaduras ideológicas *prêt-à-porter*.

A ex-vereadora do PT e ex-coordenadora de políticas para diversidade sexual do Estado de São Paulo, Soninha Francine, que foi também secretária de Assistência e Desenvolvimento Social do prefeito João Doria, do PSDB, defende as bandeiras do aborto e da descriminalização das drogas. Mas é hoje atacada pelo campo da esquerda — que julga deter o monopólio da defesa dessas causas — simplesmente porque, desde que apoiou a candidatura de José Serra à presidência em 2010, Soninha é considerada "conservadora" e "direitista" pelos adeptos da narrativa lulopetista.

Vale a pena insistir um pouco mais no tema, porque a apropriação pelo campo da esquerda de bandeiras, por assim dizer, libertárias, é um elemento fundamental para o êxito da penetração de seu projeto de poder entre os jovens. Porque aqui se estabeleceu mais uma conexão fictícia entre dois fatores que, a rigor, não têm qualquer conexão entre si.

Por algum misterioso malabarismo da linguagem, consolidou-se a crença de que *lutar pela emancipação para si próprio equivale a lutar pela justiça social*. Promoveu-se, assim, uma síntese totalmente ilógica, mas de alto apelo emocional, por meio da qual muitos acreditam estar do lado "do bem" ou ser "de esquerda" pelo simples fato de fumar maconha, defender o aborto ou falar mal da PM nas redes sociais.

O mais das vezes, esses militantes nunca fizeram nada pelos pobres; muitos ainda vivem de mesada dos pais e nem sequer lavam a louça ou arrumam a própria cama; mas acreditam sinceramente estar lutando contra a exploração capitalista quando estão simplesmente exercendo (ou lutando por) liberdades individuais. A expropriação da virtude promovida pelo campo lulopetista se prolonga, assim, na expropriação da lógica.

É por meio dessa síntese que se viabiliza o processo de *politização de tudo*, que continua envenenando a sociedade brasileira. Questões e temas que não eram políticos em sua essência se transformam em ferramentas de divisão da sociedade.

Até mesmo questões criminais, sobre as quais não há sequer o que discutir, são capitalizadas politicamente: por exemplo, episódios de racismo, violência e até mesmo de estupro são politizados, de maneira a se tirar proveito político de dramas e tragédias alheios — como se todos os racistas, assaltantes e estupradores do país estivessem aliados a uma direita golpista imaginária, em oposição à galera "do bem" que apoiava o PT.

* * *

Um efeito colateral do longo movimento de guerra à divergência realizado pelo PT foi que, ao longo de mais de treze anos, os militantes narrativos do campo governista se acostumaram a falar sozinhos — e desaprenderam a ouvir. Só eles tinham voz, só eles podiam apontar o dedo acusatoriamente para os outros. Contavam, além do mais, com o apoio irrestrito da elite cultural e artística.

Esse monopólio da verdade e da fala fez com que os militantes narrativos perdessem o hábito de conviver de forma civilizada e respeitosa com a diferença — princípio rudimentar de qualquer democracia. A consequência foi o surgimento de um vácuo entre os detentores da fala — a "classe falante", na expressão do sociólogo francês Pierre Bourdieu — e os brasileiros comuns, o grosso da população — cujos valores tendem a ser muito mais conservadores e tradicionais do que imaginam os militantes do Facebook.

O mapa da votação do segundo turno, por zonas eleitorais, da eleição para a prefeitura do Rio de Janeiro, em 30 de outubro de 2016, diz muito sobre o colapso desse monopólio da fala — e da representação dos mais pobres — pelo PT e seus puxadinhos. O candidato do campo da esquerda — Marcelo Freixo, do Psol — só venceu nos bairros mais ricos da Zona Sul da cidade, enquanto os eleitores dos bairros mais carentes da Zona Oeste votaram em massa no candidato Marcelo Crivella, do PRB.*

Mapa da apuração no rio
Acompanhe o resultado dos candidatos do Rio de Janeiro em cada zona eleitoral da cidade.

* Fonte: <http://sensoincomum.org/2016/10/31/narrativa-pobre-vota-esquerda/>.

Atenção: na minha opinião, eram dois péssimos candidatos, com projetos claramente populistas, associados a duas igrejas, a Igreja Universal do Reino de Deus (IURD) e a Igreja Universal do PT e seus Puxadinhos (IUPTP).

Ou seja, o Rio de Janeiro vivia um cenário pouco menos que trágico. Um meme que circulou nas redes sociais listava as principais vantagens e desvantagens dos dois candidatos: a principal vantagem de Crivella era não ser Freixo, a principal desvantagem era ser Crivella; a principal vantagem de Freixo era não ser Crivella, a principal desvantagem era ser Freixo.

Em sua campanha, seguindo a escola petista, em todas as suas falas o candidato Marcelo Freixo avocou para si:

- o monopólio da representação das camadas mais desfavorecidas da cidade;
- o monopólio das boas intenções;
- o monopólio da tolerância;
- o monopólio do amor;
- o monopólio da verdade;
- o monopólio da ética.

O candidato foi além. Entre outras propostas supostamente populares, seu programa incluía:

- resolver o problema da burocracia e do inchaço da máquina pública do Rio (um município semifalido) *com a criação de novos órgãos*, engordando ainda mais o aparato administrativo, naturalmente com farta distribuição de cargos para a companheirada; e
- resolver o problema da segurança pública com mais iluminação nas ruas — proposta que parece uma brincadeira, mas que foi realmente postada no Twitter oficial do candidato. Além disso, para muitos militantes da praça São Salvador — reduto da juventude petista e psolista, no bairro de Laranjeiras, na Zona Sul do Rio de Janeiro —, a solução para a violência seria substituir penas de prisão por oficinas de artesanato. Não estou exagerando.

Isso sem falar na ideia de criar conselhos populares à moda venezuelana, em que decisões que dizem respeito a toda a população do município seriam decididas, na base do grito, por quem falasse mais grosso e tivesse tempo sobrando para participar das reuniões dos tais conselhos — o que, convenhamos, seria difícil para quem estuda e trabalha para pagar impostos e viver honestamente.

Marcelo Freixo, em suma:

- se apresentava como o candidato da paz, mas suas declarações sobre a violência dos *black blocs* eram sempre ambíguas e evasivas;
- se apresentava como o candidato da tolerância, mas nas redes sociais os ataques mais intolerantes — por exemplo, contra os evangélicos — partiam de seus eleitores;
- se apresentava como o candidato dos mais pobres, mas pouco saía da Zona Sul — talvez porque não tivesse como se locomover, já que na declaração de bens apresentada pelo candidato à Justiça Eleitoral só constavam 5 mil reais em uma conta-corrente, e mais nada: nem um Fusquinha 1968, nem uma quitinete no subúrbio, nada.

Infelizmente para o candidato, esse discurso só repercutiu na praça São Salvador — reduto da jovem burguesia esquerdista e dos filhos entediados da classe média alta — e nos bairros da elite branca.

Logo após passar para o segundo turno, com modestos 18% dos votos no primeiro — quando ele próprio, na eleição de 2012, tinha recebido 28% dos votos —, Freixo deixou a soberba subir à cabeça e não hesitou em afirmar, em um comício-relâmpago improvisado na Lapa, que aquela tinha sido uma "vitória contra o partido golpista", pregando em tom ameaçador para sua plateia de convertidos: "Esta cidade é nossa!".

Seguiu-se um coro de "Fora Temer!", protagonizado, naturalmente, por eleitores de Freixo, de Dilma... e de Temer.

O resultado dessa estratégia foi desastroso: no segundo turno, Freixo levou uma sova dos eleitores pobres que ele afirmava representar. Por um motivo simples, mas que o campo da esquerda teve muita dificuldade em assimilar.

Os eleitores pobres não estão interessados em discursos ideológicos ou panfletários: o seu voto é pragmático, será sempre daquele candidato que comparece — no dia a dia, e não apenas durante a campanha eleitoral — com algum tipo de benefício concreto, com alguma solução para seus problemas imediatos.

No Brasil real — e mais particularmente na periferia do Rio de Janeiro —, a triste realidade é que, diante da omissão histórica e absurda do Estado, o cidadão carente se vê obrigado a recorrer a quem quer que se apresente para ajudá-lo: se o Estado não comparecer, será a Igreja; na ausência da Igreja, será a milícia — ou o tráfico.

Para uma parcela expressiva da população carente que habita a periferia dos grandes centros urbanos, a escolha que se coloca é entre a Igreja e a criminalidade.

Nesse contexto sombrio, a Igreja evangélica acaba cumprindo uma função social relevante, ao afastar do crime uma parcela significativa da população, sobretudo entre os mais jovens — privados do atendimento, pelo Estado, de seus direitos e necessidades mais básicos. Em que pesem as falcatruas de pastores e outros "malfeitos", para usar um eufemismo caro à ex-presidente Dilma, o fato é que a Igreja é, para muitos, a única instituição a oferecer algum apoio, conforto e dignidade.

O mal disfarçado ódio aos evangélicos por parte da esquerda de classe média — explicitado em diversos momentos na campanha para a eleição municipal de 2016 — se deve exatamente ao fato de a Igreja realizar com muito mais competência o projeto que era dela, esquerda: de cooptar as populações mais carentes, por meio de um assistencialismo imediatista que não altera a estrutura geradora da pobreza e da desigualdade.

Enquanto os sociólogos da Zona Sul do Rio de Janeiro não entenderem o papel e a atuação concreta das Igrejas pentecostais nas áreas mais carentes da cidade, seus candidatos sofrerão derrota após derrota nas urnas.

Enquanto isso, em São Paulo, um eleitor do candidato derrotado Fernando Haddad postava no Facebook, após a vitória de João Doria no primeiro turno, com mais de 53% dos votos: "Ou acabamos com a Globo ou a Globo acaba com o Brasil".

E muitos posts nas redes sociais chamavam os eleitores de Doria, em São Paulo, e de Crivella, no Rio, de imbecis e jumentos, para citar palavras leves.

Mas, se Freixo anunciava que a cidade era *deles*, Doria afirmava que ia governar *para todos* e que São Paulo não era dos paulistas, e sim do Brasil. Seria o caso de perguntar onde estava a intolerância que os militantes do PT e do Psol atribuem com tanta ênfase aos seus adversários.

Este era o "pensamento crítico" dos jovens da burguesia de esquerda formados pela Escola com Partido. Era a época do famoso "Vai estudar história!", palavra de ordem com a qual se encerrava qualquer debate: emitida com um ar arrogante, a frase geralmente partia de quem nunca leu um livro de história na vida, mas que ainda assim se sabia e se sentia moralmente superior ao interlocutor, pelo simples fato de ser "do bem". Passada a eleição, esses mesmos militantes compartilharam nas redes sociais a ideia de continuar usando adesivos de Freixo na roupa, para mostrar que eram pessoas "legais".

Nada é mais reconfortante que a consciência e a sensação de estar do lado "do bem", sobretudo quando este lado representa a força hegemônica no poder.

Para encerrar o tema da eleição municipal de 2016, transcrevo um diálogo que tive com uma eleitora do candidato Marcelo Freixo, às vésperas do segundo turno. *#Xatiada* com as pesquisas que colocavam seu candidato bem atrás de Crivella, especialmente nas áreas mais pobres da cidade, ela atribuía o mau desempenho de Freixo à falta de conscientização da população carente:

> Ela: Quem tem que decidir quem será eleito é quem tem consciência política.
> Eu: Mas quem vai determinar quais eleitores têm consciência política e direito ao voto?
> Ela: Consciência política é fruto de um processo histórico. Os pobres só saberão o que é melhor para eles quando forem conscientizados.
> Eu: Ser conscientizado significa votar como você? Você acha então que só os eleitores da Zona Sul deveriam poder votar nesta eleição?
> Ela (mudando de assunto, após uma risada): Você não quer que a filha da empregada estude na mesma escola que a sua filha.
> Eu: Ao contrário, quero que minha filha conviva com pessoas de todas as classes sociais, e não apenas com a elite da Zona Sul que votou no Freixo.
> Ela (mudando de novo de assunto): Eu boto a mão no fogo pela Dilma. Ela NÃO cometeu crime de responsabilidade.

Etc. A conversa ilustra perfeitamente o paradoxo de uma militância que gosta de se enxergar como aliada e representante dos pobres e oprimidos, mas não tem qualquer pudor em desqualificar os valores e escolhas dos pobres e oprimidos, sempre que estes não coincidem com os seus. Porque:

As preferências políticas, culturais e estéticas dos pobres só devem ser exaltadas quando estiverem de acordo com as preferências daqueles que se avocaram o direito exclusivo de falar em seu nome. Os pobres não compreendem seus reais interesses com tanta clareza quanto os intelectuais da praça São Salvador compreendem.

Devia ser esse o pensamento do ex-BBB e deputado Jean Wyllys, quando não se envergonhou de declarar, ainda em abril de 2013: "A gente não pode deixar na mão de uma sociedade que não é bem informada determinados temas".

Ou seja, a sociedade só deve ser consultada sobre "determinados temas" quando ela estiver de acordo com o deputado Jean Wyllys.

As palavras da jovem eleitora de Freixo e do deputado do Psol refletem o que era o pensamento hegemônico que estava em vias de se consolidar no país:

Nessa narrativa, ou você é "do bem", politicamente correto, de esquerda e apoiador incondicional do PT, ou você não quer que a filha da empregada estude na mesma escola dos seus filhos.

Refletem, também, a adesão a uma premissa profundamente preconceituosa em relação às camadas mais carentes da população: a de que elas não estão preparadas para tomar decisões e fazer escolhas, necessitando, por isso, da orientação de uma inteligência superior: a dos intelectuais de esquerda, ainda que esta seja uma esquerda confinada aos botequins da praça São Salvador.

Capítulo 3

Sobre a direita e a esquerda no Brasil de hoje

Não gosto da direita porque ela é de direita e não gosto da esquerda porque ela também é de direita.
Millôr Fernandes

As ideologias destroem a linguagem, uma vez que, tendo perdido o contato com a realidade, o pensador ideológico passa a construir símbolos não mais para expressá-la, mas para expressar sua alienação em relação a ela.
Eric Voegelin

A guerra de narrativas diz respeito diretamente ao sentido das palavras, e poucas palavras são mais carregadas de significados negativos no Brasil que *direita*.

Em países normais e civilizados, direita e esquerda refletem crenças em formas alternativas e paralelas, mas igualmente legítimas, de entendimento da realidade, com os dois lados reconhecendo que o destino, o horizonte, o sentido e o objetivo são os mesmos: a luta por uma sociedade melhor, mais próspera e mais justa.

Tanto à esquerda quanto à direita, essa luta pode ser contaminada pela crença de que existem atalhos, fora da lei e das regras da democracia, para se chegar a esse mundo mais feliz, incluindo o emprego da violência revolucionária.

Mas, considerando apenas a esquerda e a direita democráticas, a diferença entre elas está, por exemplo, na convicção de que uma maior ou menor presença do Estado na economia será mais eficaz nessa busca, por meio da alocação ótima de recursos por definição escassos.

Conservadorismo e *elites* também são, no Brasil, palavras contaminadas por uma carga negativa. Já em sua percepção primária, essas palavras estão longe da neutralidade que apresentam em outros países: elas trazem embutidos um apelo emocional, um julgamento de valor, uma escolha moral e uma história. Carregam *uma narrativa*.

Em democracias saudáveis, a disputa se dá entre ideias e valores. Não existem partidos e programas bons, de um lado, e partidos e programas maus, de outro. O que vai determinar o acerto ou o equívoco de partidos e programas é o resultado concreto da adoção de suas propostas, o que só pode ser aferido a posteriori.

O fracasso da política econômica de Dilma Rousseff e Guido Mantega — o principal motivo da queda da presidente — foi atestado não por opiniões de articulistas engajados à esquerda ou à direita, mas pela realidade dura e fria da recessão, da inflação e do desemprego — que, é preciso enfatizar, penalizam principalmente os mais pobres, para quem o aumento do custo de vida representa o pior dos impostos.

Mas, enquanto prevaleceu a narrativa do campo governista, quem criticava aquela política o fazia não por entender que não seria aquele o caminho que nos tornaria um país melhor, mas por ser perverso e odiar os pobres, por só pensar na manutenção de privilégios, por desejar aumentar ainda mais o abismo social que separa os brasileiros, por não querer ver a filha da empregada estudando na mesma escola que seus filhos.

A apropriação pelo campo da esquerda do monopólio das boas intenções e a demonização deliberada e sistemática de qualquer oposição explicam em parte por que, depois da redemocratização, não foi eleito no Brasil nenhum presidente com uma pauta clara de direita — além da possível eleição de Fernando Collor, rapidamente apeado do poder.

Seu substituto, Itamar Franco, e os presidentes Fernando Henrique Cardoso, do PSDB, e Lula e Dilma, do PT, adotaram todos, em questões sociais e na condução da economia, pautas e discursos de centro-esquerda, próximos da agenda da social-democracia europeia, com foco em políticas de distribuição de renda e um forte grau de intervenção do Estado na sociedade.

O que existe aqui desde a proclamação da República — que foi, aliás, um golpe — é o já citado capitalismo de compadrio, que nem sequer pode ser entendido como um verdadeiro capitalismo.

Nunca abraçamos de verdade os valores que norteiam as sociedades que levaram a sério o capitalismo — o estímulo ao empreendedorismo e à competição, a meritocracia, o livre mercado, a segurança jurídica, o respeito à propriedade privada. Nunca entendemos que estes não são fins em si mesmos, mas meios para se alcançar o bem-estar coletivo. Nas sociedades avançadas, acredita-se que, quanto mais nos afastarmos desses valores, mais longe estaremos de construir uma sociedade próspera e justa.

Não estou emitindo juízo de valor nem concordando com isso; estou dizendo que essa é uma leitura da realidade que não pode ser desqualificada de antemão no debate político.

Mais uma vez: a política não é uma disputa entre o bem e o mal. Pode-se discordar de um liberal como se pode discordar de um socialista, mas rotular um ou outro como "fascista" por não comungar das próprias ideias é uma atitude tola e intelectualmente desonesta.

No Brasil do lulopetismo, contudo, intelectuais e professores universitários se sentiam à vontade para afirmar em público que *desprezavam* seus adversários, ou que *odiavam* a classe média (que muitos deles próprios, paradoxalmente, integravam e ainda integram). Ao longo de mais de treze anos, qualquer um que apresentasse caminhos alternativos àqueles defendidos pelo campo no poder era automaticamente desqualificado e associado ao golpismo e ao fascismo.

Na régua da esquerda brasileira, social-democratas, liberais, conservadores, democrata-cristãos, centristas são todos farinha do mesmo saco: *todos golpistas que desejam a volta da escravidão e não querem ver pobre viajando de avião.*

Já qualquer um que se aliasse à defesa incondicional de Dilma e gritasse "Não vai ter golpe!" ganhava um diploma honorário de progressista "do bem" — ainda que integrasse a elite econômica, como os empreiteiros companheiros guerreiros do povo brasileiro; ou, muito pior, ainda que fosse um indivíduo corrupto, incompetente, desonesto e mentiroso.

* * *

No momento em que escrevo, Lula, já condenado a nove anos e seis meses de prisão e com 9 milhões de reais bloqueados só em fundos de Previdência, é capaz de postar em sua conta oficial no Twitter: "Eles não sabem o que fazer. Senhores da casa-grande, permitam que alguém da senzala faça o que vocês não têm competência para fazer".

Ou seja, aos olhos do ex-presidente, ser de direita no Brasil é defender a casa-grande, e ser de esquerda é defender a senzala. Não admira que tão poucas pessoas evitem se associar ao rótulo de direitistas, ainda que acreditem que a intervenção excessiva do Estado seja prejudicial à economia do país.

No Brasil, ser de direita é uma pecha. Chamar alguém de direitista é uma ofensa, uma agressão, uma forma de desqualificação. Por sua vez, a esquerda é sempre "progressista", não importa o que ela faça, não importa quão ultrapassadas e ineficientes sejam as suas propostas, não importa que suas teses tenham sido desmentidas pela história e continuem sendo diariamente desmentidas pela realidade.

A direita aparece, no senso comum da nova hegemonia, não ao lado da esquerda, como uma alternativa legítima de pensamento, práticas e valores; ela não aparece nem mesmo atrás da esquerda. Na cabeça de muitas pessoas, a direita caminha no sentido contrário ao da esquerda, ou seja, para trás; ser de direita é desejar que o país volte à escravidão, é o retrocesso.

É cômodo dividir o mundo entre mocinhos e bandidos. Sobretudo quando os mocinhos somos "nós", pessoas de coração puro, que amamos o próximo e odiamos injustiças; "nós", a esquerda, ou não exatamente a esquerda, mas o campo lulopetista ao qual a esquerda aderiu. Já o papel dos vilões fica reservado para "eles", pessoas sem coração, frias, egoístas e gananciosas, que não se comovem e nem se mobilizam diante da miséria do outro; "eles", a direita, ou não exatamente a direita, mas todos aqueles que não se alinham com o PT.

Mas a dicotomia que acontece no Brasil não é nem nunca foi entre a esquerda e a direita, é entre amigos e inimigos, entre aliados e adversários, entre "nós" e "eles".

Processo semelhante aconteceu na Argentina kirchnerista, como escrevi ao resenhar o livro *A década roubada*, do jornalista Jorge Lanata:[*]

> *A década roubada*, de Jorge Lanata, trata de um governo duradouro em um país da América Latina com as seguintes características:
>
> - um discurso marcado pela preocupação com a justiça social e a pobreza;
> - o combate ao neoliberalismo;
> - uma política econômica desenvolvimentista, com grande participação do Estado;
> - um forte personalismo;
> - uma política externa baseada no estreitamento das relações com outros países do Terceiro Mundo, em detrimento dos acordos multilaterais apoiados pelos Estados Unidos;
> - a satanização da oposição e dos meios de comunicação, acompanhada pela aposta na polarização política crescente da população.
>
> Esse governo conquistou um capital inestimável em termos de apoio popular, permitindo ao seu primeiro presidente, após cumprir dois mandatos a partir de 2003, garantir a eleição de sua sucessora. As coisas, porém, começaram a desandar. Escândalos de corrupção se somaram à deterioração progressiva da economia, com o aumento acelerado da inflação e do desemprego. Após alguns anos de crescimento artificial, o fracasso de um modelo econômico irracional e voluntarista levou uma parcela crescente da população à percepção de que um projeto de perpetuação no poder a qualquer preço se sobrepunha ao compromisso com a ética e a eficiência no trato da coisa pública. Essa percepção foi agravada por sucessivos episódios que sugeriam a adoção de práticas criminosas para garantir o êxito daquele projeto. [...]
> Estamos falando, é claro, da Argentina e do kirchnerismo, da ascensão de Néstor Kirchner ao poder no último ano do governo de Cristina Kirchner. Jorge Lanata conta essa história toda em detalhes em *A década roubada: dados e fatos nos anos da Argentina kirchnerista*. [...]

---

[*] Luciano Trigo, "*A década roubada* faz um balanço da história argentina recente, do sonho ao pesadelo", em: *G1*, blog Máquina de Escrever, 28 fev. 2016. Disponível em: <http://g1.globo.com/pop-arte/blog/maquina-de-escrever/post/decada-roubada-faz-um-balanco-da-historia-argentina-recente-do-sonho-ao-pesadelo.html>. Acesso em: 29 nov. 2017.

Duas palavras, iniciadas por Lanata com maiúsculas, são recorrentes em *A década roubada*; o *Relato* e a *Fenda*. O relato é a narrativa hegemônica criada por Néstor e Cristina para dar um sentido e uma justificativa para o seu ciclo no poder. Com os anos, esse relato, bonito e coerente na aparência, se afastou cada vez mais da realidade; mas, em vez de adequar o relato aos fatos e combater a corrupção que se tornava endêmica, o casal Kirchner resolveu mandar os fatos e a realidade às favas. Duas práticas fizeram parte desse processo: a manipulação de indicadores econômicos relativos à inflação, ao emprego e ao crescimento; e a recusa sistemática a assumir a responsabilidade por qualquer notícia ruim, sempre jogando a culpa no colo da oposição golpista.

[...] Muito mais grave que o relato, e com consequências que devem ser mais duradouras, foi a fenda, que Lanata definiu assim em uma entrevista recente: "É uma divisão que vai além do político, que se transformou em cultural. Isso faz com que existam famílias brigadas, amigos que não se falam, colegas que se odeiam. Isso foi estimulado pelo poder".

* * *

Um intenso debate internacional sobre a pertinência dos conceitos de esquerda e direita aconteceu nos anos subsequentes à queda do Muro de Berlim, em 1989.[*] O colapso da União Soviética, a crise do socialismo e a crescente complexidade das estruturas sociais e econômicas, também afetadas por aceleradas transformações tecnológicas, tiveram um impacto enorme não somente na geopolítica internacional, mas também nos debates políticos domésticos.

Parecia estar em curso uma reconfiguração de forças na qual aquela nomenclatura binária de catalogação ideológica rapidamente perderia relevância. Uma percepção em voga, naquele momento, era que, com o fim da bipolaridade entre capitalismo e comunismo que marcara o "breve século xx", na expressão do historiador Eric Hobsbawm, teria início um processo de crescente indiferenciação entre os campos ideológicos e os partidos políticos.

Não foi isso que aconteceu.

Derrotada na sua grande narrativa pela história, o campo da esquerda se reagrupou em torno de novas bandeiras, de fácil assimilação, ao mesmo

---

[*] Naquele mesmo ano, Lula foi derrotado por Fernando Collor na eleição para presidente. Mais tarde, eles se tornariam aliados.

tempo que investia em uma *guerra cultural permanente*, de maneira a minar qualquer resistência a uma futura ocupação do poder pela via democrática.

Apropriaram-se, assim, de causas ligadas à ecologia, aos direitos das minorias e outras unanimidades — como se somente eles se preocupassem com o meio ambiente e as liberdades individuais.

Fazem parte desse fenômeno a politização de todos os aspectos da vida cotidiana, a *vitimização*, a naturalização da *patrulha ideológica* e a radicalização do *politicamente correto* — uma espécie de "moralismo progressista" adotada pelo campo da esquerda.

Esse processo foi particularmente bem-sucedido no Brasil. Lula perdeu sua primeira eleição justamente no ano em que caiu o Muro de Berlim. Nesse sentido, a repaginação do lulopetismo nas décadas seguintes refletiu a repaginação do discurso do campo da esquerda no Ocidente. Bandeiras marxistas tradicionais, como o fim da propriedade privada dos meios de produção, seriam substituídas por causas mais atraentes e sedutoras, sobretudo entre os jovens.

Ainda assim, não foram poucos os pensadores que, na primeira metade dos anos 1990, pregaram a superação da dicotomia direita/esquerda, como o sociólogo inglês Anthony Giddens (*Para além da esquerda e da direita*).

Outros, como o cientista político italiano Norberto Bobbio, insistiam na validade da nomenclatura (*Direita e esquerda: razões e significados de uma distinção política, entre outros textos*),[*] mas ainda assim reconhecendo ser necessária a revisão dos seus significados, fixados em um contexto histórico já então superado.

Esse debate teórico provocado pela queda do Muro de Berlim acabou se perdendo em meio a novas e concretas crises econômicas e políticas que voltaram a sacudir o planeta a partir de outra queda, a das Torres Gêmeas, em 2001.

Desde então, o foco das atenções vem se deslocando do *fim da história* previsto por Francis Fukuyama (com a profecia fracassada da democracia

---

[*] O livro de Bobbio foi publicado em 1994, em um contexto de campanha eleitoral na Itália. Bobbio investiga de que forma esquerda e direita se adaptavam, enquanto campos ideológicos, ao colapso do sonho comunista com a queda do Muro de Berlim e o fim da Guerra Fria.

liberal como horizonte definitivo e insuperável da espécie humana no planeta) para o *choque de civilizações* diagnosticado, de forma mais pessimista (ou realista), por Samuel P. Huntington.

Mas talvez tenha chegado o momento de retomar a velha discussão sobre direita e esquerda. Especialmente em um país no qual, a cada eleição, aumentam o ódio e a agressividade dos discursos nas campanhas — ódio e agressividade potencializados pela dinâmica da conectividade e das interações instantâneas das redes sociais, que tornam opaco (e inútil) qualquer debate.

Um meme se tornou mais importante que um argumento ou um programa partidário. Um atestado de filiação ideológica se tornou mais importante que a competência e a honestidade.

Quando a internet se popularizou, tornou-se corrente a expressão *supervia da informação*, sugerindo que a grande rede promoveria a todos o acesso fácil e rápido ao conhecimento. Essa promessa de democratização do saber só se realizou em parte. Logo se percebeu que a disponibilidade de um volume quase infinito de dados sobre qualquer assunto não faz de ninguém um sábio. A depender das informações acessadas, a rede pode até servir para estimular a preguiça de raciocínio, além de reforçar convicções equivocadas e preconceitos arraigados.

Vivemos em um estado de conectividade permanente, mas refletimos cada vez menos sobre as coisas à nossa volta. Acesso não significa conhecimento, muito menos sabedoria. Quando o assunto é política, especialmente, a rede se transforma frequentemente na *supervia da ignorância*.

Hoje, quando falamos em *viralização*, pensamos na rápida disseminação de um determinado post ou notícia nas redes sociais. Mas é preciso evocar também o significado primário da palavra *vírus* como hospedeiro de uma doença contagiosa, da qual todos nos tornamos potenciais portadores e transmissores.

Essa doença é a *ideologia*, entendida em seu sentido clássico de falsa percepção da realidade. Ao reproduzirmos narrativas pré-fabricadas, alimentamos um diálogo de surdos, que em nada contribui para o amadurecimento político da sociedade.

No ambiente político da guerra de narrativas no Brasil, viralizar frequentemente significa contaminar as pessoas com essa falsa percepção, em tal ritmo e com tal intensidade que o tecido social inteiro adoece.

As consequências, como sempre, são sofridas especialmente por aqueles que, por falta de tratamento adequado — acesso à educação de qualidade —, desenvolveram menor imunidade ao vírus da manipulação.

Ao mesmo tempo, a política deixou de ser o lugar de embate e negociação racional entre grupos de interesse diferentes — mas igualmente legítimos — para se tornar um imenso balcão no qual se trocam, às claras, votos por favores e ilusões. Nos bastidores, políticos de esquerda, centro e direita se unem nas mais tenebrosas transações à elite econômica e financeira para saquear a nação.

Reduzido à condição de espectador desse espetáculo mentiroso e degradante, o povo tende a reagir se desinteressando da política. Só muito raramente acontecem fenômenos como o que levou milhões de brasileiros às ruas para protestar contra a corrupção e pedir o impeachment da presidente Dilma Rousseff.

A expectativa gerada pela mídia de que o movimento se repetiria com Michel Temer não se confirmou: em lugar da indignação, o povo demonstrou apatia diante do noticiário — e desconfiança em relação às motivações ocultas de uma campanha aberta da mídia para derrubar Temer.

O enredo dessa novela deixou de interessar ao público. A boa notícia é que, sejam de esquerda ou de direita:

- políticos e partidos que se definem como paladinos dos oprimidos não convencem mais;
- políticos e partidos que se apresentam como puros, éticos e superiores aos demais não convencem mais;
- políticos e partidos que vendem a ideia de que a história do Brasil se divide em antes e depois deles não convencem mais.

Resta saber o que aparecerá no lugar desses políticos e partidos.

* * *

As raízes dos pensamentos conservador e progressista remontam ao século XVIII, com Edmund Burke e Jean-Jacques Rousseau (e Thomas Paine) geralmente sendo considerados, respectivamente, seus autores seminais. Mas foi no ambiente conturbado da França revolucionária que surgiram os conceitos de direita e esquerda em seu sentido político corrente.

Como é sabido, na França dos anos pós-1789, os girondinos, moderados e conciliadores, ocupavam as cadeiras do lado direito da Assembleia, enquanto os jacobinos, radicais e exaltados, ocupavam as do lado esquerdo. Ali se estabeleceu a convenção de que esquerda e direita opunham a burguesia revolucionária à nobreza e ao clero, representantes da velha ordem — curiosamente, ao longo do tempo, a classe burguesa acabou sendo deslocada da esquerda para a direita, o que não deixa de ser intrigante.

A partir do século XIX, agora identificando-se no proletariado a classe revolucionária, o embate entre autores de direita, como Charles Maurras, e de esquerda, como Karl Marx e Mikhail Bakunin, passou a mobilizar gerações de intelectuais e ativistas, que levaram suas respectivas crenças às últimas consequências no século XX.

Mas, no já maior de idade século XXI, a divisão simplista entre esquerda e direita não diz muita coisa enquanto ferramenta teórica útil para um debate consequente.

Em mais de um sentido, há bastante tempo não existem direita e esquerda "puras" no mundo real: a direita foi contaminada por ideias e valores da esquerda, e a esquerda foi contaminada por valores e ideias da direita, e é positivo que isso tenha acontecido. Como escreveu Norberto Bobbio já em 1994: "[…] nos opostos alinhamentos sustentam-se muitas vezes as mesmas ideias; […] a esquerda em dificuldades sustenta, para se renovar, ideias de direita [e vice-versa, eu diria] e acaba por eliminar o contraste tradicional".[*]

Vale citar também o escritor português Vergílio Ferreira, que com muita sabedoria afirmou: "A grande virtude da esquerda, afinal, é que força a direita a uma melhoria".[**]

---

[*] Norberto Bobbio, *Direita e esquerda: razões e significados de uma distinção política*. 2ª ed. revista e ampliada. São Paulo: Unesp, 2001.

[**] Cf. <http://www.citacao.net/citacoes/vergilio-ferreira.html>. Acesso em: 8 fev. 2018.

A "mão invisível do mercado" já não é defendida em sua forma radical por nenhum programa de direita. Mesmo entre partidos conservadores, é consensual a exigência de alguma proteção social e de estratégias de regulação que corrijam as imperfeições do mercado. De forma análoga, nenhum programa sério de esquerda prega hoje o fim da propriedade privada e a estatização total da economia. Estamos falando, é claro, da direita e da esquerda democráticas.

Com a possível exceção do Partido Socialista dos Trabalhadores Unificado, o PSTU ("Contra burguês vote 16!") e outras legendas nanicas, no Brasil, não existem tampouco partidos que preguem a superação do sistema capitalista. Ao longo do ciclo lulopetista, o que o PT estimulou e cooptou foi o já citado capitalismo de compadrio, caracterizado pela lucrativa e mutuamente vantajosa aliança entre empreiteiros viciados em dinheiro público e um partido populista viciado no poder.

* * *

Em países normais, as forças classificadas como esquerda e direita, representadas por dois ou mais partidos e amparadas em lideranças intelectuais e políticas (e em veículos da mídia), costumam se alternar no poder em eleições livres e periódicas, cujos resultados recompensam ou punem os êxitos e fracassos da passagem desses partidos pelo governo.

Nesses países, a direita geralmente se caracteriza por acreditar que o melhor caminho para a prosperidade é promover a liberdade, ainda que à custa de alguma igualdade. Ela acredita que as desigualdades sociais podem ser diminuídas à medida que se favoreça a competitividade geral; por isso mesmo, minimiza os mecanismos de compensação social e maximiza o estímulo ao empreendedorismo — por julgar ser este o melhor caminho para a alocação eficaz de recursos por definição escassos.

Já a esquerda prioriza mecanismos de proteção social executados pelo Estado e minimiza a importância da competitividade do mercado; ela entende que o igualitarismo é o caminho para o aperfeiçoamento do mundo.

A alternância no poder entre os dois campos concorre, no fim das contas, para o benefício da população e é fundamental para a renovação e o aprimoramento da democracia.

É natural e desejável que partidos com diferentes visões de mundo concorram de maneira livre, legal e ordenada, apresentando programas que reflitam entendimentos distintos sobre a melhor forma de governar para atender aos interesses da nação. É natural e desejável que eles se alternem no poder, pois momentos diferentes exigem programas e soluções diferentes.

O grau de liberdade do mercado e de intervenção do Estado na vida das pessoas, o tamanho da carga tributária e da burocracia para as empresas e outras escolhas econômicas não são boas ou más por definição; são as circunstâncias e os resultados de sua adoção que as tornam boas ou más.

A intervenção do Estado gera mais ou menos desigualdade social? Depende das circunstâncias e depende de como é feita. Se desestimular o empreendedorismo, fatalmente irá comprometer em algum momento o crescimento e a prosperidade de um país. E, com o tempo, as insatisfações geradas pela instabilidade econômica comprometerão a própria governabilidade, esteja no poder um partido de esquerda ou de direita.

Momentos e circunstâncias diferentes exigem escolhas diferentes. Se essas escolhas são corretas é o tempo quem vai dizer, *mas somente depois*. Se o acerto é dado de antemão, por decreto, na prática um partido nunca estará equivocado e nunca precisará deixar o poder. Ele sempre terá desculpas para os problemas que aparecerem e sempre recorrerá ao argumento de que, com outro partido no governo, a situação seria ainda pior. Foi esse o comportamento do PT no poder.

Alimentou-se assim a percepção de que existe uma *hierarquia moral* entre os programas partidários, uma régua segundo a qual determinadas posições políticas são, por princípio, superiores a outras.

Segundo um pensamento que se tornou quase hegemônico, ser de direita é ser "do mal". Isso ajuda a entender por que, até muito recentemente, todos os partidos brasileiros adotavam um discurso que enfatizava a igualdade social, e não as liberdades individuais.

Na leitura que prevalece hoje no Brasil, ser de esquerda presume ter como bandeiras a defesa dos direitos dos trabalhadores e da população mais pobre; a promoção do bem-estar coletivo; a maior participação dos movimentos sociais e das minorias nas tomadas de decisão etc. Já a única bandeira da direita, nessa leitura, é preservar o poder e os privilégios das elites, sem qualquer preocupação com o social, e sem demonstrar qualquer indignação com as imensas zonas de miséria e injustiça que nunca deixaram de existir no país.

Evidentemente não é assim que a coisa funciona. Idealmente, o chamado Estado de Bem-Estar Social, com suas políticas redistributivas, é preferível ao chamado Estado Mínimo, com seus gastos enxutos; no mundo real, não existe Estado interventor nem Estado do Bem-Estar Social sem que haja recursos para financiá-los.

Anátema no Brasil do PT, o neoliberalismo surgiu nos anos 1980 como resposta dos governos de Ronald Reagan e Margaret Thatcher à crise econômica mundial. Aqueles governantes não privatizaram empresas públicas, flexibilizaram regras trabalhistas e cortaram gastos em programas sociais por serem malvados ou por odiarem os pobres, mas porque foi o caminho que encontraram para recuperar o equilíbrio fiscal e retomar o crescimento de seus respectivos países.

No momento em que escrevo, o ministro da Fazenda, Henrique Meirelles, se vê obrigado a dizer o óbvio em relação ao debate sobre a reforma da Previdência:

"A escolha não se coloca entre perpetuar o estado de coisas atual e fazer uma reforma com regras mais rígidas, como idade mínima para a aposentadoria e outras exigências; a escolha que se coloca é entre a reforma e o risco de quebra da Previdência, que objetivamente levará milhões de brasileiros a não receberem suas aposentadorias."

Não é exagero nem ficção: isso já está acontecendo no estado do Rio de Janeiro, onde servidores concursados não recebem salários e dependem da caridade de amigos e parentes para sobreviver.

Em um seminário realizado na Fundação Getulio Vargas, no Rio de Janeiro, em julho de 2017, Meirelles explicou que, naturalmente, a população será sempre contrária à proposta da reforma, se a pergunta for: "Você é a favor de que o governo retire seus direitos?". A pergunta certa a fazer, segundo o ministro, seria: "Você prefere se aposentar, em tese, um pouco mais cedo e não ter certeza de que vai receber a sua aposentadoria ou se aposentar mais tarde e ter certeza de que vai recebê-la?". E concluiu: "Não vou precisar elaborar muito porque estou no Rio de Janeiro, não é verdade?

Previdência quebra. Se a reforma não for aprovada, o país inteiro vai ficar nesta situação".

O mesmo se dá em relação à reforma trabalhista: *flexibilizar direitos só é ruim quando a alternativa não é pior*. Que o digam os 14 milhões de brasileiros desempregados e o volume ainda maior de trabalhadores informais, que na prática não são contemplados com direito algum, nas regras atuais — aliás de inspiração fascista (como é sabido, a Consolidação das Leis do Trabalho (CLT) é inspirada na *Carta del Lavoro* de Mussolini).

Para esses milhões de brasileiros — não para mim nem para você que me lê — é preferível ter uma legislação mais protetora e ficar desempregado ou poder trabalhar com menos proteção? E, para quem é empregador, é mais fácil gerar empregos com a legislação atual ou com uma legislação mais flexível?

Muitas narrativas são construídas à base de mentiras, meias verdades e desinformação. Na luta política, elas são feitas para mobilizar e persuadir emocionalmente a população a rejeitar mudanças. Para combater a reforma, inventa-se que querem eliminar direitos como 13º salário, férias, seguro-desemprego, verbas rescisórias e licença à gestante.

Muitas pessoas acreditam. E aquelas que não se consegue enganar, basta chamá-las de direitistas e fascistas.

* * *

Entre a esquerda e a direita existe uma extensa zona intermediária, ocupada por partidos doutrinariamente menos rígidos e mais flexíveis, podendo, conforme as circunstâncias e os temas em pauta, ora se alinhar com um lado, ora com outro.

Mas, no Brasil, também não é assim que a coisa funciona. Aos olhos do campo hegemônico e de ampla parcela da população, não existe centro, nem centro-esquerda, nem centro-direita: só existem, de um lado, o PT e aqueles que o apoiam; de outro, a direita reacionária, fascista e golpista.

Por fim, à esquerda da esquerda e à direita da direita, estão os radicais de extrema esquerda e extrema direita, intransigentes na submissão da sociedade a seus respectivos projetos, materializados, nos dois casos, na confusão deliberada entre Estado e partido e na admissão do recurso a meios violentos para alcançar seus fins, conforme as exigências e a oportunidade do momento. Ou seja, uma e outra admitem recorrer a meios fascistas para alcançar fins revolucionários.

Esses dois grupos, em diferentes momentos da história — mas particularmente no "breve século XX", marcado pelo nazismo, pelo stalinismo e pelo maoísmo, cujo custo em vidas humanas se conta em milhões —, se empenharam, além do limite da barbárie, no esforço de fazer prevalecer suas visões ideológicas de mundo.

Fato: regimes de direita e de esquerda já cometeram as piores atrocidades contra a humanidade. Nos dois casos, a interferência autoritária do Estado na vida da população se deu com o uso indiscriminado da violência, da censura e da perseguição a opositores, com vistas à perpetuação de um grupo no poder. Isso envolveu o assassinato sistemático, inclusive pela fome, de milhões de pessoas. Em matéria de crueldade e sociopatia, Mao e Stalin não ficaram devendo nada a Hitler.

Os extremos se assemelham. Não é por acaso que, uma vez instaladas no poder, tanto a extrema esquerda quanto a extrema direita promovem um estatismo radical. Isso acontece porque nenhum programa de transformação forçada da sociedade é viável sem o controle estatal da atividade econômica, seja ele exercido em nome da igualdade, seja em nome da defesa da liberdade.

Extrema esquerda e extrema direita também têm em comum a adoção de uma autoimagem idealizadora, como agentes exclusivos da transformação do mundo — o que trai, no fundo, uma perspectiva utópica que se fundamenta na secularização da religião cristã: radicais de esquerda e de direita transferem para o território da política uma leitura messiânica da vida, fundando uma espécie de religião sem Deus — ou melhor, uma religião cujo deus é o Estado, uma religião de falsos ídolos dedicada à exploração da pobreza e da fé.

Em muitos outros aspectos, os discursos e os programas de uns e outros podem ser bastante parecidos. Mas o fundamental é que, quando apresentam um caráter autoritário, ditaduras de direita e de esquerda se caracterizam pela hipertrofia do Estado. Não por acaso, nossa ditadura militar foi altamente estatizante.

* * *

Só muito recentemente, *direita* começou a deixar de ser um palavrão no Brasil. Para a maioria das pessoas, continua sendo. Para elas, é cômodo e reconfortante classificar como fascistas políticos que tiveram um papel fundamental no processo de redemocratização — porque, para elas, são enunciados incompatíveis "ser progressista" e "não apoiar o PT".

Mas o já citado *capitalismo de compadrio*, que uniu um partido que se dizia popular aos maiores banqueiros e aos mais ricos donos de empreiteiras do país, contribuiu para desmoralizar o discurso da esquerda. Nessa forma degenerada de capitalismo, não há competição nem eficiência, e os resultados são desastrosos para todos que ficam de fora do esquema — ou seja, a imensa maioria da população.[*]

Em parte, a força e a persistência desse capitalismo de compadrio no nosso país podem ser explicadas pelo fato de que, durante boa parte de sua história republicana, o Brasil foi comandado por governos autoritários e/ou representantes de oligarquias, que concentravam riqueza e poder, enquanto a maior parte da população vivia na pobreza. Esse enredo, comum a diferentes países da América Latina, também ajuda a entender a popularidade dos programas de esquerda no continente.

Estabeleceu-se desde sempre no nosso país uma relação promíscua entre as famílias que compunham essa oligarquia e o Estado, resultando na consolidação de um capitalismo patrimonialista e de um sistema político baseado no toma lá dá cá e no favorecimento pessoal, com laços de parentesco e de afeto prevalecendo sobre a eficiência e a meritocracia.

Ao longo das últimas décadas, o PMDB representou a encarnação desse "estamento burocrático", para usar a expressão de Raymundo Faoro, no sistema político-partidário brasileiro. Faoro, aliás um dos fundadores do PT, defendia a tese de que, no Brasil, a verdadeira luta de classes não se dá entre

---

[*] Muitos ainda não entenderam isso: ainda hoje aparecem nas redes sociais posts como o que acabei de ler, em pleno setembro de 2017, a respeito da delação de Antonio Palocci, mais uma a demolir Lula: "Zé Dirceu: caráter de rocha que jamais se dobrou ao capitalismo, diferente de Palocci, traidor infiltrado a serviço do deus mercado".

a burguesia e a classe operária, mas entre o povo e os donos do poder, ou seja, o grupo que se apropria dos aparelhos do Estado e os coloca a serviço de seus próprios interesses e projetos.

Muito mais que o PMDB a quem se aliou, a cúpula do PT aprendeu essa lição. Depois de sucessivas derrotas, para alcançar o (e se manter no) poder, o que o partido fez foi — falando em nome do povo — se unir a esse estamento, à burguesia e ao grande capital; sintomaticamente, o vice da chapa de Lula na eleição vitoriosa de 2002 era um capitão de indústria de Minas Gerais, José Alencar.

Com Lula e Dilma, grandes empreiteiras foram informalmente incorporadas ao estamento burocrático.[*] O partido que perdera três eleições com um programa de esquerda se uniu de forma simbiótica a esse estamento — e passou a comandá-lo de dentro

Por isso mesmo, quando finalmente chegou ao poder, Lula manteve os fundamentos da gestão "neoliberal" da economia, implantada por FHC, e abandonou a retórica de ruptura, defendendo a estabilidade, a institucionalidade e o império da lei. Às alianças pelo poder político se somaram as alianças pelo poder financeiro. No discurso, Lula acendia uma vela para o mercado e outra para a esquerda ideológica: na prática, só estava interessado em perpetuar seu grupo no poder a qualquer preço.

Quem mais soube se beneficiar do patrimonialismo enraizado na sociedade brasileira, colocando-o a serviço de seu próprio projeto de poder, com o apoio dos intelectuais e da academia, foi o PT. Como nunca antes na história deste país, no Brasil do lulopetismo, as empresas com maior poder econômico se tornaram sócias do Estado e dele se tornaram dependentes — até por

---

[*] O termo *estamento burocrático*, de inspiração weberiana, empregado por Raymundo Faoro em sua interpretação da sociedade brasileira, é associado ao patrimonialismo, a privilégios e ao desenvolvimento das estruturas institucionais e políticas não racionais, ensejando uma permanente adaptação aos mecanismos de continuidade e permanência nas estruturas políticas de uma sociedade. Segundo Faoro: "O estamento burocrático comanda o ramo civil e militar da administração e, dessa base, com aparelhamento próprio, invade e dirige a esfera econômica, política e financeira. No campo econômico, as medidas postas em prática, que ultrapassam a regulamentação formal da ideologia liberal, alcançam desde as prescrições financeiras e monetárias até a gestão direta das empresas, passando pelo regime das concessões estatais e das ordenações sobre o trabalho". Raymundo Faoro, *Os donos do poder*. São Paulo: Globo Livros, 2001.

ser o Estado o único cliente capaz de recompensá-las tão generosamente quanto elas desejavam.

A fórmula funcionou enquanto foi possível preservar a estabilidade econômica. Mas, ainda no segundo mandato de Lula, as torneiras da gastança foram abertas, em parte para compensar os efeitos da crise internacional, em parte para empurrar com a barriga uma conta que já não fechava.

A crise passou, mas a gastança continuou: quando Dilma Rousseff assumiu, o colapso já estava contratado.

* * *

Em decorrência da guerra cultural abraçada pelo campo da esquerda após a crise provocada pela queda do Muro de Berlim e pelo fracasso do "socialismo real" — como se fosse possível algum modelo "ideal" fracassar —, considerações de natureza moral e mesmo religiosa frequentemente invadem e contaminam o debate político.

A adoção ou rejeição de valores morais e religiosos na discussão sobre questões ligadas ao comportamento confunde e turva ainda mais a percepção do significado da nomenclatura direita/esquerda.

É importante ter em mente que o eixo progressista/conservador, que diz respeito a questões ligadas às liberdades individuais, não é necessariamente coincidente com o eixo ideológico da disputa político-partidária, e que nenhum dos dois é coincidente com um terceiro eixo, aquele que separa moderados e radicais.

A confusão entre esses três eixos (e outros mais) está na raiz da dificuldade de se estabelecer um debate consequente sobre a natureza e os desafios da esquerda e da direita no Brasil hoje, limitado a perspectivas superficiais e equivocadas.

Os eixos citados permitem (ou deveriam permitir) diferentes combinações:

- quem defende o aborto, a ação afirmativa e as políticas de cotas pode, ao mesmo tempo, defender a liberdade econômica, de forma moderada ou radical;

- quem é contra o aborto e as cotas pode apoiar programas sociais promovidos pelo Estado, de forma moderada ou radical;
- adotar posições liberais na condução da política econômica nunca representou necessariamente estar atrelado ao conservadorismo moral.

Mais do que perfeitamente possível, deveria ser *natural* alguém ser de "direita" e defender escolhas individuais e a liberdade de expressão. Tanto é assim que os países nos quais as liberdades e os direitos das minorias são mais respeitados são liberais, enquanto essas liberdades e direitos são violados sistematicamente — ou mesmo punidos com a prisão — em ditaduras de esquerda (Cuba e Coreia do Norte, para citar os exemplos óbvios).

Em uma sociedade não contaminada pelo fenômeno da *politização de tudo*, também é perfeitamente possível uma pessoa com valores e práticas "tradicionais" ter preocupações sociais e combater a desigualdade; ela pode ser conservadora na vida privada e politicamente "progressista".

Defender avanços na legislação relacionada a direitos civis e a temas como aborto, casamento entre homossexuais e legalização das drogas não tem (ao menos não deveria ter) nada a ver com defender a intervenção maciça do Estado na economia.

Ou seja, existem progressistas e conservadores de direita e de esquerda, e todos podem ser moderados ou radicais, o que basta para demonstrar o equívoco da associação automática entre direita e conservadorismo, bem como entre esquerda e progressismo. Mas, na guerra de narrativas, estabeleceu-se por decreto que uma coisa está vinculada à outra.

No senso comum da hegemonia da esquerda, em relação a qualquer tema controverso, a escolha da galera "do bem" é automática: a mesma turma que apoia o projeto de poder do PT é necessariamente a favor das drogas, do aborto, da ideologia de gênero e contra o uso de turbante por mulheres brancas. Por extensão, quem não apoia o projeto de poder do PT é automaticamente homofóbico, racista, reacionário e adepto da apropriação cultural.

Ora, a não ser no discurso ideológico que joga brasileiros contra brasileiros, parentes contra parentes, amigos contra amigos, o mundo não está dividido entre seres humanos de direita e seres humanos de esquerda: na vida real, há "direitistas" que lutam pela justiça social, como há "esquerdistas" que fraudam a democracia; há "direitistas" que consomem drogas e são pansexuais, como há "esquerdistas" que são racistas e homofóbicos. O mesmo se aplica ao nacionalismo, à xenofobia e a diferentes formas de preconceito.

A mistura de religião com política, outro tema delicado, não é exclusividade da direita e dos pastores Marcos Felicianos da vida, como se tenta fazer crer, já que ela também se explicita nos laços da esquerda com a Teologia da Libertação, bastando lembrar Frei Betto e Leonardo Boff, associados desde sempre ao lulopetismo.

Uns e outros, aliás, só invocam o Estado laico quando é para atacar o adversário.

Uns e outros, aliás, estão equivocados quando fazem isso, já que Estado laico não significa Estado ateu, mas sim Estado tolerante a todas as religiões (*todas*, não apenas aquelas que agradam ao — ou que podem ser usadas pelo — campo no poder).

Essa confusão entre o eixo direita-esquerda (que diz respeito, essencialmente, à política e à economia) e o eixo liberalismo-conservadorismo (que diz respeito ao comportamento e a valores morais do indivíduo) foi exaustivamente explorada pelo campo lulopetista na guerra de narrativas.

A "esquerda" avocou para si o monopólio de defesa da liberdade e da diferença, o que tornou muito mais fácil a cooptação da juventude por sua vocação naturalmente libertária e contestadora.

Inaugurou-se, assim, o fenômeno da "contestação a favor":

- da contestação a favor dos donos do poder;
- da contestação a favor da classe culturalmente dominante e politicamente dirigente;
- da contestação financiada com dinheiro público;
- da contestação a favor da "corrupção do bem".

Por outro lado, o campo de esquerda jogou no colo da direita uma bandeira que originalmente era sua: *a bandeira da ética*, com a qual comandou, por exemplo, o movimento pelo impeachment do presidente Fernando Collor, acusado de irregularidades na campanha e de práticas de corrupção que, se comparadas às denúncias contra o PT, mereceriam ter sido julgadas em um tribunal de pequenas causas.

Se quem era de esquerda costumava acreditar ser mais ético que quem era de direita, isso acabou graças ao PT. Aquele que se apresentava como o partido da ética jogou a ética como bandeira no colo dos seus adversários.

A reação, infelizmente, não foi um autoexame de consciência por parte de intelectuais alinhados ao campo lulopetista. Sendo impossível para qualquer intelectual ou acadêmico teimar na inocência do PT sem passar vergonha, tornou-se moda entre os intelectuais companheiros desqualificar como "moralista" o combate à corrupção. Wanderley Guilherme dos Santos, cientista político simpático ao petismo, chegou a declarar com todas as letras: "É preciso dar um basta na Lava-Jato!".*

Curiosamente, muitos dos mesmos militantes que, quando jovens, pintaram os rostos em 1990 para exigir a queda de Collor por um escândalo de corrupção se mobilizaram, após a chegada do PT ao poder, para:

- impedir a queda de Lula, em 2004, por outro escândalo de corrupção muito maior (o Mensalão), com sucesso;
- impedir, em 2015/2016, a queda de Dilma Rousseff, motivada pelo maior escândalo de todos, o Petrolão (mas dessa vez fracassaram, porque, no caso de Dilma, não se tratava "apenas" da corrupção, mas da destruição deliberada dos fundamentos da estabilidade econômica, mergulhando o país em uma crise galopante).

Aproveitando-se da saturação da sociedade com o governo anterior, marcado pela aliança do PSDB com o PMDB, o PT se elegeu em 2002 prometendo ser diferente. No poder, rapidamente se aliou ao que havia de pior na política e implantou o maior esquema de corrupção da história deste país. Traiu, uma a uma, todas as bandeiras com as quais se elegeu, começando pela defesa da ética e da transparência na gestão.

---

* *Brasil 247*, 5 mar. 2016. Cf. <https://www.brasil247.com/pt/247/brasil/219848/Wanderley--Guilherme-%C3%A9-hora-de-dar-um-basta-%C3%A0-Lava-Jato.htm>. Acesso em: 5 fev. 2018.

Ao mesmo tempo, aparelhou do primeiro ao último escalão instituições e órgãos do governo, corrompeu de vez o sistema de ensino com um programa de doutrinação permanente e financiou, com recursos públicos generosos, blogs "independentes", para tentar fazer prevalecer no imaginário da sociedade a sua narrativa sobre a história e a política do país.

O PT que se apresentava como um partido melhor que todos os demais; terminou seu ciclo no poder lutando para convencer os brasileiros de que era um partido igual aos demais. E hoje seu objetivo é evitar entrar para a história como um partido pior do que todos os demais.

* * *

O potencial explicativo dos conceitos de esquerda e direita em um mundo multipolar é cada vez menor, até porque contextos sociais e culturais plurais fazem com que a própria percepção do que é ser de esquerda (ou de direita) varie em diferentes países.

Por exemplo, na Europa, a defesa do internacionalismo é um elemento constitutivo do pensamento de esquerda, critério que faz pouco sentido no Brasil, que não passou pelos processos históricos revolucionários que moldaram a visão europeia da política.

Aliás, do ponto de vista de um europeu, com base na campanha e nos resultados da eleição de 2014, o PT poderia ser percebido como um partido de direita, por diferentes fatores:

- a estratégia de cooptação da população mais desassistida do país por meio do assistencialismo populista, sem oferecer educação nem oportunidades de trabalho — de maneira a perpetuar o ciclo da pobreza dependente do Estado que, no fim das contas, *sustenta* esse modelo;
- a derrota de Dilma na maioria das capitais e metrópoles, onde a população é mais politizada e esclarecida, tendo a candidata dependido, para vencer a eleição, da votação em massa das regiões mais dependentes de programas como o Bolsa Família, sobretudo o Nordeste (e não vai aqui nenhum preconceito regional, é apenas uma constatação matemática);

- a estratégia de semear o medo entre os eleitores mais pobres, por meio de um discurso terrorista que associava os adversários à intenção de tirar comida do prato dos trabalhadores ou, pior ainda, de promover o extermínio da juventude negra, como foi postado no próprio perfil do ex-presidente Lula (@lulapelobrasil) no Twitter, em 20 de outubro de 2014: "O governo do PSDB significa o genocídio da juventude negra";
- a "desconstrução" da imagem dos adversários: a candidata à reeleição mostrou que estava falando sério quando declarou que faria "o diabo" para vencer a eleição: sua militância fez uso de fotos manipuladas, posts difamatórios, telemarketing alertando para o risco do fim dos programas sociais e ataques explícitos aos adversários Aécio Neves e Marina Silva. Curiosamente, esses mesmos militantes apelavam até mesmo à intolerância religiosa (no caso de Marina) e a preconceitos moralistas (no caso de Aécio, associado ao consumo de álcool e drogas por muitos militantes que são consumidores notórios e contumazes de álcool e drogas);
- a distribuição de recursos bilionários para grandes empresas pelo governo popular: só em 2014, ano da reeleição de Dilma, os "empresários companheiros" receberam, na forma de subsídios fiscais, mais de 100 bilhões de reais, valor muito superior ao orçamento do Bolsa Família. É o capitalismo de compadrio em ação, no qual "campeãs nacionais" são escolhidas a dedo não por critérios objetivos de eficiência e competitividade, mas pelo acerto de contrapartidas na forma de doações (por dentro e por fora) e outros favores recíprocos, que seriam evidenciados ao longo da Operação Lava-Jato;
- o neopopulismo enraizado no velho marxismo uspiano (e no velho sindicalismo cutiano), elemento essencial e indissociável ao êxito do projeto petista, presente na narrativa do partido tanto quando ele está no governo quanto quando ele está na oposição.

Muitas dessas práticas, aos olhos de um europeu médio, seriam seguramente percebidas como sendo típicas da direita mais retrógrada. Mas, enquanto na Europa o populismo e a aliança com grandes empresas são associados à direita, no Brasil do lulopetismo, eles se tornaram ferramentas usadas com grande eficiência pelo campo dito de esquerda para se perpetuar no poder.

* * *

Uma pesquisa rápida sobre o significado das palavras *esquerda* e *direita* mostra uma penca de artigos acadêmicos com definições como esta, pescada a esmo no oceano do Google:

> São de esquerda as pessoas que se interessam pela eliminação das desigualdades sociais. A direita insiste na convicção de que as desigualdades sociais são naturais e, enquanto tal, não são elimináveis.[*]

Há versões piores e mais caricatas, do tipo: "São de direita as pessoas que não gostam que pobre viaje de avião, nem que seus filhos estudem na mesma escola que os filhos da empregada".

Não são raras, em publicações como a revista *Carta Capital* e nos blogs ditos "independentes" (na verdade, totalmente dependentes de dinheiro público), as comparações entre a direita e a "casa-grande", reforçando o estereótipo "sutil" de que quem não apoiava o PT desejava a volta da escravidão e queria ver o povo na "senzala".

Ora, apresentada dessa maneira — e, convenhamos, essa é a apresentação habitual —, é fácil escolher de que lado ficar.

No Brasil, a direita também ficou associada ao golpe de 1964 e à ditadura militar, enquanto a esquerda capitaliza até hoje a resistência ao golpe e à ditadura. Ainda que o objetivo dessa resistência não tenha sido a restauração da democracia, e sim a implantação de uma ditadura diferente, o fato é que o imperativo moral, na época, era combater a ditadura militar, aquela que, concretamente, perseguia, matava e torturava.

Mas um efeito colateral desse processo foi o fenômeno da "direita envergonhada", o que explica que, ao longo das últimas décadas, políticos

---

[*] Disponível em: <http://www1.folha.uol.com.br/fsp/1995/6/09/ilustrada/11.html>. Acesso em: 1 fev. 2018.

tenham hesitado tanto em se assumir como direitistas. Dessa forma, o Brasil ainda carece do gradiente ideológico-partidário comum à maioria das democracias ocidentais: inexistem partidos democrata-cristãos, republicanos, conservadores, liberais. Todos os que teriam essa vocação padecem de uma espécie de vergonha de assumir certos ideários e dizer seu nome.

Isso empobrece o debate político e dificulta uma verdadeira alternância no poder. A cada eleição, virtualmente, todos os concorrentes do PT competem na mesma raia que ele: a do "progressismo", o que exclui propostas políticas alternativas. E nessa raia, vamos combinar que eles sempre irão perder. Por que o eleitor votaria em um genérico quando tem o original à disposição?

Nas últimas campanhas, quem assistia ao horário de propaganda política gratuita tinha a impressão de que todos os partidos eram muito semelhantes, adotando versões ligeiramente diferentes de um mesmo programa vago e populista, focado no "social". E, como o PT era imbatível nessa seara, cabia aos demais partidos o papel de coadjuvantes. Porque, nesse terreno, é preciso que se diga, os demais partidos não tinham como competir com o PT.

Este foi o erro cometido pela oposição eleição após eleição, desde a primeira vitória de Lula, em 2002. Em vez de apresentar caminhos alternativos, o PSDB e outros partidos caíram na armadilha de jogar na casa do adversário, adotando versões genéricas de seus slogans e propostas, como se fossem eles próprios genéricos do PT. Foi o caso da campanha de Geraldo Alckmin, que, em 2010, chegou a vestir uma jaqueta com a logotipo da Petrobras para tentar desfazer a imagem privatista que a campanha governista grudara nele.

Foi esta a armadilha na qual a oposição se deixou cair: jogar sempre no campo do adversário, com a torcida contra (e, às vezes, contra o juiz e o bandeirinha também).

Nenhuma direita programaticamente organizada se apresentava para o eleitor. E, quando ela ameaçava colocar a cabeça de fora, era imediatamente desqualificada como reacionária, fascista e golpista. É como se todos os partidos se apresentassem como pertencendo ao mesmo campo, todos protagonistas do processo de redemocratização do país, todos preocupados com a justiça social, todos com um discurso mais ou menos populista que oferece ilusões em troca de votos.

O quadro partidário brasileiro ficou restrito a uma disputa entre versões mais ou menos light da social-democracia, evitando-se como a lepra qualquer programa que pudesse ser associado, ainda que de forma desonesta, à direita. A política brasileira se tornou, assim, estranhamente unidimensional e monopolar, com programas que traziam leves variações sobre as mesmas propostas, só alterando o estilo. Se todos se pareciam, era natural que o PT levasse vantagem.

Por outro lado, vivemos no Brasil um sistema de composição política que costuma ser descrito como "presidencialismo de coalizão", o que explica a união entre o PT, o PMDB e os incontáveis partidos da base aliada de Lula e Dilma. O que importava ali não era a coerência ideológica, mas garantir a manutenção do poder, por meio de uma política de troca de favores que, certamente, sempre existiu na política brasileira, mas que o PT soube levar às últimas consequências.

Vencida a eleição, todos os partidos reunidos na aliança vencedora se empenhavam, agora sim, na disputa que interessava de fato: a divisão do butim do Estado, por meio da ocupação das diretorias dos órgãos e empresas estatais e da distribuição, por critérios políticos, de dezenas de milhares de cargos comissionados.

Já os partidos de oposição, em parte por incompetência e covardia, foram incapazes de confrontar o lulopetismo, a começar pelo PSDB, que atualmente corre o risco de se transformar na Geni do sistema partidário brasileiro, atacado que está sendo:

- tanto pelo PT, que sempre enxergou nos tucanos os adversários ideais, fregueses em sucessivas eleições;
- quanto pela direita, para quem os tucanos representam o chamado "socialismo fabiano" — uma versão light do projeto da esquerda, que aposta em uma revolução gradual e sem traumas, por meio de uma permanente *guerra cultural* e da ocupação paciente, a longo prazo, da burocracia estatal.

Ora, o PSDB sempre foi, programaticamente, um partido de centro-esquerda, aliás, muito próximo ao PT em diversos aspectos — dele diferindo nos métodos e nos limites. Por exemplo, enquanto os tucanos, em diferentes momentos, se preocuparam com o risco de que a divulgação de tal ou qual número ou medida parecesse populismo oportunista, os petistas nunca tiveram esse escrúpulo.

Mas associar o PSDB a um projeto "socialista fabiano" ou a uma "estratégia das tesouras",[*] como faz certa direita, não parece fazer muito sentido. Primeiro porque, nos dois governos de FHC, o PSDB promoveu uma reforma administrativa que, objetivamente, diminuiu, de forma significativa, o tamanho do Estado; segundo, porque acreditar em um acordo secreto entre PT e PSDB é gostar demais de teoria conspiratória, uma vez que, desde que chegou ao governo, o PT não admitiu sequer a hipótese de qualquer alternância no poder.

Mas a diferença maior entre o PSDB e o PT está mesmo na relação com a corrupção: presente e tolerada, mas desorganizada e desvinculada de um caráter sistêmico nos governos FHC; sistêmica, institucionalizada e transformada em método, nas gestões de Lula e Dilma.

Para quem acompanhou com atenção mínima a evolução da Operação Lava-Jato e o conteúdo das delações premiadas, o processo de sequestro do Estado e de institucionalização da corrupção no Brasil a partir de 2003 não é opinião, é fato.

Nesse contexto, alegar que não foi o PT que inventou a corrupção ou lembrar escândalos de governos passados só pode ser entendido como tática diversionista de quem, objetivamente, não pode mais negar a roubalheira. Mudar de assunto e desviar o foco, aliás, é uma das estratégias mais frequentes da guerra de narrativas.

É o que faz a autora de um dos artigos da coletânea *Por que gritamos golpe?*: para ela, a história do Brasil se divide em duas partes; a primeira, que vai do Descobrimento à primeira eleição de Lula, foi de um "neoliberalismo

---

[*] Formulada por Lenin, a "estratégia das tesouras" consistia em criar dois partidos comunistas que se alternariam no poder de forma a produzir a impressão de alternância, quando, na verdade, seriam aliados secretos: um com viés mais autoritário, e o outro com viés mais ameno e apaziguador. Ou seja, trata-se de um diversionismo no qual a falsa "briga" entre dois partidos de esquerda polariza o eleitorado, jogando para fora da arena política os verdadeiros partidos de oposição, reduzidos ao papel de espectadores e a uma existência vegetativa. Segundo certa direita, é o que acontece no Brasil com o PT e o PSDB, não havendo diferença de fundo entre Lula e FHC.

avassalador" (neoliberalismo na Colônia e no Império, inclusive…); a segunda, foi de um governo, pela primeira vez na história de nosso país, "focado no social".

Somente a má-fé impede que se reconheça que diversos programas sociais aprimorados e fortalecidos nos governos Lula foram formulados nos governos FHC. É o que demonstra o próprio texto da Medida Provisória 132 de 2003, que criou o Bolsa Família:

> Art. 1º Fica criado, no âmbito da Presidência da República, o Programa Bolsa Família, destinado às ações de transferência de renda com condicionalidades.
> Parágrafo único. O Programa de que trata o *caput* tem por finalidade a unificação dos procedimentos de gestão e execução das ações de transferência de renda do Governo Federal, especialmente as do Programa Nacional de Renda Mínima vinculado à Educação — "Bolsa Escola", instituído pela Lei n. 10.219, de 11 de abril de 2001, do Programa Nacional de Acesso à Alimentação (Pnaa), criado pela Lei n. 10.689, de 13 de junho de 2003, do Programa Nacional de Renda Mínima vinculada à saúde — "Bolsa Alimentação", instituído pela Medida Provisória n. 2.206-1, de 6 de setembro de 2001, do Programa Auxílio Gás, instituído pelo Decreto n. 4.102, de 24 de janeiro de 2002, e do Cadastramento Único do Governo Federal, instituído pelo Decreto n. 3.877, de 24 de julho de 2001.

A unificação do cadastro dos beneficiários de programas sociais foi uma excelente ideia, é claro, mas mesmo esse processo já estava em curso antes da eleição de Lula. O que o grande líder fez, com muito senso de oportunidade, foi ouvir um conselho do governador de Goiás, Marconi Perillo (aliás, do PSDB): unificar e renomear os programas, além de ampliar o seu alcance.

Juntos, os programas unificados no Bolsa Família já atendiam, no final do segundo mandato de FHC, 5 milhões de famílias, ou 25 milhões de pessoas. Isso tampouco é interpretação ou opinião: é fato. O campo lulopetista bem que gostaria de apagar esse registro, mas felizmente não chegamos ao ponto em que um Ministério da Verdade se ocupa de eliminar ou fraudar o passado.

Mas, na campanha de 2002, por falta de esperteza ou excesso de escrúpulo, o PSDB não alardeou esses dados, porque a cúpula do partido julgou que esta seria uma "exploração eleitoreira da miséria". Já o PT, que nunca teve pudor em explorar politicamente a pobreza, venceu eleição após eleição trocando assistencialismo por votos e se autoatribuindo o monopólio da preo-cupação com a justiça social.

* * *

Existem políticos sérios, honestos e competentes de esquerda e de di-reita. Existem políticos patifes, corruptos e incompetentes na esquerda e na direita. Não é admissível acreditar que um político de esquerda corrupto será melhor que um político de direita honesto (ou vice-versa). Não é admis-sível acreditar que um político de esquerda incompetente será melhor que um político de direita preparado e capaz (ou vice-versa).

Mas, na guerra de narrativas, partidos são julgados e condenados de antemão por um critério ideológico, mais do que por suas propostas para o futuro ou por sua capacidade de enfrentar de forma eficaz desafios conjuntu-rais e estratégicos, colocados, no presente, por uma sociedade em acelerado processo de transformação.

Toda e qualquer voz dissonante do projeto de poder do PT foi silencia-da, por meio da associação automática a uma suposta direita golpista. Esta associação foi promovida, inclusive, por artistas e intelectuais de renome, que aderiram ao governismo e se prestaram ao papel de garotos-propaganda do lulopetismo — mas sem perder a pose de rebeldes da oposição: nisso se transformou a nossa elite cultural.

É como se a política brasileira estivesse congelada na grade ideológica dos anos 1960 — para sempre condenada a um embate discursivo no qual a carteirinha de filiação ideológica é mais importante que a competência para lidar com os problemas concretos do país.

Zuenir Ventura tinha razão: 1968 não terminou; em muitos sentidos, continuamos irremediavelmente presos nas referências e nos valores daquele ano, aferrados a pensamentos obsoletos, cristalizados e esclerosados, que não dão conta dos desafios do presente. Um dia, quem sabe, chegaremos à década de 1980.

Por tudo que foi dito acima, direita e esquerda se transformaram em duas abstrações teóricas, em rótulos cuja única função é reforçar a divi-são dos brasileiros entre "nós" e "eles", acirrar conflitos e desqualificar os adversários. São tipologias vagas por meio das quais se tenta aprisionar o pensamento e as escolhas das pessoas — objetivo maior, no final das contas, da guerra de narrativas.

No Brasil, classificar e dividir causas, pessoas e partidos com base nas ideias de esquerda e direita se tornou pouco mais que uma perda de tempo. As práticas do PT no poder demonstraram que esses rótulos sobrevivem apenas na narrativa, não na realidade.

Mas quem tem até trinta anos, uma parcela significativa da população que adere a essa guerra, era criança ou mal tinha entrado na adolescência quando Lula chegou ao poder; ou seja, praticamente não conheceu outro Brasil, que não aquele vendido pela narrativa parcial e enviesada dos governos Lula e Dilma. Trata-se, portanto, de uma geração que aprendeu e introjetou, nos bancos escolares da Escola com Partido, que:

- as pessoas se dividem em boas e más;
- as pessoas boas são de esquerda e devem apoiar o PT incondicionalmente, não importa o que o partido faça no poder.

Para essa geração, que importância tem a corrupção, que importância tem o assalto de bilhões de reais do povo brasileiro só na Petrobras, que importância tem a destruição deliberada dos fundamentos da economia para ganhar uma eleição, diante da verdade incontestável de que o PT representa o bem, e de que todos aqueles que não o apoiam representam o mal e o retrocesso?

Colocando de outra maneira: que preço pode ser considerado muito alto quando se tem a convicção de estar do lado do bem, enquanto todos os meus adversários estão do lado do mal?

Mas esta não seria, justamente, a manifestação de uma mentalidade *fascista*?

Millôr Fernandes tinha razão. No Brasil, a esquerda também é de direita.

Capítulo 4

George Orwell na Dilmolândia

> *Guerra é paz. Liberdade é*
> *escravidão. Ignorância é força.*
> George Orwell

> *Os tribunais estão certos e estão errados. Igual a todo mundo. Os tribunais*
> *acertam, os tribunais erram, eu acerto, eu erro. A Justiça é certa, a Justiça é*
> *errada. Sempre. Você quer saber? Eu não quero saber. Tudo é certo e errado.*
> Gilberto Gil, a propósito do julgamento do Mensalão

Existem aspectos nos quais a defesa da igualdade entre os homens deve ser incondicional.

Por exemplo, a defesa da igualdade de todos — inclusive dos políticos, *de qualquer partido* — perante a lei. Ou a defesa da igualdade de *oportunidades* na luta pelo acesso a condições dignas de existência *por meio da educação e do trabalho* — condições que devem ser garantidas, ou no mínimo permanentemente perseguidas, pelo Estado.

O compromisso de se empenhar para assegurar essas duas igualdades precisa ser um compromisso de Estado, não um compromisso de governo e muito menos o compromisso de um partido; não pode depender da orientação ideológica de quem vence uma eleição.

Mas também existem aspectos nos quais cada indivíduo é inevitavelmente diferente de todos os demais — inclusive nos méritos.

Aristóteles já tinha entendido que seres humanos não são como formigas e abelhas, programadas, por um instinto político natural, para se organizarem em determinadas estruturas sociais repetitivas, formigueiros e colmeias.

No mundo real, fora do cercadinho ideológico no qual muitos escolheram viver, mesmo pessoas criadas em condições socioeconômicas e culturais idênticas, mesmo irmãos gêmeos que recebem rigorosamente a mesma formação, são diferentes e fazem escolhas de vida diferentes.

No mundo real, a história demonstra que acreditar que cabe ao Estado agigantado promover o igualitarismo, considerando apenas as características que unificam todos os homens e ignorando aquelas que tornam cada homem diferente dos demais, é uma escolha que, mesmo quando bem-intencionada, mais cedo ou mais tarde conduz ao desastre. Todas as experiências do socialismo real do século xx comprovam isso.

Ah, mas isso aconteceu porque o socialismo real nunca realizou as potencialidades do verdadeiro socialismo. Certo. Mas o mesmo pode ser dito do capitalismo, não? O debate político não pode se estabelecer ignorando as lições da história e da vida real. A filosofia pode se dar a esse luxo, a política não.

Considerados em seus modelos ideais, todos os sistemas funcionam, justamente porque são... ideais. As utopias igualitárias são perfeitas no plano das ideias — por isso mesmo se chamam utopias (de *u-topos*, um lugar que não existe). Sempre que se tentou aplicá-las à realidade concreta, elas se transformaram em distopias, com um custo incalculável em privação da liberdade, em sofrimento e em vidas humanas.

Nenhuma sociedade sobrevive tentando esmagar as diferenças entre os homens, porque os dons e potenciais, as escolhas e ambições, as disposições e predisposições de cada um são diferentes das dos demais.

Em algum momento da vida, todo indivíduo se depara com questões como:

- Quanto estou disposto a me esforçar ou me sacrificar para atingir minhas metas?
- O que representam a felicidade e a realização pessoal para mim?
- Quanto tempo e energia estou disposto a investir para ser feliz?

Ainda que não reflita racionalmente sobre essas questões, na prática, cada um de nós fez e faz suas escolhas, diariamente, com base em um *trade--off* simbólico de custos e recompensas. As minhas escolhas serão diferentes das suas, e é bom que seja assim: negar isso é negar a própria natureza humana. Ruim é não ter escolhas a fazer.

A história também demonstra que nenhuma economia cresce e se desenvolve sem o estímulo à competição. Sem prêmios e incentivos para o esforço e o talento, que estão na base da "destruição criadora"* e da riqueza das nações, não existe inovação. A própria economia criativa se desenvolveu ao longo dos séculos com base na premissa de que a criação individual será reconhecida e recompensada — premissa que está na base da legislação sobre patentes e direitos autorais de todos os países ricos.

Parece evidente que, sem inovação, não existe crescimento. Menos óbvia no Brasil de hoje é a noção de que, sem o estímulo à meritocracia, tampouco existirá crescimento. Mérito é, por definição, um conceito que vai na contramão do igualitarismo e do coletivismo, pelo menos no sentido em que a palavra é entendida na narrativa hegemônica da esquerda.

Isso vale para os indivíduos e vale para as nações. Nos últimos duzentos anos, a expectativa de vida média das pessoas dobrou no planeta, e a renda per capita decuplicou. Isso sem falar na ampliação dos bens e serviços disponibilizados a uma parcela cada vez maior da população, na expansão do acesso ao conhecimento e na evolução dos indicadores ligados à educação e à saúde.

Fato: as nações responsáveis por esses avanços foram aquelas nas quais prevaleceram:

- a isonomia perante a lei;
- a transparência;
- a liberdade de expressão;
- a liberdade de associação;

---

* A destruição criadora em economia é um conceito formulado pelo economista austríaco Joseph Schumpeter, no livro *Capitalismo, socialismo e democracia* (1942), para descrever o processo de inovação nas economias de mercado. Para Schumpeter, as inovações dos empresários são a longo prazo a força motriz do crescimento econômico sustentado de um país, a longo prazo.

- a propriedade privada;
- a segurança jurídica;
- o livre-comércio.

Basta citar como exemplo o caso da Coreia do Sul/Coreia do Norte — um par de nações que compartilham a mesma formação histórica, a mesma composição étnica e os mesmos traços culturais.

A partir de um determinado momento, em uma dessas nações, adotou-se o incentivo à competição e ao mercado como caminho para o desenvolvimento e a prosperidade; na outra, optou-se pela economia planificada e pela burocracia estatal, em nome da luta pela igualdade.

Uma fotografia recente de satélite mostra as duas Coreias à noite[*]: a do Sul iluminada em toda a sua extensão territorial; a do Norte literalmente mergulhada nas trevas. A imagem dispensa legendas. Não há ideologia que ilumine regiões onde a energia elétrica ainda não chegou. Mas a pior treva é a treva mental na qual muitos escolhem viver.

Um gráfico comparando a evolução dos PIBs per capita das duas Coreias também fala por si[**]:

---

[*] Fonte: <https://exame.abril.com.br/mundo/crise-energetica-torna-coreia-do-norte-invisivel-a-noite/>. Acesso em: 1 fev. 2018.
[**] Fonte: <http://noticiasdodia.vocefaz.info/mundo/nove-graficos-que-mostram-o-que-voce-precisa-saber-sobre-a-coreia-do-norte-mundo/>. Acesso em: 8 fev. 2018.

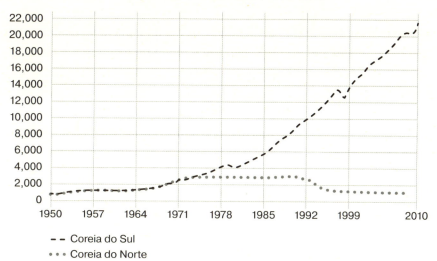

As Coreias já tiveram economias muito mais parecidas
PIB per capita em dólares, 1950-2010

– – Coreia do Sul
••• Coreia do Norte

A conclusão objetiva, que não tem nada a ver com a superioridade moral de uma ideologia sobre outra, é que os incentivos contam. Quando se eliminam estímulos, todos empobrecem, e o igualitarismo se realiza na socialização da pobreza e da precariedade.

Basta olhar para o que está acontecendo na Venezuela de Maduro, onde falta até papel higiênico e opositores do governo são perseguidos e encarcerados, mas em relação à qual os militantes do campo lulopetista mantêm um silêncio ensurdecedor — isso quando não se entregam ao delírio de defender a ditadura implantada naquele país.

Ainda assim, apesar de tudo que foi exposto acima, é direito inalienável de cada um acreditar que a igualdade deve prevalecer sobre a liberdade como norte das políticas públicas, ainda mais em um país tão desigual quanto o Brasil.

O que não é um direito é usar essa bandeira para justificar a corrupção, a mentira e a incompetência, como se no Brasil uma elite bilionária não estivesse associada a um governo supostamente popular, em um casamento de interesses mútuos.

Também se vende frequentemente a ilusão de que ser feliz é um direito inalienável de cada um. Não é. O direito inalienável de todo indivíduo é o de ter condições para buscar a sua felicidade; mas, é óbvio, nem todos a encontrarão, justamente porque os indivíduos são diferentes até nas maneiras de serem felizes.

Em outras palavras, ninguém é feliz por decreto, mas a todos devem ser garantidas as condições mínimas para exercer o direito da busca pela felicidade. Isso não muda o fato de que, em qualquer lugar e em qualquer tempo, a infelicidade faz parte da condição humana.

Da mesma forma, venderam a ilusão de que todos têm direito à igualdade absoluta, e é obrigação do Estado garantir essa igualdade — o que, no mundo real, é pouco menos que uma alucinação coletiva. Mas é essa alucinação que está na base do "mimimi" generalizado, do ressentimento como razão de viver e do arrastão politicamente correto que tomaram conta das redes sociais e de qualquer debate público no Brasil.

No país do "nenhum direito a menos", os deveres que correspondem a cada direito são completamente esquecidos (ou deliberadamente ignorados):

- se eu não sou feliz, a culpa é do outro — ou do Estado; eu não devo nada a ninguém;
- se o outro tem algo que eu não tenho, ele se torna meu devedor; eu não devo nada a ele.

Cria-se assim uma sociedade de credores, com dívidas impossíveis de serem pagas, alimentada por rancores e ressentimentos sem fim.

Mas a dura realidade é que aqueles que se acham credores do mundo e que a sua própria felicidade é uma obrigação alheia estão condenados a uma vida infeliz.

Basta olhar para os lados, é o que mais se vê hoje em dia: jamais serão felizes pessoas ressentidas que gastam sua energia cobrando dos outros, ou do governo, a conta de sua própria infelicidade.

A responsabilidade por esse estado de coisas recai, em grande parte, sobre os intelectuais e formadores de opinião que, ao longo dos últimos catorze anos, investiram na politização de todos os aspectos da vida cotidiana, por meio de uma guerra de narrativas que vitimiza as pessoas para capitalizar suas fraquezas e explora ressentimentos para vender ideologia.

E assim chegamos a esse ponto:

- se uma jovem branca usa um turbante na rua, ela ofende minorias, por se tratar de "apropriação cultural" — mesmo que ela tenha câncer e use o turbante para disfarçar a queda de cabelo provocada pela quimioterapia;
- marchinhas de carnaval que falem do gingado da mulata ou da cabeleira do Zezé são banidas dos blocos de rua, porque são ofensivas e opressoras; fantasias de índio também: gente "do bem" não se fantasia de índio nem canta marchinhas politicamente incorretas;
- livros de Machado de Assis e Monteiro Lobato são reescritos para se tornarem mais palatáveis à sensibilidade de leitores politicamente corretos; ou, pior ainda, pede-se a sua proibição nas escolas públicas;
- mulheres que optam por serem magras e discretas, ou mesmo que ousam ser bonitas, são execradas por ofenderem aquelas que se sentem feias: a beleza passou a ofender;
- qualquer palavra dirigida a qualquer pessoa de qualquer minoria é potencialmente criminosa, mesmo quando a intenção é o elogio;
- uma atriz (aliás identificada com o campo então governista) se sente obrigada a pedir desculpas públicas por ter ousado criticar a vitimização do discurso feminista;[*]
- uma cineasta se vê obrigada, no Festival de Brasília, a pedir desculpas por ter feito um filme de época no qual os protagonistas são brancos, e no qual a representação dos negros como escravos e personagens secundários da trama foi considerada ofensiva: o "lugar de fala" da cineasta não a autoriza a contar histórias que incluam personagens negros;[**]

---

[*] "Fernanda Torres pede perdão por criticar feminismo na web", *Pure People*, 24 fev. 2016. Disponível em: <http://www.purepeople.com.br/noticia/fernanda-torres-pede-perdao-por-criticar-feminismo-na-web-profundas-desculpas_a102909/1>. Acesso em: 29 nov. 2017.
[**] Maria do Rosário Caetano, "Fest Brasília: Filme de Daniela Thomas é duramente criticado em debate", *Revista de Cinema*, 17 set. 2017. Disponível em: <http://revistadecinema.com.br/2017/09/fest-brasilia---filme-de-daniela-thomas-e-duramente-questionado-em-debate/>. Acesso em: 29 nov. 2017.

- e, pasmem, um crítico de um grande jornal acusa uma banda que se apresentou no Rock in Rio de "fragilidade ideológica" (por ter gritado "Fora todos!" e não "Fora Temer!", como ele queria): atestado de orientação ideológica passou a ser critério para se agradar à crítica de rock.[*]

A lista poderia continuar por várias páginas. Estas são situações que deixaram de ser exceções para se tornarem cotidianas.

Isso não é casual. Quando o rol de condutas condenáveis se torna excessivamente elástico, todos nos tornamos potencialmente culpados, cabendo aos representantes do campo no poder a prerrogativa de nos julgar e condenar quando for conveniente.

Engana-se quem pensa que um regime autoritário se caracteriza pelo rigor na aplicação das leis. Um governo autoritário multiplica leis, é verdade, mas não para efetivamente punir quem as viola, e sim para criar um ambiente no qual todos os adversários dos donos do poder se sintam potencialmente culpados de algo ilícito; um ambiente propício à autocensura e ao medo.

Porque assim qualquer um, a qualquer momento, pode ser responsabilizado e punido por uma piada, por uma frase mal colocada, ou mesmo por uma opinião inconveniente. Foi nisso que o Brasil se transformou.

As minorias foram jogadas não somente contra as maiorias, mas também contra outras minorias — sendo que "o outro" é sempre visto como sendo de direita, reacionário, fascista e golpista.

Quem ousa desafiar essa situação corre o risco de ser submetido a um ritual de expiação e auto-humilhação públicas de fazer inveja aos *show trials* da União Soviética de Stalin.

A *lacração* se torna assim mais importante que os *laços de respeito e afeto* que, em um passado não tão distante, eram o cimento das relações familiares e sociais.

* * *

[*] Leonardo Lichote, "Crítica: Capital Inicial anima o público, mas revela fragilidade ideológica", O Globo, 24 set. 2017. Disponível em: <https://oglobo.globo.com/cultura/critica-capital-inicial-anima-publico-mas-revela-fragilidade-ideologica-21865551>. Acesso em: 29 nov. 2017.

Um exército da sjw (*Social Justice Warriors*) está sempre pronto para apontar o dedo para o outro. Submetidos desde a mais tenra idade nas salas de aula da Escola com Partido — inclusive nos colégios de elite, que cobram mensalidades exorbitantes — à lição reiteradamente repetida de que a preocupação com os pobres foi exclusividade dos governos petistas, esses justiceiros consideram, de forma vaga e nunca assumida, que essa suposta exclusividade da virtude e da preocupação com o social autoriza governantes e cidadãos a relativizarem a importância da lei e da ética.

Mas não somente isso: valores ligados à autoridade, à honestidade, à disciplina e à tradição — valores sem os quais nenhuma sociedade sobrevive — são descartados sumariamente como *construções sociais das elites*.

Em tempos de pós-verdade, cada vez mais as pessoas acreditam no que elas querem, não no que elas veem. Quando confrontados com as evidências da corrupção do governo popular, os militantes reagem de forma agressiva, apontando o dedo para o interlocutor, a quem acusam de fascista e golpista.

A generalização dessa atitude passivo-agressiva contribui para a criação de um ambiente de permanente hostilidade, que interdita qualquer debate racional, baseado na argumentação honesta e na objetividade dos fatos.

Fato: ao longo de quase catorze anos, enquanto as pessoas gastavam tempo e energia discutindo o uso de turbante por mulheres brancas, o governo popular se aliava a empreiteiros bilionários para saquear sem piedade a Petrobras. Mulher branca de turbante não podia: era apropriação cultural. Mas se apropriar de bilhões de reais em nome dos brasileiros mais pobres podia. Podia?

No momento em que escrevo, uma amiga me relata dois alertas que recebeu de colegas no já citado Festival de Brasília: ela não deveria curtir os posts de um determinado crítico de cinema nas redes sociais, porque, se continuasse a fazê-lo, seria "odiada por todos".

A ameaça explícita de exclusão social, feita por colegas de profissão, é prática rotineira da "galera do bem" — que, paradoxalmente, prega o discurso da tolerância. E o mais triste e perverso dessa prática é que, com a maioria das pessoas, que depende do cultivo de laços sociais até para conseguir trabalho, a tática funciona.

Outra tática perversa da guerra de narrativas foi:

- convencer o eleitor pobre de que dinheiro grátis é melhor do que educação, saúde, saneamento, segurança, transporte, trabalho;
- convencer o eleitor pobre de que o máximo que ele e seus filhos têm o direito de almejar na vida é ficarem amarrados a uma mesada de algumas dezenas de reais do governo, enquanto empresários companheiros se locupletam;
- convencer o eleitor pobre de que, se outro partido vencer a eleição, ele perderá até mesmo esse benefício, sendo rebaixado de miserável com mesada para miserável sem mesada;
- convença o eleitor pobre de tudo isso, e ele se tornará para sempre seu eleitor cativo.

Em um vídeo de outubro de 2010, disponível no YouTube, o jurista Hélio Bicudo, um dos fundadores do PT, afirma com todas as letras que, no início do primeiro governo Lula, quando foi lançado o programa Bolsa Família, ele perguntou ao então todo-poderoso chefe da Casa Civil José Dirceu quais seriam os objetivos do programa. Dirceu não se fez de rogado na explicação. Segundo Bicudo:

> Eu me lembro que, na ocasião em que começaram a falar no Bolsa Família, eu perguntei ao José Dirceu: "Como é que vocês entendem essa questão do Bolsa Família?" [...] Ele me disse: "Olha: você já pensou o que representa isso em matéria eleitoral? [...] 12 milhões de bolsas serão mais de 40 milhões de votos". É isso que é o Bolsa Família. [...] Eles recebem dinheiro para votar. *

O plano já estava traçado: usar o Bolsa Família como ferramenta para garantir a reeleição de Lula em 2006 e, mais tarde, assegurar a perpetuação do PT no poder com outro nome — embora Dilma, naquela altura, não fosse sequer cogitada. Bicudo estaria mentindo?

* * *

---

* Disponível em: <https://www.youtube.com/watch?v=T2Hqt04d--Y>.

Por tudo isso, torna-se referência inevitável para o entendimento do Brasil do presente o escritor George Orwell, que escreveu com impressionante lucidez:

> Em qualquer momento dado, há uma ortodoxia, um corpo de ideias que se supõe que todas as pessoas bem pensantes aceitarão sem questionar. Não é exatamente proibido dizer isso ou aquilo, mas é "impróprio" dizê-lo, assim como na época vitoriana era "impróprio" mencionar calças na presença de uma senhora. Quem desafia a ortodoxia dominante se vê silenciado com surpreendente eficácia.[*]

Não é difícil estabelecer uma analogia entre o Brasil da guerra de narrativas e o romance *1984*, de Orwell. Na clássica distopia futurista, a ideia-chave por trás da novilíngua é limitar as formas possíveis de articulação do pensamento, de maneira a banir a própria possibilidade de se ter uma ideia contrária aos princípios do "Ingsoc" (acrônimo de "Socialismo Inglês"), o partido no poder. O uso da novilíngua é imposto pelo partido aos cidadãos, de forma a renomear as coisas, as instituições e a própria realidade, que assim pode ser manipulada ao infinito.

Setenta anos após sua publicação, *1984* ainda se impõe como uma reflexão perturbadora sobre o caráter perverso de qualquer forma de poder totalitário. O romance foi lançado em 1949, meses antes da morte do autor, que propositalmente projetava essa distopia para um futuro próximo, ao alcance da geração seguinte. Era uma forma de Orwell alertar que o inferno não era uma ameaça distante, mas um cenário possível e quase palpável.

O tema do livro é a tentativa fracassada de afirmação de um homem que desafia as forças terríveis da ditadura em que vive. Sugestivamente, o título original previsto era *O último homem da Europa*, reforçando a metáfora do esmagamento do indivíduo por um regime totalitário, no qual só o coletivo importa. Sua lição é que não existe pior ditadura que a ditadura do pensamento. Como escreveu Orwell: "Viveremos uma era em que a liberdade de pensamento será de início um pecado mortal e mais tarde uma abstração sem sentido".

Recapitulando brevemente a história: o protagonista é Winston Smith, um funcionário do Departamento de Documentação do Ministério da

---

[*] George Orwell, *1984*. São Paulo: Companhia Editora Nacional, 2006.

Verdade, um dos quatro ministérios que governam Oceania. Seu trabalho é falsificar registros históricos, a fim de moldar o passado à luz dos interesses e conveniências atuais do partido — esta prática, aliás, era comum na União Soviética.

Em um pós-escrito, Orwell explica que a palavra *Ingsoc* designa simultaneamente o regime, o partido no poder e a sua ideologia. É um e é três, como na Santíssima Trindade. No Brasil do PT esse mistério de natureza quase espiritual e religiosa também teve seu lugar, na medida em que os limites entre partido, Estado e governo foram abolidos.

O Ingsoc dirige com mão de ferro o território de Oceania, uma das três partes em que o mundo está dividido. Aos olhos do partido, qualquer crítica às ações do governo pode ser considerada uma "crimideia", ou um "crime do pensamento". No Brasil do PT também estivemos próximos disso: o processo de lavagem cerebral foi intenso e sistemático; ainda que sem existência formal reconhecida, a Escola com Partido foi um programa digno do Ingsoc.

O pilar do Ingsoc é o controle da narrativa. Por isso o partido constantemente reescreve livros e notícias do passado em seu favor. O Ministério da Verdade é responsável pela revisão permanente da história, de maneira a alterar os fatos para que eles se encaixem na narrativa do governo.

No Ministério da Verdade, a história é permanentemente reescrita, e o passado é continuamente adaptado aos objetivos, necessidades e conveniências do partido. Objetivos, necessidades e conveniências que se resumem em uma coisa só: perpetuar-se no poder a qualquer preço, esmagando sem piedade toda e qualquer forma de dissidência.

Os habitantes de Oceania são obrigados a aceitar o que está nos registros; se as suas lembranças dizem outra coisa, é porque elas estão loucas. Só existe um passado: aquele que o partido quer.

No Brasil do PT, é como se antes de 2003 não existissem escolas nem hospitais no Brasil; os negros eram escravizados; homossexuais eram atirados do alto dos prédios; as mulheres sofriam abusos diários por machos opressores da elite branca.

No Ministério do Amor, Winston é submetido às mais bárbaras torturas nas mãos de seu "amigo" O'Brien. Um lema do Ministério do Amor poderia ser: "Mais amor, por favor", um dos slogans adotados por militantes em fúria cujo método consistia em calar e desqualificar qualquer adversário político.

Símbolo do Estado hipertrofiado, o Grande Irmão (Big Brother) é o líder máximo de Oceania. Seu poder é total: cada indivíduo é controlado física, mental e emocionalmente pela Polícia do Pensamento.

Ninguém nunca viu o Grande Irmão em pessoa: o tirano é amedrontador, mas também tem algo de abstrato, de metafórico. Um dos diálogos mais marcantes do romance é aquele em que um torturado e alquebrado Winston pergunta ao seu algoz O'Brien:

> — O Grande Irmão existe?
> — É claro que sim...
> — Existe da mesma forma que eu existo?
> — Você não existe.[*]

O'Brien explica então a Winston a natureza do Ingsoc:

> Só nos interessa o poder em si. Nem riqueza, nem luxo, nem vida longa, nem felicidade: só o poder pelo poder, poder puro. [...] A realidade só existe no Partido, e em nenhuma outra parte. Não na mente do indivíduo, que pode se enganar, e que logo perece. Só na mente do Partido, que é coletivo e imortal. O que quer que o Partido afirme que é verdade, é verdade. É impossível ver a realidade exceto pelos olhos do Partido.

Nesse cenário de sujeição absoluta, não existem leis, somente regras estabelecidas pelo Partido. Só há uma certeza: ninguém escapa à vigilância do Grande Irmão, símbolo e materialização do poder cínico e cruel.

Winston vive confinado na engrenagem sufocante e sombria de uma sociedade inteiramente dominada pelo Estado, no qual tudo é feito em nome do coletivo, e cada um vive em permanente estado de desconfiança do outro. Ele detesta o sistema, mas, como estratégia de sobrevivência, evita confrontá-lo além das páginas de seu diário secreto.

* * *

---

[*] O diálogo é este, no original: *"Does Big Brother exist?"*, *"Of course he exists. The Party exists. Big Brother is the embodiment of the Party."*, *"Does he exist in the same way as I exist?"*, *"You do not exist"*. George Orwell. *1984*. Signet Classics, 1961, EUA.

Em *1984* é evidente a crítica de Orwell aos totalitarismos da Europa, de cujos crimes contra a humanidade o mundo ainda tentava se recuperar.

O alvo principal, por óbvio, era o comunismo stalinista, que matara de fome dezenas de milhões de pessoas na União Soviética — um regime de partido único sob o comando de Stalin e seus carrascos, que promoveram as mais brutais perseguições políticas da história, prendendo e executando aos milhares os suspeitos de pensamento desviante — aí incluídos colegas revolucionários do grande líder.

Antigo socialista que chegou a lutar contra os fascistas na Guerra Civil Espanhola, George Orwell se desencantou profundamente com a utopia/distopia materializada na União Soviética, que já fora atacada impiedosamente na novela *A revolução dos bichos* (1945).

"A aceitação de qualquer disciplina política parece ser incompatível com a integridade literária", declarou o escritor, inconformado com a subserviência dos intelectuais de seu tempo aos regimes totalitários então em vigor.

O fato de o romance mais famoso de Orwell ter ultrapassado esse contexto, podendo ser evocado como uma reflexão ficcional sobre os excessos delirantes de qualquer ditadura, de qualquer poder incontestado, de esquerda ou direita, não muda o fato de que a aversão ao stalinismo era o sentimento dominante do autor em seus últimos anos de vida.

Prova disso é que, meses antes de morrer, Orwell entregou ao serviço secreto britânico, em 1949, uma lista de 130 simpatizantes do comunismo, entre eles o escritor J. B. Priestley e o cineasta Charles Chaplin. Conduta que hoje soa lamentável (e é), mas que só pode ser atribuída a alguém profundamente decepcionado com a esquerda stalinista.

É preciso insistir nesse ponto porque, por incrível que pareça, no Brasil da guerra de narrativas, George Orwell é frequentemente apropriado pela esquerda que ele acabou por abominar.

Na cobertura da mídia da eleição de Donald Trump, por exemplo, mais de um analista político evocou o romance *1984* para alertar contra os perigos de um governo republicano — o que simplesmente não faz o menor sentido: ainda que seja execrável em vários aspectos, o presidente americano defende a diminuição do Estado, não a sua hipertrofia.

São muitas as interseções visíveis entre o Ingsoc e o PT no poder. Por exemplo, um e outro sempre transferem para um adversário externo a culpa e a responsabilidade por todos os problemas. Em *1984*, esse inimigo é Emmanuel Goldstein. No Brasil do PT, são "eles" — FHC, Aécio, a elite branca e golpista etc.

Na novela *A revolução dos bichos*, o personagem-porco Napoleão, após conquistar o poder, elege como inimigo público número um outro porco, Bola de Neve, apropriando-se de suas ideias, mas sempre jogando a culpa nele se algo dá errado. (Paralelos óbvios: Lula se apropriando dos programas sociais e da política econômica de FHC, Dilma se apropriando das ideias do candidato derrotado Aécio Neves etc.).

Os personagens humanos, é claro, também encarnam esse papel: eles foram expulsos da fazenda, mas *podem voltar* (como os tucanos que "quebraram o Brasil três vezes", segundo Dilma repetia incansavelmente). Essa ameaça é usada para persuadir o povo, *pelo medo*, de que a melhor opção é mesmo apoiar Napoleão (ou Lula, ou sua preposta Dilma).

Sempre que é questionado, a resposta de Napoleão é lembrar que a vida de todos melhorou muito, se comparada à época longínqua em que seus adversários estavam no poder. Também no Brasil é assim: afinal de contas, antes de 2003, quando Lula implantou a democracia no país, só as elites tinham acesso à saúde, à educação e mesmo à alimentação...

Distorcer e manipular informações sem qualquer cerimônia para se manter no poder é outro ponto comum ao Brasil do PT e à Oceania do Ingsoc. Não chegamos ao luxo de ter um Ministério da Verdade, mas tivemos algo muito mais eficaz aqui: a manipulação de corações e mentes se deu não apenas no discurso oficial, imposto de cima para baixo, mas também de forma horizontal, por meio de uma rede altamente capilarizada, na narrativa laboriosamente cimentada nas salas de aula da Escola com Partido e nos blogs "independentes", pagos com dinheiro público para atacar adversários do governo. E também nas ONGs, nos sindicatos, na UNE, na OAB, na Cnbb.

Em um pesadelo digno de George Orwell, todos se tornaram representantes informais do partido. Todas as posições foram ocupadas, no processo de aparelhamento do Estado de alto a baixo e de cooptação da sociedade civil.

Esse processo começou pelo controle da linguagem.

Em *1984*, os formuladores da novilíngua eliminaram os significados indesejados, por exemplo, da palavra *liberdade*, de maneira que o próprio conceito de liberdade política deixou de fazer sentido na cabeça dos cidadãos de Oceania.

O mesmo princípio se aplicou ao conceito de "igualdade": na novilíngua, o único significado possível para a palavra *igual* se refere à (im)possibilidade de todos os homens terem o mesmo peso, altura e cor de pele.

Na novilíngua da guerra de narrativas, a palavra *meritocracia* teve destino parecido: o único significado que os militantes conseguem enxergar no termo se refere à reprodução deliberada da desigualdade social; meritocracia, para eles, significa um complô da elite branca e fascista para preservar privilégios e combater os avanços sociais promovidos pelos governos populares do PT.

Com o tempo, o aprimoramento da novilíngua faz com que diversas ideias "indesejáveis" simplesmente deixem de existir. Com a consolidação do novo idioma, tornou-se impossível expressar ideias contrárias aos interesses do partido (ou do governo, ou do Estado, já que os três passaram a se misturar e confundir). No Brasil, não chegamos a esse ponto, felizmente, mas estávamos no caminho.

Uma imagem do romance de George Orwell sintetiza as consequências desse empreendimento de controle do imaginário para a sociedade: o futuro é simbolizado por uma bota pisando em um rosto humano.

Como o autor escreveu em um apêndice à obra: "O que se pretendia era que [...] qualquer pensamento herético, isto é, divergente dos princípios do Ingsoc, fosse literalmente impensável, ou pelo menos até o limite em que o pensamento depende de palavras".[*]

* * *

A guerra de narrativas não admite o contraditório: ela impõe significados prontos, acabados, fabricados de acordo com seus interesses imediatos e futuros, e que podem ser resumidos em palavras de ordem e expressões fáceis de assimilar e repetir.

---

[*] George Orwell, *1984*. São Paulo: Companhia Editora Nacional, 2006.

Qualquer discussão pode ser encerrada com um "Vai estudar história!" ou um "E o Aécio?", de forma a desqualificar o interlocutor e colar nele a imagem de elitista desinformado e preconceituoso, ao mesmo tempo que o militante sai de peito estufado e cheio de si, com a convicção de ter dado um xeque-mate intelectual no adversário.

Preconceito foi outra palavra vítima de abusos, espremida e torturada de forma a se encaixar na narrativa que interessava ao campo governista: qualquer divergência de opinião em algum tema controverso era imediatamente taxada como preconceito (de classe, gênero, raça etc.). Nesse ambiente tóxico e patológico que se criou, qualquer um estava sujeito a ser declarado culpado, em um julgamento sumário, do que em *1984*, é chamado de "crimideia", ou crime do pensamento.

Também no eterno debate sobre a liberação das drogas, a fórmula do campo "progressista" para sair por cima em qualquer discussão era dizer platitudes do gênero: "a droga é um problema de saúde pública", ou "a droga é um problema social".

Ora, isso é evidente. E daí? Em que essa declaração acaciana contribui para que o debate avance? A droga é *também* um problema de saúde pública, por óbvio, mas não é somente isso: ela está relacionada à violência urbana, às políticas de segurança etc. Mas reduzir tudo a um problema de saúde pública libera o usuário da reflexão sobre quem financia o tráfico e a violência a ele associada.

O mesmo acontece com a bandeira da ecologia. Dados oficiais mostram que o desmatamento da Amazônia explodiu nos governos Dilma:

- em 2013/2014, foram derrubados 5 mil quilômetros quadrados de mata (mais de quatro vezes o território do Rio de Janeiro);
- em 2014/2015, 6,2 mil quilômetros quadrados;
- em 2015/2016, 8 mil quilômetros quadrados.

Só em seu primeiro mandato, Dilma cortou 72% da verba contra o desmatamento da Amazônia, de 6,4 bilhões para 1,8 bilhão de reais.

Mas, na lógica enigmática da militância, a ecologia é uma bandeira exclusiva do PT. Enquanto o desmatamento da floresta aumentava 60% só entre 2013 e 2016, nenhum artista ou intelectual de esquerda se manifestou, nenhuma *hashtag* lacradora viralizou nas redes sociais, e nenhuma atriz usou camiseta com estampa de protesto.

Não vi nenhuma *ubermodel* se manifestar a respeito do desmatamento da floresta no governo Dilma.

Não vi a plateia do Rock in Rio se manifestar a respeito do desmatamento da floresta no governo Dilma.

Não vi nenhum indígena subir no palco do show de uma cantora pop americana para se manifestar a respeito do desmatamento da floresta no governo Dilma.

Não vi nenhum artista — nem mesmo Caetano Veloso, que se manifesta sobre tudo — se manifestar a respeito do desmatamento da floresta no governo Dilma.

Mas, no Rock in Rio de 2017, uma *indígena "do bem"* subiu ao palco do show da cantora Alicia Keys para puxar um coro de "Fora Temer" em defesa da Amazônia — para delírio do público, que saiu dali com a consciência tranquila e com a convicção de ter contribuído para a preservação do meio ambiente. Esse mesmo público, aliás, deixou mais de duas toneladas de lixo no chão da Cidade do Rock.

* * *

Os dividendos da síntese simbólica — ilógica, mas de elevado apelo emocional — entre a esquerda encarnada no PT e o monopólio das boas intenções são evidentes: se a libertação de coerções morais ou familiares equivale a estar do lado dos mais pobres, mesmo que nada se precise fazer concretamente por eles, une-se o útil ao agradável.

A bandeira da justiça social me purifica, me justifica, me legitima e me enobrece — mesmo que eu nunca tenha saído da Zona Sul do Rio de Janeiro, só use roupas de grife e passe o dia inteiro fumando maconha, eu estou do lado dos pobres. Já quem trabalha duro e não apoia o PT está do lado da elite fascista.

Vive-se, assim, a ilusão paradoxal de combater o poder estabelecido *aderindo ao poder estabelecido*; que este poder seja corrupto e ignore a lei e a ética se torna apenas um detalhe insignificante. De novo: que preço pode ser considerado muito alto quando se tem a convicção de estar do lado do bem?

Outra expressão muito popular em um determinado momento foi "criminalização da política" — usada justamente para evitar que os políticos criminosos fossem punidos, sob a alegação de que a Operação Lava-Jato nada mais era que uma ferramenta da vingança das elites contra o governo popular.

Uma variante foi a "criminalização do PT". Quando essa expressão começou a ser usada, o vento já tinha mudado, tornando imperativo para o grupo no poder adaptar seu discurso à nova realidade.

Mas a reação foi oposta: em vez de buscar um reposicionamento, urgente e necessário em circunstâncias cada vez mais adversas, o governo optou por dobrar a aposta na narrativa do "nós" contra "eles", classificando qualquer notícia sobre os escândalos de corrupção como uma tentativa de "criminalização" do partido.

Fato: o único responsável pela criminalização do PT foi o próprio PT.

Quando se comete um crime, não é a vítima, não é o repórter, não é o delegado, não é o policial quem criminaliza o ladrão: é o próprio ladrão.

Mas foram além, tentando vender a ideia de que se tentava *criminalizar a esquerda como um todo*, hipótese que não resiste a qualquer exame minimamente honesto. Até porque os mais revoltados com o Mensalão e o Petrolão deveriam ser justamente aqueles partidos e eleitores que se consideram esquerdistas, pelo mal que esses escândalos fizeram à imagem da esquerda.

Ao teimar em se associar ao PT, o que a esquerda está fazendo é misturar e confundir, na cabeça dos brasileiros comuns, os conceitos de esquerda e desonestidade, progressismo e roubalheira.

Pena que a inteligência *soi-disant* progressista ainda não percebeu isso. A teimosia dos partidos do campo da esquerda já está custando caro, como demonstraram os resultados das eleições municipais de 2016: dos 25 candidatos a prefeito que, como deputados federais, votaram contra o impeachment de Dilma Rousseff, somente dois foram eleitos.[*] Recado mais claro não poderia haver.

---

[*] Conforme coluna de Fernando Rodrigues, "Dos 25 candidatos que votaram contra o impeachmant, só 2 foram eleitos", UOL, 4 out. 2016. Disponível em: <http://fernandorodrigues. blogosfera.uol.com.br/2016/10/04/dos-25-candidatos-que-votaram-contra-o-impeachment--so-2-foram-eleitos/>. Acesso em: 29 nov. 2017.

Conclusões:

- a esquerda honesta precisa se dissociar correndo do projeto do PT — e, portanto, da narrativa que afirma que o impeachment foi um golpe — se quiser recuperar sua credibilidade junto à sociedade;
- a esquerda honesta precisa pedir desculpas aos milhões de brasileiros honestos a quem chamou de golpistas;
- a esquerda honesta precisa se articular em novas bases, caso não queira passar vergonha nas eleições de 2018;
- a esquerda honesta precisa sair de sua bolha virtual e sofrer um choque de realidade: no Rio de Janeiro, em particular, precisa sair do cercadinho ideológico da praça São Salvador e andar um pouco pelos subúrbios e pelos bairros mais carentes da Zona Oeste.

Infelizmente essa esquerda honesta ainda não se mostrou capaz de incorporar a palavra *autocrítica* ao seu vocabulário — incorporar de verdade, e não só no discurso, repetido a cada novo escândalo, de que "o PT precisa se reinventar".

Em vez de se apresentar alternativas ao projeto de poder do PT, essa esquerda preferiu aderir ao coro do "Não vai ter golpe!" e, mais tarde, do "Fora Temer!", chamando implicitamente de golpista mais da metade da população brasileira. Não foi apenas um erro de avaliação: foi uma estupidez do ponto de vista estratégico.

A esquerda desmoralizou a esquerda, ao embarcar na canoa furada da narrativa do golpe e do ataque debochado a uma parcela enorme da população brasileira, que trabalha e estuda, e que repudiou aqueles que usaram o discurso e as bandeiras da esquerda para roubar sem piedade o povo e impor a todos os brasileiros uma visão beligerante da política que dividiu a nação.

* * *

É possível listar diferentes ferramentas da novilíngua que foram incorporadas — com bastante sucesso, é preciso reconhecer — ao vocabulário, à gramática e à sintaxe da guerra de narrativas.

Duplipensar

Alguém sabe que está errado e, mesmo assim, tem a convicção de que está certo. Em *1984*, é o duplipensar que permite a existência de palavras como *negrobranco*.

Qualquer pessoa que já tentou debater com um militante petista, pessoalmente ou nas redes sociais, sabe que, mesmo quando ele é bem-intencionado e se esforça para acompanhar seus argumentos, algo o impede de chegar às conclusões racionais e necessárias. Isso porque ele é capaz de sustentar duas crenças contraditórias e aceitar as duas como verdadeiras.

Como no caso dos tribunais da declaração de Gilberto Gil citada na epígrafe deste capítulo: estão ao mesmo tempo certos e errados, como todo mundo.

É claro que o duplipensar não elimina a hipótese do uso deliberado da mentira por gente mal-intencionada, que, mesmo sabendo que uma informação é falsa, teima em espalhá-la nas redes sociais.

No Brasil, o duplipensar permite que pessoas defendam ao mesmo tempo a volta ao poder de Lula e o combate à corrupção.

O duplipensar permitiu também que, na campanha eleitoral de Dilma Rousseff, um juiz que hoje é ministro do STF, Edson Fachin, declarasse fazer parte dos "juízes que têm lado".[*] Ora, se um juiz tem lado e participa de comício, ele evidentemente se torna suspeito para julgar com isenção qualquer processo que envolva políticos que estão do seu lado, ou não?

Outro exemplo: segundo a narrativa da militância "contra o golpe", a Justiça protegia Eduardo Cunha E (e não "MAS") mandava prender Eduardo Cunha: o duplipensar ignora as conjunções adversativas; é um pensamento por coordenação.

O duplipensar reflete a capacidade de operar simultaneamente com diferentes lógicas; de combinar uma percepção normal da realidade com outra, ideológico-doutrinária, mas de forma tal que a segunda sempre prevaleça, no comportamento e na fala.

---

[*] Disponível em: <https://www.youtube.com/watch?v=8BIdfkmUq5I>. Acesso em: 29 nov. 2017.

É como se o cidadão usasse um par de óculos com lentes bifocais e ajustasse incessantemente o foco do seu olhar ao interesse e à orientação momentânea de seu partido.

O duplipensar está ligado ao relativismo moral. Por exemplo, ainda hoje, quando a Operação Lava-Jato atende aos interesses do campo lulopetista, ela é exaltada; quando esses interesses são contrariados, ela é desqualificada. Até mesmo um inimigo como Fernando Henrique Cardoso pode ser exaltado por um militante petista, caso faça alguma declaração que possa beneficiar o PT.

Foi o duplipensar que permitiu a Dilma Rousseff afirmar o sucesso de sua política econômica mesmo quando todos os indicadores, ainda que maquiados por gigantescas pedaladas e grosseiros truques contábeis, sinalizavam claramente o seu fracasso. O raciocínio de Dilma funcionava mais ou menos assim: "A inflação está alta, a recessão está piorando, o desemprego aumentando; logo, estamos no limiar de um novo ciclo de crescimento. Sejamos felizes, tudo vai mal".

Nas palavras de George Orwell:

> Saber e não saber, ter consciência de completa veracidade ao exprimir mentiras cuidadosamente arquitetadas, defender simultaneamente duas opiniões opostas, sabendo-as contraditórias e ainda assim acreditando em ambas; usar a lógica contra a lógica, repudiar a moralidade em nome da moralidade, crer na impossibilidade da Democracia e que o Partido era o guardião da Democracia; esquecer tudo quanto fosse necessário esquecer, trazê-lo à memória prontamente no momento preciso, e depois torná-lo a esquecer; e acima de tudo, aplicar o próprio processo ao processo. Essa era a sutileza derradeira: induzir conscientemente a inconsciência, e então, tornar-se inconsciente do ato de hipnose que se acabava de realizar. Até para compreender a palavra *duplipensar* era necessário usar o duplipensar.[*]

NEGROBRANCO

Como muitas outras palavras da novilíngua, esta tem dois sentidos simultâneos e mutuamente excludentes. Pode ser aplicada para contradizer um adversário ou para exaltar um colega de partido — em um e outro caso, ignorando-se fatos evidentes.

---

[*] George Orwell. *1984*. São Paulo: Companhia Editora Nacional, Capítulo 3.

Um militante pode sinceramente admitir que o preto é branco; mais que isso, ele pode ter a certeza e a convicção de que o preto é branco, se isso interessar ao partido. Se o partido determinar que dois mais dois são cinco, esta será a verdade a ser repetida com convicção e entusiasmo pela militância. Daí uma sentença famosa do romance de Orwell: "A liberdade é a liberdade de dizer que dois e dois são quatro".[*]

Um exemplo claro de negrobranco na narrativa lulopetista foi a sórdida campanha de desqualificação a que foi submetido o vereador de São Paulo Fernando Holiday. Negro, homossexual e de origem humilde, Fernando não foi apenas objeto de inúmeros ataques racistas; ele teve negada a sua própria condição de negro, por não seguir a cartilha da vitimização pregada pelo PT.

As ofensas mais graves, no sentido de revelar a falta de limites dos militantes narrativos, foram publicadas no artigo de título criminoso "Quantos mandatos Fernando Holiday do Movimento Brasil Livre (MBL) cumprirá até tornar-se negro?", publicado no blog "independente" Diário do Centro do Mundo.[**]

O artigo terminava com a frase: "Ainda há tempo para Fernando Holiday tornar-se negro". A mensagem era clara: ainda havia tempo para que ele se convertesse à religião do lulopetismo, pois negro que não apoia o PT não tem o direito de se considerar negro.

Crimideia, ou crime ideológico

Qualquer pensamento contrário às diretrizes do partido. Elogiar a gestão do prefeito tucano João Doria, por exemplo, mesmo quando ele toma decisões corretas e apoiadas pela maioria esmagadora da população, é uma crimideia, um pensamento inaceitável.

---

[*] George Orwell, *1984*. São Paulo: Companhia Editora Nacional.

[**] Marcos Sacramento "Quantos mandatos Fernando Holiday do MBL cumprirá até tornar-se negro?", *DCM*, 5 out. 2016. Disponível em: <http://www.diariodocentrodomundo.com.br/quantos-mandatos-fernando-holiday-do-mbl-cumprira-ate-tornar-se-negro-por-sacramento/>. Acesso em: 29 nov. 2017.

Elogiar o trabalho do juiz Sergio Moro também — a não ser quando ele manda prender algum desafeto dos petistas, e neste caso Moro se torna objeto do duplipensar, ou seja, é ao mesmo tempo exaltado e odiado, um inimigo e um herói.

Um acusado de crimideia pode virar uma impessoa; a crimideia está associada ao verbo crimideter.

CRIMIDETER

Segundo Orwell é a faculdade de interromper, de paralisar por instinto, em seu limiar, qualquer pensamento *perigoso*. Envolve a incapacidade de entender analogias, de identificar erros de lógica e de compreender os argumentos mais simples, se estes forem hostis ao Ingsoc; envolve, também, a predisposição a se irritar consigo mesmo diante de qualquer sombra de pensamento que possa tomar um rumo herético. Qualquer pessoa que já tenha debatido com um militante narrativo percebe claramente quando isso acontece.

FACECRIME

Exibir uma expressão imprópria no rosto — como se mostrar cético diante do anúncio de dados suspeitos sobre a economia, ou de pesquisas de opinião duvidosas, ou de qualquer outra notícia favorável ao partido no poder — é punível de exclusão social. Por exemplo, demonstrar uma expressão de dúvida em relação aos pronunciamentos sempre otimistas de Dilma Rousseff e Guido Mantega sobre as perspectivas de crescimento do país, mesmo quando a economia começou a desmoronar, já seria um *facecrime*.

PROPRIVIDA

É o crime do individualismo, que, para o pensamento hegemônico que só enxerga o "social" e despreza o indivíduo (como todo pensamento autoritário), é algo visto como uma excentricidade das elites brancas e golpistas.

Sintomaticamente, o campo lulopetista adora palavras como *coletivo*: por meio delas, a responsabilidade individual se dilui na massa anônima e, ao mesmo tempo, previne-se o surgimento de ideias excessivamente independentes, que possam colocar em risco a ascendência mental do partido junto a seus membros, sobretudo entre a juventude.

BEM-PENSANTES

São aqueles que seguem incondicionalmente a cartilha do partido, sem qualquer questionamento. Aplica-se também aos *isentões* que se dizem não petistas, mas geralmente começam suas falas (ou seus textões nas redes sociais) com a frase "Eu não sou petista, mas...", o que já virou uma piada pronta.

Para os petistas, quem não é bem-pensante merece ser tratado como uma *impessoa* ("Nós não queremos que vocês existam!"); dignos de respeito e consideração são apenas aqueles indivíduos que cegamente dizem sim às orientações do partido. No Brasil da guerra de narrativas, vence na vida quem diz "sim".

IMPESSOA

Persona non grata ao partido, que no romance *1984* geralmente acaba sendo "vaporizada" (eliminada). Nesse caso, sua existência não é somente interrompida: sua memória é abolida de todos os registros oficiais ou informais.

Não é que ela tenha deixado de existir: ela nunca existiu.

O assassinato de reputações promovido durante o ciclo lulopetista é um exemplo de como se produziram impessoas, mesmo entre antigos aliados. O prefeito de Santo André, Celso Daniel, por exemplo: se isso fosse possível, ele e sete testemunhas de seu assassinato, todas mortas em circunstâncias misteriosas, teriam sido eliminados de todos os registros, de todos os arquivos e de toda a internet.

Mas Celso Daniel é um fantasma que teima em reaparecer de tempos em tempos, para tirar o sono de muita gente.

* * *

Em Oceania, existe um programa cuidadoso do partido no poder para a implementação gradativa da novilíngua. A cada ano, o número de palavras à disposição das pessoas *diminui*.

Isso faz com que os indivíduos, com o tempo, deixem de escrever. Eles apenas mandam cartões-postais com frases escolhidas à la carte: basta riscar as que não servem, para poupar o tempo — e principalmente a imaginação — do remetente.

Aplicados ao campo lulopetista, as opções desses cartões-postais poderiam ser as seguintes (marque uma alternativa e envie o cartão):

( ) "É golpe!";
( ) "Vai estudar história!";
( ) "Nunca antes na história deste país...";
( ) "A culpa é do FHC!";
( ) "Fora Temer!".

Ou ainda:

( ) "E o Aécio?".

* * *

Enumero e comento a seguir mais alguns enunciados da novilígua lulopetista:

"Em 2016, as ruas foram tomadas pela massa conservadora."
Falso. Objetivamente, as ruas foram tomadas por:

- milhões de brasileiros que se sentiram enganados pelas promessas não cumpridas de Dilma na campanha de 2014;
- milhões de brasileiros que viram suas vidas serem afetadas, para pior, pela incompetência e irresponsabilidade do governo na gestão da economia;

- milhões de brasileiros que estavam simplesmente cansados dos escândalos de corrupção em série protagonizados pelo PT e sua base aliada, expostos pela Operação Lava-Jato.

O objetivo não é simplesmente afirmar uma convicção — que pode ser sincera e legítima como qualquer outra (Goebbels, aliás, também afirmou que o homem mais perigoso é aquele que acredita no que diz); o objetivo é colar naqueles que foram às ruas contra Dilma o rótulo de conservadores, reacionários, fascistas e golpistas.

Esse procedimento de linguagem foi usado insistentemente pelos militantes narrativos: desqualificando de antemão aqueles que protestavam contra Dilma e a corrupção entranhada em seu governo, essa narrativa constrangia o receptor a se identificar com os governistas, que por sua vez se afirmavam como progressistas, democratas e tolerantes — e os únicos preocupados com a justiça social.

Tratava-se de mais uma estranha ginástica intelectual — já que associava aos que queriam se perpetuar no poder a imagem da mudança, e aos que queriam mudança a imagem do conservadorismo. Mas, ao mesmo tempo, foi um procedimento muito eficaz, por poupar de qualquer reflexão crítica aqueles que se deixavam convencer. *Pensar cansa*. Foi essa a percepção que teve o competente marqueteiro João Santana ao adotar "Muda mais!" como um dos lemas da campanha à reeleição de Dilma.

Mas, de novo: se, de antemão, os campos estão definidos como "reacionário" e "progressista", como "do bem" e "do mal", fica fácil fazer a escolha correta, e ser petista vira um imperativo moral. Pena que as coisas não funcionam assim.

"É preciso respeitar o voto popular."

Claro, ninguém diz que não. Dilma foi reeleita em 27 de outubro de 2014 para um segundo mandato de quatro anos e deveria cumprir esse mandato até o fim.

Da mesma forma que, em 17 de dezembro de 1989, Fernando Collor foi eleito pelo voto popular (com mais de 35 milhões de votos) e deveria cumprir seu mandato até o fim.

Ocorre que, no meio do caminho, os dois presidentes cometeram crimes de responsabilidade passíveis de impeachment e perderam:

- boa parte de seu apoio popular;
- o controle da economia;
- sua base de sustentação parlamentar;

e, consequentemente,

- quaisquer condições objetivas de continuar governando o país.

Foi por isso que ambos sofreram processos de impeachment. Em nenhum dos dois casos, o voto de milhões de eleitores foi desrespeitado; fosse assim, o voto seria uma carta branca para que um político eleito cometesse toda sorte de ilegalidades. Não é.[*] Tanto no caso de Collor quanto no caso de Dilma os requisitos jurídicos e políticos estavam dados para a deposição do cargo.

Relativamente recente, o impeachment de Collor é convenientemente esquecido sempre que se adota esse enunciado. Porque, das duas uma: ou se afirma que Collor também foi vítima de um golpe, o que seria ridículo, ou se reconhece a legalidade e a legitimidade dos dois processos. Como as duas hipóteses são inaceitáveis para a militância, é mais fácil adotar uma memória seletiva e esquecer Collor.

"Dilma abandonou as promessas de campanha e adotou o programa de seu oponente."

Meia verdade. Esse enunciado tem o mérito de reconhecer a existência do estelionato eleitoral cometido na campanha da presidente reeleita. Mas o faz tão somente para, por meio de outra acrobacia do raciocínio, associar o

---

[*] Não vou explicar aqui o que são crimes de responsabilidade, nem a gravidade das pedaladas fiscais. Isso já foi feito dezenas de vezes, bastando consultar a transcrição das atas das sessões que discutiram o impeachment no Senado. Apenas lembro que outros crimes, relacionados ao Petrolão, estavam presentes na denúncia original de Hélio Bicudo, Miguel Reale Jr. e Janaína Paschoal — e foram retirados da denúncia por iniciativa de... Eduardo Cunha, num momento em que o deputado ainda negociava uma troca de favores com o Planalto.

130 *Luciano Trigo*

desastre do governo Dilma não a ela própria e suas escolhas, mas às propostas do candidato derrotado da oposição, Aécio Neves.

Esse enunciado tem a peculiaridade de, em certa medida, "rifar" a ex-presidente, ainda que negando a gravidade das suas mentiras de campanha e sua responsabilidade pelo caos em que atirou o país.

Ora, um candidato que se elege contando mentiras e, no dia seguinte à vitória, faz o contrário do que prometeu, elevando tarifas e cortando ou diminuindo gastos com educação e saúde, *cometeu, sim, estelionato eleitoral*. E é evidente que seus eleitores se sentirão — ou deveriam se sentir — torpemente enganados.

Na semana seguinte à reeleição, Dilma acreditou que bastaria alegar que fez o possível para adiar os efeitos da crise econômica nas camadas mais pobres da população. Não convenceu ninguém. Quando ficou explicitado o estelionato eleitoral, veio a surpresa: a população brasileira demonstrou que sua paciência tinha acabado.

Com seu otimismo habitual, o campo lulopetista não percebeu que, naquela eleição, o voto em Dilma Rousseff foi condicional: mais do que em qualquer outra eleição recente, ela estava sendo eleita com a condição de cumprir as promessas de campanha. Afinal de contas, vencera atribuindo aos adversários a intenção perversa de tomar medidas impopulares — que ela própria começou a adotar antes mesmo de iniciado o segundo mandato.

Os eleitores, em sua maioria, deram um crédito a Dilma porque preferiram acreditar na fantasia a aceitar a realidade apresentada pelos candidatos da oposição. Uma vez comprovada a falsidade de suas promessas, esse crédito seria sumariamente cancelado.

É importante enfatizar esse ponto, porque:

- se Dilma Rousseff estivesse falando a verdade na campanha eleitoral;
- se de fato o Brasil tivesse iniciado um novo ciclo de crescimento em 2015, como Dilma assegurava, garantia e prometia;
- se os repetidos alertas da oposição e de especialistas a respeito da maquiagem dos números e da erosão dos fundamentos da economia fossem falsos, alarmistas e pessimistas, como ela asseverava...

Dilma não teria caído. Simples assim. Faltariam as condições políticas para o impeachment, ainda que as condições jurídicas estivessem dadas.

Foi a crise econômica que a própria Dilma ajudou a provocar que selou o seu destino. Basta lembrar que Lula sobreviveu à igualmente grave crise do Mensalão graças aos bons ventos da economia, que lhe garantiam o maciço apoio popular (e também das elites: o próprio Lula reconheceu que os bancos nunca ganharam tanto quanto em seu governo), bem como a sustentação do Congresso Nacional.

Mesmo depois de dado como politicamente morto e de aparecer na TV chorando e pedindo perdão, Lula sobreviveu, também, por ter tido a sabedoria de respeitar minimamente o tripé macroeconômico herdado do governo Fernando Henrique Cardoso: regime de metas de inflação, produção de superávit primário nas contas públicas e adoção do regime de câmbio flutuante — tripé reconhecido como fundamental pelo seu próprio ministro da Fazenda — hoje delator de Lula —, Antonio Palocci, mais um líder petista preso pela Operação Lava-Jato.

Lula sobreviveu, por fim, pela inapetência da oposição para agir, oposição que alegadamente preferiu deixá-lo "sangrar" no poder até a eleição seguinte. Deu no que deu: surfando no *boom* das *commodities* e no crescimento absurdo da China, Lula reconquistou sua popularidade. Com seu carisma, no papel de uma espécie de animador de auditório que distribuía dinheiro para uma plateia embevecida de miseráveis, Lula não apenas foi reeleito em 2006 como elegeu Dilma Rousseff, considerada um "poste" até por lideranças petistas, em 2010 e 2014.

Dilma não teve a mesma sorte. Sem carisma, sem vocação para a política, sem um ministro da Fazenda competente e responsável e sem um contexto internacional favorável, viu armar-se à sua volta a tempestade perfeita.

Diferentemente do que aconteceu com Lula, agora eram as condições políticas para o impeachment que estavam dadas.

* * *

A elite econômica encarnada em Marcelo Odebrecht, Joesley Batista e outros *empresários guerreiros do povo brasileiro* nunca esteve tão bem quanto nos governos do PT, beneficiando-se de tenebrosas transações mesmo quando milhões de brasileiros humildes já estavam sentindo na pele as consequências da volta da inflação e do desemprego.

Ora, se as elites foram muito bem tratadas ao longo dos governos petistas — e foram —, elas seriam as primeiras interessadas em apoiar a perpetuação do partido no poder. Afirmar que "os ricos", que tiveram lucros descomunais ao longo do ciclo lulopetista, apoiaram um "golpe" porque não gostavam de ver pobre andando de avião, ou de ver a filha da empregada estudando na mesma escola que seus filhos, é fazer pouco da inteligência alheia.

Se o próprio campo da esquerda reconhece que...

- "[...] o PT adotou um *modus operandi* baseado no aparelhamento do Estado para fins privados e na corrupção";[*]
- "[...] uma vez conquistada a hegemonia da coalizão governante, tenham enterrado a pauta da participação popular e da gestão participativa direta;[**]
- "[...] Dilma [...] saiu desfilando com pastores e padres retrógrados assumindo compromissos neste campo. [...] Ao mesmo tempo, desviava de temas como democratização da mídia, reforma agrária".[***]

é muita hipocrisia insistir no discurso de que Dilma foi vítima de um golpe das elites. A verdade é que o governo do PT contou com o apoio irrestrito dos banqueiros, da Fiesp e outras entidades do gênero, até poucos meses antes do fim. A presidente só perdeu o apoio das "elites companheiras" quando ficou claro que ela estava conduzindo o país para o colapso econômico e que já não tinha condições de governar o país.

E, no entanto, é nesse tipo de argumento primário que insistem os adeptos da narrativa do golpe. É exemplar, nesse sentido, o artigo "Resistir

---

[*] Luis Felipe Miguel, "A democracia na encruzilhada", em: *Por que gritamos golpe? Para entender o impeachment e a crise política no Brasil*. São Paulo: Boitempo, 2016.
[**] Raquel Rolnik, "As vozes da rua: as revoltas de junho e suas interpretações", em: *Cidades rebeldes*. São Paulo: Boitempo, 2013.
[***] Renato Rovai, "Um golpe não é, um golpe vai sendo", em: Renato Rovai (org.), *Golpe 16*. São Paulo: Edições Fórum, 2016.

ao golpe, reinventar os caminhos da esquerda", de Guilherme Boulos e Vitor Guimarães, que inclui passagens como: "Para eles é intolerável ver negros e negras entrando na universidade e dividindo aeroportos e os mesmos bens de consumo. Que história é essa de direito para empregada doméstica?".[*]

Ou: "O antipetismo, como fenômeno sociológico, é síntese de antiesquerda, antigay, antifeminista, antinegro, antimovimento social".

A estratégia é clara: ao mesmo tempo que afirmam como motivação para o impeachment o "sentimento de ódio contra o PT", os autores estabelecem um laço indissociável entre o PT e a esquerda — e atribuem a todos os que não apoiam o lulopetismo o desprezo aos gays, aos negros, às feministas, aos movimentos sociais.

É uma lógica tão emaranhada que dá até preguiça interpretar.

Mas a intenção, muitas vezes, é exatamente essa: inviabilizar o debate por meio de raciocínios absurdos — e vencer os adversários pelo cansaço.

---

[*] Em: *Por que gritamos golpe? Para entender o impeachment e a crise política no Brasil.* São Paulo: Boitempo. 2016.

CAPÍTULO 5

A BONANÇA E A TEMPESTADE: O SENTIDO DOS PROTESTOS DE 2013

> *É uma criança essa nova classe média; mas uma criança perigosa, cheia dos ressentimentos dos déclassés, furiosa contra os livros que já não sabe ler e cujas lições já não garantem a ascensão social. Está madura para a violência.*
> OTTO MARIA CARPEAUX

> *A sabedoria começa quando damos às coisas os nomes certos.*
> CONFÚCIO

NA PRIMEIRA SEMANA DE JANEIRO DE 2013, a expectativa de crescimento anual, segundo a estimativa do *Boletim Focus*, era de 3,26% — índice que hoje parece espetacular. O desemprego era baixo. A inflação projetada de 5,49%, apesar de estar acima do centro da meta (4,5%), parecia sob controle. A taxa de juros Selic estava em razoáveis, para o padrão brasileiro, 7,25%.

Havia preocupações com o setor elétrico: em função da falta de chuvas, a situação dos reservatórios das hidrelétricas era delicada, com um nível próximo ao do apagão de 2001, sinalizando risco de racionamento. Nada que tirasse o sossego da presidente.

Uma das poucas jornalistas que não reforçava o discurso oficial de otimismo na economia era Miriam Leitão. Em sua coluna no jornal *O Globo*, ela alertava, já no dia 10 de janeiro:

> O ano começou com uma série de problemas para o governo. As manobras fiscais para que os números encontrassem a meta produziram um desgaste para além da área econômica [...] e o temor da falta de suprimento de energia pode afetar os investimentos. [...] Nas contas públicas, [...] todas as maquiagens juntas tiraram a confiança em índices importantes. Gasta-se tempo para saber o que é verdadeiro e o que é fruto da criatividade em cada número da Fazenda.

Mas, ainda que não contasse com o carisma e os talentos de seu criador, a presidente Dilma Rousseff era uma figura aprovada por uma maioria folgada de brasileiros nos primeiros meses de 2013, e não havia a mais remota possibilidade de desestabilização do seu governo.

Não se podia dizer o mesmo do governador de São Paulo, Geraldo Alckmin, que vinha sendo duramente criticado em função da crise da segurança pública no Estado. No dia 18 de janeiro, uma ONG chamada Nossa São Paulo, ligada ao PT, divulgou uma pesquisa sobre os paulistas e a violência. Segundo reportagem do jornal *O Globo*:

> [a pesquisa] aponta a segurança pública entre as maiores preocupações. O porcentual dos que acham a cidade insegura subiu de 89%, em 2011, para 91%, em 2012. De 1 a 10, a nota média dada ao quesito foi a menor desde o início da medição, em 2009 — caiu de 3,9, em 2011, para 3. O motivo mais citado foi a "violência em geral". Depois, "assaltos" e "medo de sair à noite". Para 60%, tanto a Polícia Militar quanto a Civil não são confiáveis.

Oded Grajew, ex-assessor especial de Lula e diretor da ONG, declarou ao jornal: "As pessoas têm medo de viver na cidade de São Paulo, elas não confiam no poder público. Então, a polícia que deveria proteger o cidadão, que deveria oferecer segurança, não é confiável para a grande maioria da população".

A crise de segurança era o contexto e o pano de fundo em que começava a se desenhar uma movimentação articulada contra o governo Alckmin pelo campo lulopetista.

O objetivo era um só: preparar o terreno para, nas eleições do ano seguinte, conquistar a tríplice coroa.

Lula e a cúpula do PT acalentavam um sonho: chegar ao final de 2014 com Dilma reeleita, Haddad (já eleito em 2012) prefeito e um petista governando São Paulo — o nome escolhido seria Alexandre Padilha, então ministro da Saúde. Ocupando ao mesmo tempo a prefeitura da maior cidade do país, o governo do maior estado do país e a presidência da República, o PT estaria mais fortalecido do que nunca — financeiramente, inclusive — para levar adiante seu projeto de perpetuação no poder.

O plano de desestabilização de Alckmin, que esteve na raiz dos protestos de junho, passou praticamente despercebido nas incontáveis análises que seriam publicadas na época das manifestações. Cabe aqui voltar um pouco no tempo.

No segundo semestre de 2012, teve início uma onda incomum de violência na capital e outros municípios do estado de São Paulo, caracterizando uma séria crise da segurança pública. Facções criminosas protagonizaram chacinas medonhas, levando o terror a diversos bairros da periferia da capital e de outros municípios, sem que o governo mostrasse poder de reação. A imprensa cobriu essa crise de forma rigorosa — como deve ser —, apontando a incapacidade e o despreparo da polícia de Geraldo Alckmin para lidar com a onda de violência e jogando no chão a popularidade do governador.

Ao mesmo tempo, começavam em cidades variadas do país os primeiros protestos contra o reajuste das tarifas dos ônibus. No Rio de Janeiro, em São Paulo, em Natal — cenário da autodenominada "Revolta do Busão" — e outras capitais, pequenas manifestações foram rapidamente dispersadas pela polícia, sem merecer mais do que pequenas notas em jornais. Mas algo maior estava em gestação.

Paralelamente, fundado em outubro daquele ano, o Fórum de Lutas contra o aumento das passagens reunia militantes de diferentes movimentos sociais do Rio de Janeiro. Novos atos foram organizados de forma esporádica na cidade, mas os manifestantes deram uma trégua quando o prefeito Eduardo Paes, a pedido do Planalto, decidiu adiar para 2013 o que seria o segundo aumento de 2012, de 2,75 reais para três reais.

Paes não foi o único prefeito a fazer isso. O adiamento do reajuste das passagens de 2012 para 2013 em municípios de todo o país ocorreu por pressão do governo federal, que, em ano de eleições municipais, lutava para não estourar a meta da inflação de 2012.

A consequência foi que diversas prefeituras aumentarem as tarifas represadas quase que simultaneamente, nos primeiros meses de 2013. Naturalmente, o reajuste da passagem foi maior, incorporando a inflação acumulada.

Com baixo crescimento econômico e inflação subindo, a estratégia que o Planalto encontrou para melhorar os indicadores não era cortar gastos, mas pedir a gestores municipais e estaduais que adiassem reajustes. O próprio governo federal vinha represando os preços da gasolina e do diesel havia bastante tempo, e esse tipo de artifício, associado à sensação de afrouxamento do controle fiscal, já começava a amedrontar os investidores.

Como era previsível, protestos voltaram a acontecer em janeiro de 2013 (em Taboão da Serra) e em fevereiro e abril (em Porto Alegre). Apesar de modestas em número de participantes, essas manifestações funcionaram como laboratório para os atos maiores que estavam sendo planejados, mas não apenas isso: serviram, também, para atestar a popularidade da pauta do transporte público junto à população.

Se outras manifestações associadas ao campo dito progressista, como a Marcha da Maconha, a Marcha das Vadias e a Parada Gay, costumam encontrar resistência na parcela mais conservadora da população, ninguém poderia ser contra a defesa de transportes (e outros serviços públicos) baratos e de qualidade. Por isso mesmo, a rejeição do cidadão comum a passeatas que levantavam essa bandeira era zero — e o potencial de adesão da classe média, altíssimo.

* * *

As manifestações de 2013 começaram atendendo a uma agenda secreta circunscrita — a desestabilização do governo Alckmin, preparando o terreno para a conquista da *tríplice coroa* — que garantiria ao PT poder e recursos materiais e simbólicos para consolidar seu projeto de poder a longo prazo, com a reeleição de Dilma em 2014 e a volta de Lula em 2018, possivelmente por mais oito anos.

Por isso mesmo, Padilha já começava a ser vendido, nos primeiros meses de 2013, como "o melhor ministro da Saúde da história deste país", isso por ter comandado o polêmico programa Mais Médicos — aquele que importou centenas de profissionais cubanos em um esquema de trabalho quase escravo. Com seu ar bonachão e seu jeito sorridente, Padilha encarnava, como aliás o então prefeito Fernando Haddad, um PT light e mais palatável às classes médias e às elites, ao menos na aparência e nos modos.

Por sua vez, o Movimento Passe Livre (MPL), responsável pela organização das primeiras manifestações (relativamente tímidas, com menos de 10 mil pessoas, mas já marcadas por uma violência incomum), também estava alinhado ao PT (ou aos seus puxadinhos) desde suas origens.

Hoje está claro que coletivos e outras entidades que tiveram um papel fundamental na primeira etapa das manifestações — Fora do Eixo, Catraca Livre, Mídia Ninja etc. — tinham vinculações inequívocas com o partido no poder, a ponto de seus integrantes aparecerem mais tarde, sem qualquer cerimônia, em fotografias abraçados com lideranças do partido e, em alguns casos, disporem de acesso livre aos gabinetes do poder e até salas em Ministérios.[*] Segundo o jornalista Lauro Jardim, da revista *Veja*, foram além: negociaram cargos no Ministério da Cultura.

Mas, à medida que milhões de brasileiros aderiram aos protestos e as ruas saíram do controle, o plano inicial desandou.

* * *

Apesar da alta popularidade da presidente Dilma, nem tudo eram flores no início de 2013:

- Em seus primeiros dois anos como presidente, o Brasil perdeu investimentos para a Rússia, a Turquia, o México e a Tailândia. E a

---

[*] "Grupo Fora do Eixo dá expediente no MinC antes da posse do novo ministro", *Folha de S.Paulo*, 12 jan. 2015. Disponível em: <http://www1.folha.uol.com.br/ilustrada/2015/01/1573759-grupo-fora-do-eixo-da-expediente-no-minc-antes-da-posse-de-novo-ministro.shtml>. Acesso em: 29 nov. 2017.

indústria brasileira reduziu a participação nas exportações, perdendo 14 bilhões de dólares;

- Uma manobra fiscal adotada pelo governo para fechar as contas de 2012 provocou um prejuízo bilionário para o Tesouro Nacional. O Planalto divulgou números maquiados da balança comercial de 2012, usando mais de 7 bilhões de reais de recursos do FGTS para forjar resultados;

- A Organização Internacional do Trabalho previu o aumento do desemprego no Brasil, com 500 mil novos desempregados em 2013;

- A presidente afirmou, em reportagem da revista *The Economist*, que seu governo incluiu 16,7 milhões de ex-miseráveis na classe média em sete meses. O truque era simples: aumentaram em alguns centavos a renda de famílias que recebiam setenta reais por pessoa: como um casal com três crianças com renda mensal de 350 reais ainda era classificado como "miserável" (até setenta reais por pessoa, segundo o critério da época), o programa Brasil Carinhoso acrescentou dois reais (sim, dois reais) a essa renda, e essa família deixou de ser oficialmente miserável.

(Parênteses: é evidente que a erradicação da miséria não pode ser reduzida ao acréscimo de dois reais na renda de uma família, nem à simples medição de uma renda familiar acima de determinado valor. O critério não pode ser exclusivamente monetário. Não é preciso ser economista para entender que, para afirmar que alguém saiu da miséria, outros fatores precisam ser levados em consideração: verificar se a pessoa tem condições de moradia, vestuário, educação, saúde e emprego para poder se sustentar. É claro que programas como o Bolsa Família trazem algum tipo de melhoria de vida a curto prazo, mas estes programas precisam ser entendidos como políticas emergenciais, que não alteram as causas estruturais da miséria.)

- Se dois reais bastavam para tirar uma família da miséria, uma única diária (5.039 reais, na época) do elegante hotel onde Dilma e sua comitiva se hospedaram em uma visita a Roma bastaria para tirar por um mês mais 2.500 famílias da condição miserável em que viviam. O hotel era o Westin Excelsior, no número 125 da via Vittorio Veneto, no centro de Roma. A viagem ocorreu dois dias antes da cerimônia oficial de entronização do papa Francisco e Dilma, que nunca foi exatamente católica, passou o domingo e a segunda-feira a turismo — gastando o dinheiro daqueles que consideravam a presidente uma campeã da distribuição de renda.

As despesas de Dilma e sua comitiva espantaram até mesmo jornais espanhóis, que deram destaque aos valores absurdos. Segundo o jornal espanhol ABC, em reportagem intitulada "O socialismo de Dilma Rousseff":

> A presidente do Brasil poderia ter ficado na embaixada, mas escolheu o hotel pois acreditava que ele facilitaria "o trabalho de rotina". [Ela] parece viver à margem dos ditames da austeridade e da pobreza de que o papa fala. Durante a sua estadia em Roma para assistir à missa de inauguração do pontificado do papa Francisco, Dilma revelou que o Governo do Brasil viaja em grande estilo.
>
> Em vez de ir para a embaixada do país em Roma, o que é normal em uma viagem desse tipo, [...] Rousseff reservou 52 quartos em um hotel de luxo e fez uso de dezessete carros em sua estadia de três dias no Vaticano. Neste estabelecimento, paga-se pela noite pelo menos setecentos euros, e 6 mil euros pela suíte.

- Dilma anunciou a desoneração dos produtos da cesta básica, mas depois disso, dos 125 preços da lista, o consumidor viu doze subirem e só sete caírem;
- Foi revelado que os gastos secretos da presidência ultrapassaram 17 milhões de reais em 2012;
- O presidente do PT, Ruy Falcão, sugeriu que *a imprensa livre poderia levar ao nazismo*. Ele afirmou que a mídia e setores do Ministério Público estavam tentando "interditar" a política e, por isso, deveriam ser combatidos pela militância petista. Segundo Falcão, essa imprensa, não subordinada à regulação do Partido, "abre campo para experiências que no passado levaram ao nazismo e ao fascismo";
- Os gastos com a Copa do Mundo de 2014 bateram nos 26 bilhões de reais, e a conta ainda não estava fechada: o próprio Ministério do Esporte avaliava que o número chegaria a 33 bilhões de reais — 85,5% em dinheiro público;

- Pela primeira vez em quinze anos, o índice de analfabetismo voltou a crescer no Brasil;
- Dilma usou somente 7% do Fundo Nacional Antidrogas em 2012 (21,6 milhões de reais dos 322,5 milhões de reais previstos, segundo a ONG Contas Abertas); usou somente 23% da verba disponível para segurança pública; mas gastou 6,6 milhões de reais em uma pesquisa de opinião.

* * *

Em 2013, depois de ter um visto de saída negado por seis anos, a dissidente cubana Yoani Sánchez, conhecida pelas críticas à ditadura em seu país, chegou ao Brasil no dia 18 de fevereiro. Foi hostilizada pela aguerrida militância do PT e do PCdoB do primeiro ao último dia de sua visita.

Já quando desembarcou, de madrugada, no aeroporto Guararapes, no Recife, membros de um tal Fórum de Entidades de Solidariedade a Cuba a receberam com gritos raivosos de "Fora, Yoani!".

Em Feira de Santana, na Bahia, a exibição de um documentário sobre a repressão, a violação de direitos humanos e a falta de liberdade de expressão em Cuba teve que ser cancelada, em função do tumulto provocado por um grupo de manifestantes. Em Brasília, convidada a visitar o Congresso, a blogueira foi igualmente hostilizada, e a bancada do PT ainda tentou justificar as agressões.

Yoani Sánchez foi detida inúmeras vezes em seu país por descrever as privações e violações aos direitos humanos do regime implantado por Fidel, em seu blog *Generación Y*. No Brasil de Lula e Dilma, ela também foi perseguida e censurada, dessa vez por ativistas do PT e do PCdoB.

Em todos os lugares por onde passou, Yoani foi impedida de falar por uma turba barulhenta de militantes que a xingavam com gritos estridentes, de "traidora" e "agente da CIA", para só citar os termos mais educados. Claques formadas por integrantes de "movimentos sociais" se agrupavam para confrontá-la nos eventos públicos.

Na Livraria Cultura, em São Paulo, mais um debate precisou ser encerrado prematuramente por falta de condições de segurança. Como nos atos organizados pela União da Juventude Socialista (UJS) em Recife, Salvador e Brasília, os manifestantes impediram Yoani de falar. Entre eles, chamou a atenção um jovem parrudo que afirmou que era "petralha mesmo, com muito orgulho", que o PT "roubava mesmo", mas queria que o partido ficasse "mais trinta anos no poder".

Mas não foi só isso. Segundo uma reportagem da revista *Veja*:[*]

> O que Yoani não sabe é que, apesar da distância que separa o Brasil de Cuba — 5 mil quilômetros —, ela não estará livre dos olhos e muito menos dos tentáculos do regime autoritário. Para os sete dias em que permanecerá no Brasil, o governo cubano escalou um grupo de agentes para vigiá-la e recrutou outro com a missão de desqualificá-la a partir de um patético dossiê. [...] O plano para espionar e constranger Yoani Sánchez foi elaborado pelo governo cubano, mas será executado com o conhecimento e o apoio do PT, de militantes do partido e de pelo menos um funcionário da Presidência da República.

* * *

O tema da redação do Exame Nacional de Ensino Médio (Enem) foi os movimentos imigratórios para o Brasil no século XXI. Um estudante escreveu, no meio de sua redação:

> Para não ficar muito cansativo, vou agora ensinar a fazer um belo miojo, ferva trezentos ml de água em uma panela, quando estiver fervendo, coloque o miojo, espere cozinhar por três minutos, retire o miojo do fogão, misture bem e sirva.

A redação foi considerada "adequada" pela banca de avaliadores, recebendo uma nota elevada. Outras redações contendo erros crassos de ortografia, como *trousse*, *enchergar* e *rasoavel*, receberam mil, a nota máxima.

Mas o pior do episódio veio depois. Em vez de assumir o erro, reconhecendo que os avaliadores *não leram* a redação, o MEC soltou uma nota afirmando que o aluno da receita do miojo *não fugiu do tema* nem teve a intenção de anular a redação, pois *não feriu os direitos humanos e não usou palavras ofensivas*.

---

* Robson Bonin, "PT vai distribuir dossiê contra blogueira Yoani Sánchez", *Veja*, 16 fev. 2013. Disponível em: <https://veja.abril.com.br/politica/pt-vai-distribuir-dossie-contra-a-blogueira--yoani-sanchez/>. Acesso em: 28 fev. 2018.

Ou seja, o que o MEC estava dizendo era que o critério de aferição de uma redação não era escrever bem e corretamente ou articular o pensamento de forma clara, mas não ferir os direitos humanos e não usar palavras ofensivas.

Nas redes sociais, também não faltou quem defendesse a nota alta dada ao estudante.

* * *

No panfleto "O decênio que mudou o Brasil", distribuído para comemorar os dez anos do PT no poder, afirmava-se que, naquele "decênio glorioso" (...) "o Brasil saiu da neocolonização para a prosperidade".

Para celebrar a data, foi também realizado um ato em São Paulo, com mil convidados e a presença de Lula e Dilma. Paulo Frateschi, secretário do PT, afirmou: "O objetivo é construir uma narrativa própria do PT, juntamente com seus militantes, sobre a chegada à Presidência da República".

Evidentemente, essa "narrativa própria" consistiria na exaltação das conquistas dos governos do PT e da negação de todo e qualquer dado negativo relacionado aos mesmos governos.

Já a narrativa imposta pela realidade era outra: baixo crescimento, maquiagem das contas públicas por meio da contabilidade criativa e de pedaladas fiscais, inflação persistente no teto da meta e desindustrialização acelerada. E ainda nem se sonhava com a Operação Lava-Jato...

* * *

Foi também no primeiro semestre de 2013 que ficou claro o tamanho da lambança — para usar um eufemismo — na compra da Refinaria de Pasadena pela Petrobras. Ainda não se sabia — a rigor, não se sabe até hoje — quais eram os pesos relativos da incompetência e da corrupção no negócio. Mas já se sabia que o prejuízo era enorme.

Resumindo a novela:

1) Em janeiro de 2005, a empresa belga Astra Oil comprou a refinaria americana Pasadena Refining System Inc., no Texas, por 42,5 milhões de dólares. Pasadena era considerada uma refinaria pequena e ultrapassada

(apelidada de "Laranjinha" por causa das marcas de ferrugem em sua estrutura), daí o preço relativamente baixo. O barato sai caro.

2) Ainda assim, um ano depois, os belgas conseguiram vender 50% da refinaria para a Petrobras, por... 360 milhões de dólares (!!). Um negócio da China: passaram adiante metade de uma refinaria obsoleta e enferrujada com mais de 1.500% de lucro. "Foi um triunfo financeiro acima de qualquer expectativa razoável!", comemorou um executivo da Astra, na época.

Isso já seria suficiente para que os responsáveis da parte brasileira do negócio — incluindo Dilma Rousseff, na condição de presidente do Conselho de Administração da Petrobras (além de ministra da Casa Civil do presidente Lula) — fossem investigados, no mínimo, por gestão temerária. Mas não parou aí.

3) Depois de fechada a compra, a área técnica da estatal apontou em parecer que os equipamentos de Pasadena eram impróprios para refinar o petróleo brasileiro, classificado como "pesado". Seria necessário, portanto, fazer um novo investimento, de 1,5 bilhão de dólares, só para adequar Pasadena às características da matéria-prima nacional. Mas ainda não chegamos na parte pior da história.

4) O contrato de compra e venda da refinaria incluía uma cláusula que *obrigava a Petrobras a comprar a metade restante dos belgas* — que já tinham garantida uma remuneração de 6,9% ao ano, mesmo em um cenário de prejuízo — caso as duas empresas se desentendessem.

É claro que se desentenderam. Em 2008, a Astra executou a Petrobras, exigindo o cumprimento da cláusula de litígio e o pagamento de mais 700 milhões de dólares pela sua metade da refinaria.

5) Ou seja: Pasadena inteira tinha custado 42,5 milhões de dólares à Astra. Os belgas venderam a primeira metade para a Petrobras por 360 milhões de dólares e, agora, exigiam pela segunda metade mais 700 milhões de dólares.

É claro que isso não podia ficar assim! A Petrobras foi à justiça nos Estados Unidos. E perdeu. E acabou tendo que pagar 820 milhões de dólares pela segunda metade de Pasadena, em vez de 700 milhões de dólares.

Dilma Rousseff fez cara de paisagem: mais tarde alegaria que foi "levada ao equívoco" por relatórios incompletos para autorizar a compra de Pasadena. José Sergio Gabrielli, o presidente da Petrobras na época, limitou-se a divulgar uma nota declarando que não havia nada de errado com a negociação.

O prejuízo foi entubado pelos acionistas da Petrobras e por todos nós, brasileiros que pagamos impostos. Até hoje, ninguém foi punido por mais esse escândalo. Mas, perto do que foi roubado na Petrobras ao longo do ciclo lulopetista, o prejuízo provocado por Pasadena foi até modesto.

Como dizia Mario Henrique Simonsen, "teria sido melhor pagar a propina e não fazer a obra" (ou não fechar o negócio): sairia muito mais barato para o contribuinte.

Pasadena foi apenas um exemplo de um modelo de gestão que aliava a corrupção sistemática à incompetência generalizada de diretores nomeados por critérios políticos para o comando da estatal que um dia foi um motivo de orgulho para os brasileiros.

Associada ao esquema de corrupção entranhado na empresa, uma década de gestão desastrosa da Petrobras começava a cobrar seu preço naquele início de 2013. Já em janeiro, segundo dados oficiais do Ministério do Desenvolvimento, Indústria e Comércio Exterior, as operações da Petrobras registraram um déficit de 3,77 bilhões de dólares, o pior da série histórica registrada pelo governo federal. Em apenas um ano, o endividamento líquido em reais tinha aumentado 43%. Em fevereiro, o endividamento bruto da empresa alcançou assombrosos 196,3 bilhões de reais.

O rebaixamento da classificação de risco por agências do setor já estava contratado. Entre as cinquenta maiores petroleiras do mundo, a Petrobras já era a segunda mais endividada, só perdendo para a russa Gazprom — coincidentemente, também mergulhada em um escândalo de corrupção.

Espantosamente, em março daquele ano, depois de ter anunciado um programa de contenção de despesas, a Petrobras contratou mais funcionários, aumentando sua folha de pagamento em 17,3%. Segundo a *Folha de S.Paulo*:[*]

---

[*] "Companhia aumenta gasto com pessoal apesar da queda no lucro". Disponível em: <http://www1.folha.uol.com.br/fsp/mercado/97105-companhia-aumenta-gasto-com-pessoal-apesar-de-queda-no-lucro.shtml>. Acesso em: 8 fev. 2018.

A estatal concedeu reajuste salarial acima da inflação e ampliou benefícios para seus empregados. Em apenas um ano, a folha subiu 17,3%, em termos nominais (sem considerar a inflação). Mesmo descontado o aumento dos preços, o índice é elevado, já que o IPCA de 2012 foi de 5,84%.

Na média, a despesa real da indústria com pessoal cresceu 4,3%, segundo o IBGE. De 2008 a 2012, a folha de pagamento total da Petrobras subiu de 12,9 bilhões de reais para 21,7 bilhões de reais — alta de 67,7%, mais que o dobro do IPCA do período (31,9%).

Enquanto isso, os acionistas da empresa, nos doze meses anteriores, tinham perdido 21% do capital investido.

Naquela altura, o valor de mercado da Petrobras já era inferior ao valor patrimonial da empresa, isto é, os investidores estavam dispostos a pagar pelo total de ações da Petrobras um preço menor que o total de ativos da companhia, incluindo suas reservas de petróleo, dinheiro em caixa, refinarias e plataformas.

Isso tudo considerando que, pelo menos no papel, a Petrobras ainda era lucrativa: a empresa registrou 21,18 bilhões de reais de lucro líquido em 2012, segundo os dados oficiais divulgados.

Quando estourasse o escândalo do Petrolão, esses cálculos teriam que ser refeitos.

* * *

As Jornadas de Junho começaram em São Paulo, com o apoio velado ou não tão velado da militância do PT e dos partidos ditos de esquerda.

Mas mesmo a revogação do reajuste das tarifas anunciada pelo governador Geraldo Alckmin e pelo prefeito Fernando Haddad — revogação temporária, já que poucos meses depois as passagens aumentariam bem mais que vinte centavos, como era inevitável — não tirou a população das ruas.

A indignação persistia, e aconteceu a surpresa: a revolta da população passou a se voltar contra aqueles que tinham apoiado a deflagração dos protestos.

Curiosamente, a maior de todas as manifestações ocorreu no dia seguinte ao cancelamento do reajuste, como mostra o gráfico abaixo.[*] A segunda maior

---

[*] Fonte: G1.

ocorreu dois dias depois. E elas continuaram acontecendo ao longo de todo o mês de julho, ainda que com uma participação popular bem mais modesta.

A forma como os primeiros protestos na capital paulista centravam fogo em Alckmin e poupavam Haddad era pouco menos que escandalosa.

Arquivos da cobertura da mídia estão disponíveis na internet para consulta, mas nem é preciso fazer um esforço de memória muito grande para constatar que, em sua primeira fase, quando ainda estavam formalmente focadas no combate ao reajuste de vinte centavos no preço das passagens de ônibus, as manifestações tinham um claro viés pró-petista.

Apesar de o MPL ser vendido como "apartidário" — o que era exaltado como uma virtude, vale lembrar —, ninguém tinha dúvidas sobre quem seria prejudicado e quem seria beneficiado pelas suas ações.

É preciso admitir que o governador tucano mordeu a isca de forma quase inocente, ao reagir às provocações com a ação violenta e desproporcional de uma PM despreparada e destemperada, contribuindo assim para o aumento do apoio da população de classe média aos protestos.

A imagem de policiais espancando (ou lançando gás de pimenta em) jovens idealistas não poderia ser pior para a popularidade de Alckmin. E assim os protestos passaram a combater, tanto quanto o reajuste das tarifas, a truculência da PM.

Como se não bastasse, Alckmin fez algumas declarações infelizes na mídia. No dia 18 de janeiro, um dia depois da divulgação de uma pesquisa que revelou que 91% dos paulistanos se sentiam inseguros, ele declarou, resignado: "É normal que isso ocorra".

Até ali, o enredo estava sendo encenado como o previsto, melhor até que a encomenda. Em algum momento, porém, o plano se voltou contra os seus criadores.

Os protestos contra o aumento das passagens se tornaram estopim de uma insatisfação nacional de proporções inimagináveis, que levou às ruas milhões de manifestantes em centenas de cidades brasileiras — e provocou um abalo irreversível tanto na popularidade da presidente Dilma quanto na imagem do país cor-de-rosa que ela vinha vendendo, com relativo sucesso, para a população.

Quando o Movimento Passe Livre perdeu sua ascendência sobre os manifestantes e seu papel de liderança nos protestos, Dilma e o PT deixaram de ser poupados pelas ruas e se tornaram seu alvo preferencial.

Foi então, em sua segunda etapa, que as Jornadas de Junho realmente saíram do controle: as ruas não tinham mais dono, nem uma agenda direcionada exclusivamente contra políticos da oposição. Crescia uma ojeriza difusa a todos os políticos e partidos — incluindo os autodenominados de esquerda, dentro ou fora do poder.

As contas tiveram que ser refeitas. O mesmo cálculo político que levara o campo lulopetista a apoiar os protestos agora o levava a dois comportamentos/estratégias diferentes e contraditórios, ainda que simultâneos e complementares:

1) Tentar transformar as manifestações descontroladas em "protestos a favor", como se os milhões de brasileiros indignados estivessem nas ruas para apoiar o governo Dilma e pedir "mais mudanças" — ideia que seria explicitada no slogan da campanha de Dilma à reeleição em 2014, "Muda Mais!". Embora, por ingenuidade ou má-fé, muitas pessoas tenham comprado essa tese, evidentemente, com o tempo, ela foi perdendo seu poder de persuasão.

Simplesmente porque *não existe protesto a favor*.

O recado que as ruas estavam dando era de clara rejeição à corrupção e à péssima qualidade dos serviços públicos, o que incluía em especial o governo federal.* Eram protestos *contra*, nunca *a favor*. Por isso mesmo, a popularidade de todos os políticos, de todos os partidos, caiu. Mas a popularidade de Dilma despencou, como mostram os gráficos a seguir.** E era ela quem mais tinha a perder.

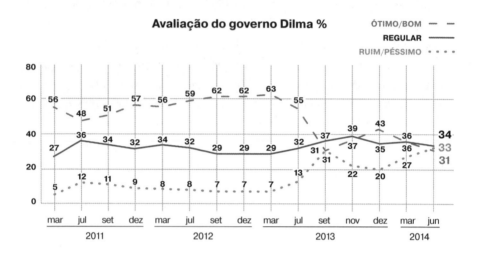

* Cf. minha entrevista com Eugênio Bucci sobre seu livro *A forma bruta dos protestos* (São Paulo: Companhia das Letras, 2016): "Houve claramente uma tentativa dos apoiadores do governo de se apropriar simbolicamente das manifestações, como se fossem um 'protesto a favor'. Como se a população estivesse na rua não para protestar, mas para apoiar o governo e pedir mais mudanças — leitura captada no slogan 'Muda mais!'. Você escreve que manifestações só podem ser do contra, mas concorda que isso aconteceu?". Bucci: "Concordo integralmente. É um ponto que desafia os analistas e também a inteligência e a sensibilidade. O sentido de uma passeata é ser contra. Por quê? Uma passeata quer conquistar a atenção dos que ignoram aquela causa, aquele movimento, aquele grupo que se manifesta. O que é a 'Parada Gay', se não uma forma de conquistar visibilidade para setores que se julgam discriminados? O que é a 'Marcha com Jesus', se não uma afirmação de uma religiosidade que se julga injustiçada ou não reconhecida? Aliás, o que pode haver de mais parecido com a 'Parada Gay' do que a 'Marcha com Jesus'? Pois uma e outra são contra um estado de coisas, que querem reverter, modificar, deixar no passado. Uma passeata a favor ou é um sintoma de totalitarismo ou é uma contradição em termos". Disponível em: <http://g1.globo.com/pop-arte/blog/maquina-de-escrever/post/politica-saiu-dos-protestos-com-o-filme-queimado.html>. Acesso em: 8 fev. 2018.
** Fonte: *O Globo*. Disponível em: <https://oglobo.globo.com/brasil/popularidade-do-governo-dilma-cai-para-36-revela-cni-ibope-12002059>. Acesso em: 8 fev. 2018.

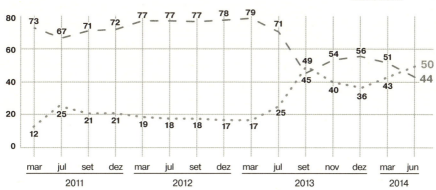

Aprovação da maneira de governar (%)

2) Tentar desqualificar e esvaziar as manifestações que seus próprios militantes apoiavam antes quando o alvo preferencial era Alckmin.

Isso se deu de diferentes maneiras. Quando ficou claro que os protestos tinham saído do controle do MPL e, por extensão, do campo lulopetista, e que a popularidade do governo Dilma estava se esfarelando rapidamente:

a) o mesmo campo que promoveu e exaltou os protestos "apartidários" passou a criticar a rejeição "fascista" à presença de bandeiras de partidos nas manifestações;

b) o mesmo campo que identificava nos protestos uma renovação da democracia passou a associá-los à defesa da volta da ditadura militar.

Essa mudança bizarra de discurso em relação aos protestos não impediu que muita gente bem-intencionada caísse na lorota. Repentinamente, protestar democraticamente nas ruas por melhorias nos serviços públicos e pelo fim da corrupção passava a ser percebido como uma "defesa do retrocesso".

O medo irracional de um retorno à ditadura militar — medo artificialmente provocado, já que esta era uma hipótese totalmente fictícia — voltaria a ser alimentado de forma exaustiva ao longo de 2014, tirando-se partido assim das toneladas de reportagens publicadas na grande imprensa a respeito dos cinquenta anos do golpe de 1964.

Um texto insuspeito publicado no site petista *Fórum*, já em março de 2016, reconheceu que a narrativa do golpe e o paralelo com a ditadura militar foram uma estratégia deliberada da "batalha narrativa". Para o autor, a adoção desse discurso por Dilma foi premeditada, de forma a reagir à pressão crescente das ruas e da oposição: com a Operação Lava-Jato se aproximando do Planalto e os indicadores econômicos piorando, era fundamental desviar o foco desses problemas, pelo menos até que estivesse garantida a reeleição em 2014.

Mais tarde, a analogia com o golpe de 1964 voltaria a ser empregada insistentemente como estratégia de defesa de Dilma no processo de impeachment. O problema era que, como foi dito acima, se esse estratagema funcionava junto aos militantes, provocava a hostilidade crescente de uma vasta parcela da população, que não admitia ser classificada como golpista. Era uma pregação que só alcançava os já convertidos.

Ainda que nos protestos pipocassem aqui e ali cartazes e débeis mentais pedindo a volta dos militares — em alguns casos comprovados, é necessário que se diga, agentes governistas infiltrados com o objetivo de desqualificar as manifestações —, ninguém com mais de dois neurônios poderia acreditar de boa-fé que o foco daqueles milhões de pessoas era pedir a volta da ditadura.

Por outro lado, a dinâmica das redes sociais contribuiu para o acirramento do discurso maniqueísta daqueles que apoiavam o governo. A lógica das redes opera por adesão: slogans simplistas, palavras de ordem reducionistas e frases de desqualificação prevalecem sobre posts mais equilibrados, que acabam sendo virulentamente rejeitados.

Na arena virtual, acabaram sendo amplificadas publicações de cunho preconceituoso, ou mesmo de apoio à volta da ditadura; exploradas pelo campo governista, umas e outras tiveram uma repercussão que foi muito além de suas minúsculas dimensões.

c) O governo tentou virar o jogo, ao anunciar uma série de medidas como resposta ao grito das ruas, incluindo a realização de um plebiscito para se criar uma Constituinte focada exclusivamente na reforma política (a ser conduzida, naturalmente, pelo governo do PT, e atendendo aos interesses do PT).[*]

Mas o próprio vice-presidente Michel Temer, na condição de constitucionalista, apressou-se a demonstrar que isso seria juridicamente inviável.

---

[*] Priscilla Mendes et al. "Dilma propõe 5 pactos e plebiscito para constituinte da reforma política", em: *G1*, 24 jun. 2013. Disponível em: <http://g1.globo.com/politica/noticia/2013/06/dilma-propoe-5-pactos-e-plebiscito-para-constituinte-da-reforma-politica.html>. Acesso em: 29 nov. 2017.

Entre outros "pactos" — palavra mágica que geralmente não dá em nada —, a presidente propôs um combate "contundente" à corrupção — isso enquanto a Petrobras continuava a ser saqueada sem dó nem piedade.

A resposta de Dilma aos protestos não fazia o menor sentido. Na época, no calor dos acontecimentos, publiquei no jornal *O Globo* o artigo "Por que é tão difícil entender?" (11 jul. 2013):

A crise que o país atravessa desde a eclosão dos primeiros protestos contra o aumento das passagens de ônibus tem três componentes articulados:

1. A sociedade quer transporte, saúde e educação de qualidade, pois ela paga caro por isso, por meio dos impostos, e não recebe em troca serviços públicos à altura. Simples assim. A sociedade não pediu nas ruas reforma política, nem plebiscito para eliminar suplente de senador.

2. A sociedade quer o fim da impunidade, pois está cansada de ver corruptos soltos debochando de quem é honesto, mesmo depois de condenados.

Acrescentar o adjetivo *hediondo* à corrupção de pouco adianta se deputados e ministros continuam usando aviões da FAB para passear e se criminosos estão soltos, alguns até ocupando cargos de liderança ou participando de comissões no Congresso.

3. A sociedade quer estabilidade econômica: para a percepção do cidadão comum, os vinte centavos pesaram como mais um sinal de que a economia está saindo do controle. A percepção do aumento da inflação é crescente em todas as classes sociais; em última análise, este será o fator determinante dos rumos da crise a médio prazo, já que não há discurso ou propaganda que camufle a corrosão do poder de compra das pessoas, sobretudo daquelas recentemente incorporadas à economia formal.

Esses problemas não são de agora, nem responsabilidade exclusiva dos últimos governos. Mas o que se espera de quem está no poder é que compreenda que a melhor maneira de reconquistar o apoio perdido é dar respostas concretas e rápidas às demandas feitas nas ruas (e não a demandas que ninguém fez). Não é isso que vem acontecendo: todas as ações da classe política parecem movidas pela tentativa de tirar proveito da situação e desenhadas para que tudo continue como está.

É bom que se diga que não são somente os políticos que espantam pela surdez diante dos gritos coletivos de irritação e impaciência, dos protestos que não têm dono nem liderança. A julgar pelo que se viu em algumas mesas da Flip, muitos intelectuais também se entregam com facilidade à tentação leviana e arrogante de transformar a crise não em oportunidade para um debate consequente, mas em pretexto para oportunistas e demagógicas tentativas de embutir suas próprias agendas secretas e pautas obscuras nas bandeiras das manifestações populares: a tal "crise de representação", por exemplo, se transformou em escudo para as propostas mais escalafobéticas, envolvendo extinção dos partidos e uma suposta "democracia direta".

Essa crise não será resolvida por palavras mágicas como *plebiscito* ou *reforma*, nem por manobras da velha política que fazem pouco caso da inteligência das pessoas, nem pela demonização da mídia, nem por espertezas toscas de bastidores, nem por tentativas de cooptação e de controle do movimento social, nem por frases de efeito.

As verdadeiras bandeiras da população que foi às ruas não têm nada a ver com guinadas à esquerda ou à direita, nem com palavras de ordem radicais ou fascistas, nem com a paranoia do golpismo. As verdadeiras bandeiras do grosso da população que foi às ruas têm a ver, isto sim, com um anseio urgente e definitivo por eficiência e ética na atuação de todos os políticos, de todos os partidos, de todos os poderes, de todas as esferas do poder. Aliás, todos são pagos para isso, com o nosso dinheiro.

Por que isso é tão difícil de entender?

E, no dia 23 de julho, publiquei um novo artigo na página de Opinião do jornal:

Ciladas para os Ninjas

Das primeiras manifestações do Movimento Passe Livre ao "casamento da dona Baratinha", dos protestos na Copa das Confederações ao quebra-quebra no Leblon, milhares de pessoas têm acompanhado a crise por meio do Mídia Ninja, um coletivo de jornalistas que transmite tudo ao vivo e sem cortes, do olho do furacão, usando smartphones e redes 3G.

Ainda que sua audiência seja pequena, a novidade aponta para uma mudança de paradigma nas coberturas de acontecimentos de massa.

Ocupando o vácuo deixado pelos canais de televisão, os ninjas conquistaram espaço não pela qualidade técnica de suas imagens, mas pela ousadia com que se metem em situações de risco para entrevistar manifestantes e policiais, expondo sem filtros a ação (ou omissão) do aparato repressor e ensejando um inédito grau de controle social sobre situações que, se dependesse da mídia "tradicional", nem sequer teriam sido divulgadas.

Isso posto, é preciso questionar a euforia com que muita gente se apressou a decretar o fim do jornalismo convencional, um morto sem sepultura atropelado pela revolucionária ação dos ninjas.

Para demonstrar a ingenuidade dessa tese bastaria lembrar que rigorosamente todos os escândalos que conspiraram para a insatisfação geral da sociedade foram investigados e denunciados por profissionais que apuram, ouvem diversas fontes, checam informações e passam pelos crivos da boa prática da profissão.

Mas a melhor lição para quem acha que nada disso importa e basta estar do lado certo para fazer bom jornalismo foi a entrevista de mais de uma hora que o Mídia Ninja fez com Eduardo Paes na última sexta-feira.

Uma coisa é interpelar pms despreparados no calor de uma manifestação, outra é entrevistar um político profissional: desinformados e fazendo perguntas sofríveis, os ninjas foram simplesmente jantados pelo prefeito. É evidente que isso não tira o mérito da cobertura dos protestos, mas convém baixar um pouco a bola: a falta de humildade é a primeira cilada que se apresenta para os ninjas.

Em longo texto divulgado nas redes sociais no dia seguinte à entrevista, em vez de se desculparem por perguntar se a Aldeia Maracanã será removida (?) e outras baboseiras, eles se limitaram a atribuir à demagogia do prefeito a culpa pelo péssimo trabalho que fizeram.

> Vale lembrar também que "Ninja" quer dizer "Narrativas Independentes, Jornalismo e Ação", ou seja, a independência é um componente fundamental da credibilidade e do capital simbólico do coletivo — em uma palavra, da sua imagem. Ser independente é também fator de potencial identificação com os milhões de brasileiros que foram às ruas, em parte, por não se sentirem mais representados pelos partidos constituídos.
>
> Ora, no último programa *Roda Viva*, na TV Cultura, o presidente nacional de um partido se referiu aos integrantes da rede Fora do Eixo, berço do Mídia Ninja, como "companheiros" que estão "próximos à gente", passando a impressão de que eles seriam uma ferramenta de articulação político-partidária. Nada haveria de errado nisso, mas a falta de transparência confunde as pessoas: esta é a segunda cilada.
>
> Num momento em que muita gente vive a sensação de estar sendo manipulada por cima e por baixo, pela esquerda e pela direita, por trás e pela frente, parece importante esclarecer qual é o verdadeiro grau de independência das narrativas do Ninja, que tanto tem impressionado pelo jornalismo e pela ação.

É importante lembrar que, já naquela altura, o Brasil real era muito diferente do país cor-de-rosa da propaganda oficial:

- a inflação era alta e renitente (sendo que a inflação dos alimentos chegou a alcançar assustadores 13,5%);
- as famílias comprometiam um quarto de sua renda, em média, com o pagamento de dívidas;
- o desemprego, principalmente entre os jovens, era alto, chegando a 16% em São Paulo;
- o Congresso estava desmoralizado com a indicação de réus condenados do PT para a Comissão de Constituição e Justiça e de um pastor homofóbico na Comissão de Direitos Humanos;
- uma petição com mais de 1,3 milhão de assinaturas contra Renan Calheiros na presidência do Senado foi solenemente ignorada;
- o Estado era pesado e ineficiente: os 39 ministérios de Dilma trabalhavam pouco e mal, mostrando-se incapazes de responder às aspirações do brasileiro comum.

Tudo isso gerou um descontentamento crescente, que ficou fora do radar do Planalto e das pesquisas de opinião: ambos falharam miseravelmente em captar a aproximação da tempestade.

Como a iniciativa de Dilma de propor "pactos", ainda que no primeiro momento tenha convencido alguns desavisados, tampouco deu certo — até porque boa parte das suas propostas, se não todas, jamais sairia do papel —, entrou então em cena uma nova tática para esvaziar as manifestações populares e tirar das ruas os milhões de brasileiros que, agora sim, compareciam de forma efetivamente espontânea, indignados com a roubalheira sistêmica e com a péssima qualidade dos serviços públicos, lutando por um Brasil melhor.

A nova tática era o acirramento deliberado da violência e do vandalismo.

Para isso recorreu-se aos *black blocs*, uma aglomeração de mascarados cujo método era simples: quebrar, depredar e destruir tudo que via pela frente — e em seguida, se o aparato policial reagisse de forma a proteger patrimônio público e privado, jogar a culpa na "repressão fascista" —, e o pior é que geralmente a imprensa dava razão aos *black blocs*.

A tática deu certo. Com a cumplicidade da mídia e com uma polícia que não estava exatamente preparada para lidar com essa situação inédita, o que se viu foi um crescendo de vandalismo e truculência que rapidamente afastou milhares de pessoas dos protestos.

Deu-se então um movimento duplo, que:

- por um lado, desqualificava os protestos como "antipetistas", ou direitistas, e,
- por outro, esvaziava os mesmos protestos por meio da radicalização de seus elementos que se identificavam com a tática *black bloc*.

Ou seja, ao mesmo tempo estimulavam a identificação das manifestações com o velho confronto entre oprimidos e opressores; e classificavam os próprios manifestantes como opressores, a depender da conveniência do momento. Seja como for, o número de manifestantes espontâneos diminuiu na mesma proporção em que aumentava o número de *black blocs* nas ruas.

É certo que, já nos primeiros protestos comandados pelo MPL, a violência se fez presente — mas nada que comprometesse a popularidade da causa ou colocasse em risco a simpatia do cidadão comum. Foi com a entrada em cena dos *black blocs* que isso mudou.

Mas, independente da interpretação que se dê à "tática *black bloc*", nada altera o fato de que, nas Jornadas de Junho, alguma coisa se quebrou, além das bancas de jornais, vitrines de lojas e agências bancárias.

Quebrou-se a percepção de um país próspero, pacificado e feliz, a Dilmolândia (sucessora da Lulândia, país de fantasia para o qual muitos ainda sonham voltar). O que aconteceu em junho de 2013 foi que a realidade começou a prevalecer sobre o faz de conta. O espelho deixou de refletir aquilo que o discurso oficial e governista dizia.

Sem os protestos que irromperam naquele mês e interromperam a vertigem ilusória de prosperidade, crescimento econômico, paz e justiça social, essa história toda teria sido completamente diferente.

* * *

O desafio de Dilma Rousseff em 2013 era estancar a inflação e impulsionar o crescimento, de forma a alavancar sua candidatura à reeleição no ano seguinte. Na prática, o que seu governo fez foi estancar o crescimento e impulsionar a inflação.

A partir da crise internacional de 2008 e sobretudo durante os governos Dilma, a economia brasileira se tornou o laboratório de um grande experimento socioeconômico condenado ao fracasso: a Nova Matriz Econômica. A consequência foi a destruição dos pilares de sustentação da estabilidade tão duramente conquistada pelo povo brasileiro.

"Nova Matriz Econômica" foi o nome pretensioso que se adotou para tentar dar aparência de unidade e sentido a um conjunto de medidas erráticas e *ad hoc*, incluindo subsídios bilionários a determinados setores e controle de preços (de tarifas de energia elétrica e combustíveis, principalmente), para tentar estimular o crescimento e controlar a inflação. A sanha da intervenção no mercado e da ingerência nos preços também alcançou diversos itens da cesta básica, sem atingir os resultados esperados.

A festejada redução nas tarifas de energia elétrica em um momento de escassez de energia foi o exemplo maior das medidas irresponsáveis tomadas por Dilma e seu ministro Guido Mantega, insustentáveis no médio prazo. A NME também incluiu gastos públicos cada vez maiores, favores a empresários amigos, desoneração da folha de pagamento e outras reduções seletivas de tributos que incidiam sobre a formação de preços de itens de consumo, uma medida abertamente populista, que teria um preço altíssimo em termos de equilíbrio fiscal.

E o pior é que essa política não surtiu efeito, nem no controle da inflação nem do estímulo ao crescimento. Apesar da maquiagem dos números, o PIB continuava baixo, e a inflação continuava alta, uma combinação perigosa e perversa. Os únicos índices (ainda) favoráveis eram os relativos ao desemprego, que nas crises são sempre os últimos a piorar — mas os mais difíceis de recuperar depois.

Vale a pena recapitular alguns momentos de referência no processo de ascensão e queda da Nova Matriz Econômica.[*]

No primeiro semestre de 2008, a economia brasileira estava bem, obrigado, com uma política monetária responsável, o real valorizado e crescimento consistente de receita, renda e investimentos.

Veio a crise internacional, e o governo Lula reagiu recorrendo aos bancos públicos, especialmente o Bndes, para expandir o crédito — política que funcionou a curto prazo.

Passada a crise, era hora de reverter essa estratégia, mas não: Dilma caminhou no sentido oposto, intensificando a oferta de crédito a empresas pelo Bndes e a pessoas físicas pelo Banco do Brasil e pela Caixa, estimulando o consumismo irresponsável e o endividamento das famílias.

A inflação crescia, ultrapassando em diferentes momentos o teto da meta de 6,5% — sendo que, no setor de serviços, a inflação oscilava entre 8% e 9%. Como a contrapartida da tolerância a mais inflação não foi a esperada recuperação do crescimento, em 2012 o governo expandiu ainda mais o crédito, baixando os juros dos empréstimos dos bancos públicos.

O consumismo e o endividamento se tornavam, cada vez mais, as molas da ineficaz política de estímulo ao crescimento econômico do governo Dilma. Era essa a essência da Nova Matriz Econômica, baseada em juros baixos, crédito barato e câmbio desvalorizado, além de outras medidas heterodoxas, como o aumento das tarifas de importação.

---

[*] Com base, entre outras fontes, nos dados apresentados no artigo "O trágico legado da Nova Matriz Econômica", de Leandro Roque, publicado no site *Mises Brasil* em 28 ago. 2015. Disponível em: <http://www.mises.org.br/Article.aspx?id=2120>. Acesso em: 29 nov. 2017.

O governo antecipou então a renovação dos contratos de concessão das empresas de geração e transmissão de energia, provocando uma crise das distribuidoras. A solução foi, mais uma vez, um remendo que custaria caro: o Tesouro passou a repassar recursos para as distribuidoras, mantendo artificialmente baixo o preço das tarifas.

Mas, quando os repasses tiveram que ser interrompidos, as tarifas de energia foram reajustadas, de uma só vez, em 58%, em média, chegando a 70% e mesmo 80% em algumas capitais.

Enquanto isso, a política de "campeãs nacionais" executada pelo Bndes — campeãs escolhidas a dedo, como a JBS dos irmãos Joesley e Wesley Batista — também foi intensificada, com o Tesouro transferindo recursos ao banco, que os repassava a grandes empresas, com juros de pai para filho, agravando ainda mais a situação das contas públicas e alimentando a inflação.

Foi nesse momento que as pedaladas se transformaram na principal ferramenta fiscal do governo Dilma. Incapaz de colocar as contas públicas em ordem, o comando passou a ser camuflar o caos iminente. O atraso dos repasses do Tesouro para bancos públicos, usado pontualmente por FHC e Lula, se tornou política permanente de governo, adotada de forma continuada e sistemática, e envolvendo valores cada vez mais elevados, como demonstram os gráficos abaixo, que falam por si:

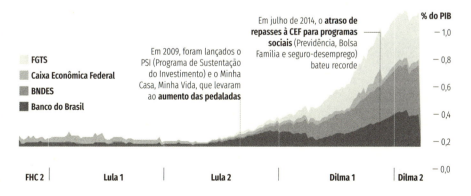

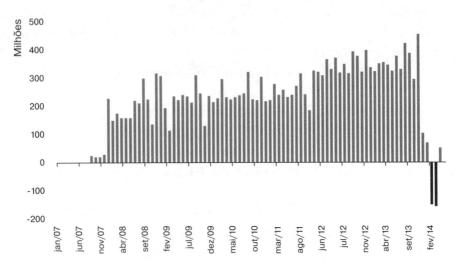

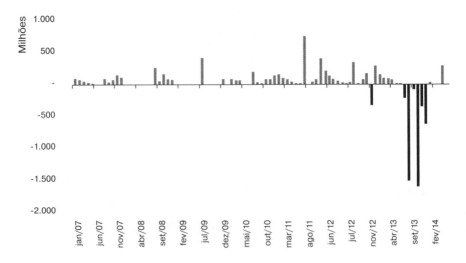

160 *Luciano Trigo*

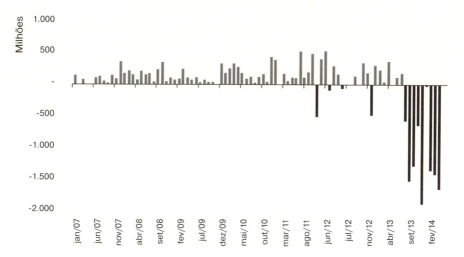

Seguro Desemprego (último dia do mês)

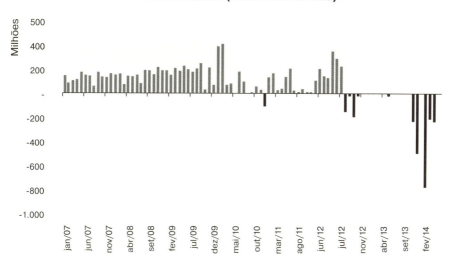

Bolsa Família (último dia do mês)

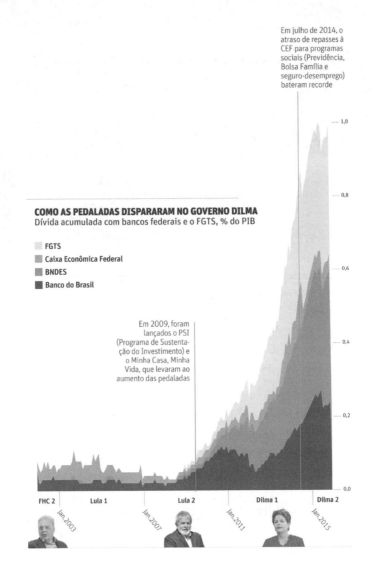

A eclosão de uma crise severa era uma questão de tempo: inflação crescente, descontrole das contas públicas, incompetência nas concessões de serviços (com tabelamento de lucros afugentando potenciais candidatos), desconfiança em relação às contas públicas, insegurança jurídica provocada pela quebra unilateral de contratos, descrença da classe empresarial e fuga de investimentos eram os ingredientes de uma receita explosiva.

* Fonte: *Folha de S.Paulo*.

Ainda que, por incrível que pareça, haja quem responsabilize o presidente Michel Temer pelos problemas que o país atravessa hoje, tudo isso aconteceu durante o governo Dilma. Em tempos de pós-verdade, é necessário registrar que:

- Após dez anos consecutivos de queda, o número de miseráveis voltou a crescer *já no final de 2014;*[*]
- Depois de darem repetidos sinais de alerta, as agências de classificação de risco rebaixaram o grau de investimento do país, em 2015;
- Depois de anos de represamento artificial, as tarifas da energia e dos combustíveis tiveram reajustes gigantescos, *também em 2015,* portanto, no governo Dilma.

A inflação arranhou os dois dígitos. Ao mesmo tempo, com a queda das vendas, a arrecadação de impostos caía, caracterizando um cenário de estagflação, com encolhimento da indústria e queda acentuada na renda da população, levando a um recorde de inadimplência.

O Planalto preferia bater na tecla da desqualificação de seus críticos, negando enfaticamente todas as evidências de deterioração das contas públicas. Mas a realidade não se curvava às vontades de Dilma, porque já faltava um ingrediente fundamental para o êxito de qualquer política econômica: a confiança dos agentes do mercado.

Os empresários já não acreditavam que, com a manutenção da política econômica de Dilma e Mantega, o crescimento voltaria. Logo passariam a acreditar que, com a manutenção de Dilma no poder, o crescimento não seria retomado.

Mas o objetivo maior do Planalto não era resolver de forma responsável os problemas do país, e sim acumular capital político para a campanha da reeleição que se aproximava. Superado o objetivo eleitoral, a presidente seria

---

[*] "Número de miseráveis cresce pela primeira vez no Brasil desde 2003", *Jornal Nacional*, 5 maio 2014. Disponível em: <http://g1.globo.com/jornal-nacional/noticia/2014/11/numero-de-miseraveis-cresce-pela-primeira-vez-no-brasil-desde-2003.html>. Acesso em: 29 nov. 2017.

obrigada a dar uma guinada na condução da política macroeconômica, adotando medidas ortodoxas e austeras para consertar o estrago provocado pela irresponsabilidade fiscal e pelo descaso com a inflação.

Como, para a maioria dos brasileiros, era mais fácil acreditar na fantasia de que o Brasil era o país das maravilhas, que voltaria a viver uma era dourada, o governo cavava com determinação cada vez maior a própria sepultura. Começando pelas desonerações desordenadas que beneficiaram "capitalistas amigos", a ordem era gastar e abrir mão de receitas para tentar aquecer a economia.

Parafraseando Renato Russo, era preciso "gastar como se não houvesse amanhã"; mas, para Dilma, o amanhã duraria pouco tempo.

O aumento de despesas públicas só funciona quando os gastos são bem alocados. Os efeitos desastrosos dessa política econômica — e da negação da realidade pela maioria dos brasileiros — não tardariam a ser sentidos. Era uma política que, apesar de populista, teria como consequência tirar do povo mais sofrido, uma a uma, todas as conquistas acumuladas desde a estabilização da economia, ainda na gestão de FHC, passando pelas políticas de redução da desigualdade social implementadas por Lula.

Quando a conta chegou, de pouco adiantou para os mais pobres poder comprar eletrodomésticos no crediário a perder de vista. Eles perceberam que, além de endividados, continuavam sem saúde, saneamento, educação, segurança e transporte. E não gostaram disso.

O aumento de renda das famílias mais pobres acumulado entre 2003 e 2011 seria jogado na lata de lixo. Todos os incluídos voltariam a ser excluídos. O Brasil chafurdaria no lamaçal de uma recessão de dimensões inéditas, como nunca antes se viu na história deste país.

Mas o governo do PT contava ainda com a continuidade da pilhagem sistemática a que foram submetidas a Petrobras, a Eletrobras, o Bndes e outras empresas e instituições estratégicas, transformadas em gigantescas máquinas de propina. Contava também com as manhas e artimanhas da contabilidade criativa, por meio de artifícios que camuflavam a rápida deterioração das contas públicas.

A arrogância e a teimosia de Dilma, por um lado, o palavrório e o otimismo de Mantega, por outro, se tornavam cada vez menos convincentes. Não foram poucos os economistas e jornalistas que apontaram a irresponsabilidade do governo ao adotar medidas que desestabilizariam a economia, encolheriam o PIB, afrouxariam os freios da inflação, piorariam a taxa de poupança e afastariam investidores.

Os críticos do governo tinham razão e falavam a verdade. O Planalto sabia que eles tinham razão, mas insistia na mentira — porque a mentira estava dando certo. Dilma terminaria 2013 com uma ainda confortável base de apoio popular — bem menor que a de um ano antes, mas ainda assim suficiente para encarar com otimismo a campanha eleitoral do ano seguinte.

E ela já contava com a repetição da estratégia que dera certo nas três eleições anteriores: dividir a sociedade brasileira, riscar uma linha no chão que separaria, mais uma vez, os defensores do povo das elites traiçoeiras.

Mas essa estratégia também começava a demonstrar sinais de fadiga.

* * *

No dia 7 de março, a nomeação do deputado Marco Feliciano, do Partido Social Cristão (PSC) — partido da base aliada de Dilma —, como presidente da Comissão de Direitos Humanos e Minorias da Câmara Federal foi cercada de controvérsias. Criou-se um clima de revolta generalizada, mas, na verdade, não podia haver notícia melhor para Dilma, o PT e sua militância virtual — sempre em busca de alvos para despejarem seu ódio, rancor e intolerância "do bem", e ao mesmo tempo desviar a atenção dos "malfeitos" do governo.

Em posts marcados com a *hashtag* "#maisamorporfavor" ou algo do gênero, milhares de internautas se dedicaram a execrar, agredir e ofender Feliciano, inclusive com comentários homofóbicos, enquanto a quadrilha instalada na Petrobras continuava saqueando tranquilamente o dinheiro e o futuro desses mesmos internautas.

Fato: Marco Feliciano na presidência da CDHM era mesmo algo ridículo. Sendo verdade o que já saiu no noticiário a seu respeito, o pastor condena a homossexualidade e já afirmou que:

- os negros foram alvo de uma "maldição" de Noé;
- foi Deus quem matou John Lennon;
- o sucesso de Caetano Veloso é obra do capeta.

Difícil imaginar alguém menos talhado para o posto; sua indicação era algo tão absurdo que até parecia feita de propósito para desviar a atenção dos problemas muito mais graves que o país atravessava.

Mas havia absurdos maiores, que contavam com o silêncio cúmplice daqueles mesmos militantes. Por exemplo, em fevereiro, o PT tentou assumir o comando da Comissão de Ética da Câmara, com o objetivo claro de tentar salvar os mandatos dos seus deputados condenados no julgamento do Mensalão. O nome indicado era o do deputado Sibá Machado. Não houve qualquer reação nas redes sociais.

Pior: em março, os réus do Mensalão José Genoino e João Paulo Cunha passaram a integrar a Comissão de Constituição e Justiça, considerada a mais importante da Câmara. José Genoino, condenado por corrupção ativa e formação de quadrilha, e João Paulo Cunha, condenado por corrupção ativa, peculato e lavagem de dinheiro, ingressavam na Comissão de Justiça da Câmara. De novo: nas redes sociais, ninguém achou ruim.

Ou seja, na guerra de narrativas, pastor na Comissão de Ética não pode, mas bandido condenado na Comissão de Justiça tudo bem.

Em condições normais, Feliciano na CDHM seria apenas um episódio bizarro de encaminhamento simples, com uma negociação interna conduzindo à renúncia do deputado ao posto. Mas, em um país dominado pela guerra de narrativas, o que interessava era o estardalhaço, o espetáculo, a histeria: as poucas sessões presididas pelo pastor foram marcadas pelo teatro já bem conhecido, com muitos gritos e cartazes de "Fora Feliciano!".

O ridículo da situação ficou exposto quando Feliciano concordou em renunciar à presidência da comissão, mas condicionando sua renúncia à saída dos mensaleiros da CCJ. Segundo o colunista do G1 Gerson Camarotti:[*]

> Diante de apelo do líder do PT, deputado José Guimarães (CE), para que deixe a presidência da Comissão de Direitos Humanos da Câmara, o deputado Marco Feliciano (PSC-SP) foi enfático. "Renuncio se João Paulo Cunha e José Genoino, condenados no julgamento do Mensalão, também renunciarem aos cargos que

---

[*] Disponível em: <http://g1.globo.com/platb/blog-do-camarotti/2013/04/09/feliciano-diz--que-renuncia-se-petistas-condenados-renunciarem/>.

> ocupam na Comissão de Constituição e Justiça." Os petistas Cunha e Genoino são membros titulares da CCJ.
>
> O apelo de Guimarães foi feito em reunião de líderes partidários com Feliciano para convencer o deputado a deixar a presidência da Comissão de Direitos Humanos. A resposta de Feliciano causou mal-estar e inviabilizou o prosseguimento da reunião.

Ainda sobre Feliciano, vale lembrar que o pastor foi um entusiasmado militante da candidatura de Dilma Rousseff à presidência junto ao eleitorado evangélico (da mesma forma, aliás, que Eduardo Cunha).

Feliciano não hesitou em usar a tribuna religiosa para defender Dilma, conclamando fiéis e outros pastores a votarem nela. Em um vídeo disponível no YouTube, o deputado-pastor aparece exaltando as glórias de Dilma em um culto; ele está usando uma camiseta com a frase: "Sou cristão e voto em Dilma".[*]

Feliciano foi, por fim, objeto de uma campanha homofóbica violenta nas redes sociais. Apesar de empunhar a bandeira da defesa da tolerância, milhares de MAVs[**] postaram fotos de Feliciano com legendas debochando do penteado do parlamentar e questionando sua orientação sexual, seguidas por dezenas de comentários do tipo "bicha", "diva", "bee" e "mona".

Cabe aqui uma digressão.

A pior intolerância é a que se traveste de defesa da tolerância. A defesa das minorias nunca foi uma bandeira incondicional entre a militância lulopetista. Ela é apenas mais uma arma tática, a ser sacada quando convém:

- um homossexual só será defendido se isso servir aos interesses do partido; caso contrário será alvo de uma intolerância ainda pior, porque mais cínica;

---

[*] Disponível em: <https://youtu.be/Go6rD4xGli8>. Acesso em: 29 nov. 2017.
[**] MAV é a sigla para Militância em Ambiente Virtual. No plural, a sigla designa os militantes que infestam as caixas de comentários em portais de jornalismo, redes sociais e blogs. Em 22 de outubro de 2014, o jornalista Julio Daio Borges publicou no site Digestivo Cultural um artigo muito útil, "Como detectar MAVs (e bloquear)". Disponível em: <http://www.digestivocultural.com/colunistas/coluna.asp?codigo=3981&titulo=Como_detectar_MAVs_(e_bloquear)>. Acesso em: 29 nov. 2017.

- um negro só será defendido se isso servir aos interesses do partido; caso contrário, terá negada até mesmo sua condição de negro — e os exemplos aqui são inúmeros, do ministro do STF Joaquim Barbosa, chamado de "capitão do mato", ao vereador paulistano Fernando Holiday, que precisaria "aprender a ser negro", segundo um blog governista;
- uma mulher só será defendida se isso servir aos interesses do partido; caso contrário, será atacada violentamente em suas escolhas — bastando lembrar que a primeira-dama Marcela Temer foi alvo de chacota dos MAVs por ter sido descrita em uma reportagem como "bela, recatada e do lar";
- até mesmo uma vida humana só será defendida quando isso servir aos interesses do partido; quando um cinegrafista da Band foi assassinado por um rojão disparado por um *black bloc*, a primeira reação dos MAVs foi — com auxílio de alguns jornalistas irresponsáveis, diga-se de passagem — *atribuir o crime à polícia*, com milhares de manifestações exaltadas nas redes sociais; mas, uma vez revelada a autoria verdadeira do crime, essas mesmas pessoas passaram a relativizar a morte do cinegrafista, chegando a colocar a culpa na emissora.

Outro exemplo: quando um bandido morre em confronto com a polícia, frequentemente se transforma em mártir da burguesia petista, mas quando policiais morrem diariamente, vítimas de traficantes e outros bandidos, esses ativistas virtuais não demonstram a menor indignação. Para essas pessoas, até mesmo o valor da vida e da morte é relativo, é condicional, é atrelado aos interesses do partido.

Contra traficante ninguém faz protesto. Contra traficante, nenhuma atriz ou modelo famosa posta foto com *hashtag* lacradora; contra traficante, nenhum artista ou cantor progressista manifesta indignação.

Não se engane, leitor integrante de uma minoria qualquer: na primeira oportunidade, no primeiro questionamento, você também seria dizimado, na base do grito, do achincalhe moral, da intimidação, do constrangimento, do isolamento social, do assassinato de reputação e, se necessário for, da violência física. Matar e esfolar se tornaram práticas rotineiras entre as pessoas que se julgam "do bem".

Por tudo isso, a verdade é que, na guerra de narrativas, quanto mais Marcos Felicianos aparecerem, melhor para os intolerantes do bem: personagens exóticos são os pretextos ideais para o exercício do discurso de uma tolerância raivosa, usado para camuflar a corrupção, a irresponsabilidade e a incompetência de um partido que se dizia popular — sempre com o apoio, é claro, de intelectuais e artistas de "esquerda".

O campo então governista não estava nem nunca esteve interessado em acabar com a discriminação, simplesmente porque seu projeto *vive da discriminação* — da mesma forma que o campo então governista não queria nem nunca quis acabar com a pobreza, porque seu projeto *vive da pobreza*.

De maneira análoga, interessam àquele campo personagens que encarnem uma direita caricata, como Marco Feliciano e Jair Bolsonaro, porque seu partido *vive da exploração da memória da ditadura*, e de apontar o dedo acusatoriamente para todos que não sigam a sua cartilha.

Por contraintuitivo que isso possa parecer, a discriminação, a pobreza e o medo dos militares foram algumas das precondições para o exercício permanente de um discurso que, ao longo de quase catorze anos, afirmando deter a exclusividade do bem, pregou o extermínio simbólico de todos os adversários, por supostamente representarem o mal e o retrocesso. Ao mesmo tempo, auxiliou corruptos a se perpetuarem no poder, com o apoio inocente e bem-intencionado (ou não) da juventude doutrinada na Escola com Partido.

Apresentar Felicianos e Bolsonaros como se eles fossem a única alternativa ao PT e atribuir os protestos contra Dilma aos malucos que pediam intervenção militar ou a volta da monarquia faziam parte da mesma estretégia.

Felicianos e Bolsonaros eram as galinhas dos ovos de ouro para o campo lulopetista. Sem eles, sua narrativa não teria como prosperar; sem narrativa, o campo lulpetista perderia sua razão de ser.

Capítulo 6

A Escola com Partido: Gramsci e Althusser com os sinais trocados

A crença de que é necessário começar pelas crianças se se pretendem produzir novas condições tem sido monopólio principalmente dos movimentos revolucionários com tendências tirânicas, movimentos esses que, quando chegam ao poder, retiram os filhos aos pais e, muito simplesmente, tratam de doutriná-los.
Hannah Arendt

Nunca na história do Brasil alguém foi tão perseguido quanto o Lula, entendeu? Tu pode ter as tuas opiniões da Veja, da porra do Jornal Nacional. Mas fique pensando nisso. Se você concorda com isso que tá acontecendo, daqui a dez anos, quando você for ler os livros de história dos teus filhos, vai estar lá, e você vai dizer: Eu apoiei o golpe no Brasil, entendeu? Esquece esse papo de corrupção, que isso é só propaganda para otário cair. Ninguém vai combater corrupção puta que pariu nenhum (sic). O que está em jogo aqui são dois projetos de poder. O projeto da Globo e o projeto do PT. Eu aposto no PT porque o PT transformou o Brasil para melhor. A Globo quer mandar no Brasil, quer esculhambar o Brasil, quer levar o Brasil à guerra civil, sei lá o quê.

*Esse juizinho de merda do Paraná, vou repetir, esse juizinho de merda
do Paraná é um bandido, porque o cara que vira capa da* Veja *é um
bandido, não tem jeito. (risos dos alunos, exclamação de "Muito bom!")*
PROFESSOR EM SALA DE AULA DE UMA ESCOLA COM PARTIDO[*]

PARA SE ENTENDER A GUERRA DE NARRATIVAS, alguns pensadores marxistas
são fundamentais. O primeiro, o italiano Antonio Gramsci, já foi citado diversas vezes, sempre que se evocou o conceito de *hegemonia*, já anteriormen-
te presente na teoria marxista, mas por ele aprimorado, e o de *Escola com
Partido*, de minha lavra, até onde sei.

O pensamento do sociólogo francês Pierre Bourdieu também tangen-
cia e atravessa a análise que será feita a seguir, sobretudo no emprego que
ele faz dos conceitos de "campo" e "reprodução". Já o americano Noam
Chomsky será lembrado pelo mapeamento que fez das estratégias de manipulação da sociedade. Por fim, o filósofo francês Louis Althusser, que merece uma reflexão à parte.

A ideia aqui é mostrar como as ideias formuladas por esses pensadores
podem se voltar contra o próprio campo da esquerda no qual elas foram con-
cebidas, bastando inverter seus sinais.

Althusser costuma ser mais lembrado hoje pelo episódio trágico de ter
estrangulado sua mulher em um surto psicótico[**] que por sua original contribuição à teoria marxista. Mas, na década de 1980, ainda em plena ditadura
militar, era leitura obrigatória, nos cursos de graduação em ciências humanas
das universidades brasileiras, um livrinho seu intitulado *Ideologia e aparelhos
ideológicos de Estado*. Revisitado hoje, o ensaio de Althusser revela impressionante atualidade.

Althusser começa chamando a atenção para a necessidade — de todo e
qualquer governo ou modo de produção — de garantir a reprodução de suas
condições de existência. Ele não se refere somente a garantias materiais: é

---

[*]   Disponível em: <https://youtu.be/PtAN38LY5gY>. Acesso em: 29 nov. 2017.
[**] Cf. Feliciano Fidalgo, "El filósofo Louis Althusser se autoacusa de haber estrangulado
a su esposa", *El País*, 18 nov. 1980. Disponível em: <https://elpais.com/diario/1980/11/18/
ultima/343350003_850215.html>. Acesso em: 29 nov. 2017.

172 *Luciano Trigo*

sobretudo por meio da assimilação pelo imaginário coletivo de uma determinada "consciência", de uma mentalidade, de uma maneira de perceber o mundo, em uma só palavra, de uma *ideologia*, que se tornam possíveis a reprodução e a perpetuação de um pensamento hegemônico.

Nas palavras do autor, ideologia é um "sistema das ideias e representações que domina o espírito de um homem ou de um grupo social". E é graças à ação dos aparelhos ideológicos de Estado que a classe explorada se mantém, voluntariamente, em sua condição de classe subalterna.

A palavra-chave aqui é *voluntariamente*: a adesão ao conjunto de valores dominante se dá sem qualquer tipo de coerção, mas por meio da introjeção e da naturalização desses valores.

O processo contínuo de persuasão operado por meio dos aparelhos ideológicos de Estado — como a escola e a Igreja — é, nesse sentido, mais importante e eficaz que a repressão exercida pelos aparelhos de Estado propriamente ditos, como a polícia e o exército.

Althusser aprimora o conceito de ideologia de duas maneiras:

1) Ele refina a definição clássica da ideologia como *representação imaginária das relações dos indivíduos com as suas condições reais de existência*: segundo Althusser, as concepções de mundo e o entendimento do indivíduo sobre seu papel na sociedade são determinados pelo contexto cultural e por condicionantes religiosos, morais, jurídicos e políticos.

No mais das vezes, essas concepções e esse entendimento são falsos e não correspondem à realidade dos fatos:

> [...] toda ideologia representa, na sua deformação necessariamente imaginária, não as relações de produção existentes (e as outras relações que delas derivam), mas antes de mais nada, a relação (imaginária) dos indivíduos com as relações de produção e com as relações que delas derivam.

Em outras palavras, na ideologia o que é representado não é o sistema das relações reais que governa a existência dos indivíduos, mas a relação imaginária desses indivíduos com as relações reais que atravessam sua existência. Esta é a apresentação simbólica da ideologia enquanto um sistema de ideias (falsas) que atua na imaginação, na compreensão da realidade ou na representação do mundo.

2) Mas Althusser também entende a ideologia como tendo uma existência concreta, por meio da materialização dos interesses de um determinado grupo, que pretende conquistar o (ou se manter no) poder.

Trata-se, aqui, não de um conjunto de ideias ou valores, mas de um conjunto de práticas e ações concretas.

Ou seja, a ideologia não se reduz, como sugere o senso comum, à simples expressão de um conjunto de ideias e valores; ela se efetiva em práticas sociais inscritas em instituições concretas, reguladas por rituais diversos, no seio dos aparelhos ideológicos do Estado.

Práticas sociais só existem por meio da ideologia, e a ideologia só existe em função das pessoas reais e por meio delas: "Toda ideologia tem como função que a define 'constituir' os indivíduos concretos em sujeitos".[*]

No Brasil, o campo da esquerda entendeu que é imperativo reproduzir não apenas as condições objetivas que permitam a continuidade de um projeto de sociedade, mas também — e principalmente — as relações subjetivas e simbólicas que se estabelecem, no campo da narrativa, entre governantes e governados, entre indivíduos e instituições, entre cidadãos e seus pares.

A reprodução das relações materiais de produção não acontece sem a reprodução dessas relações simbólicas — da mesma maneira que não acontece sem a garantia objetiva da reposição da força de trabalho, por meio do salário e das mínimas condições necessárias para a subsistência do trabalhador.

Desafiando a convenção de que são as condições econômicas concretas — a infraestrutura, no jargão marxista — que determinam, em última instância, as relações subjetivas — *a superestrutura*, que se manifesta na vida cultural e, para usar uma expressão de Bourdieu, na "economia das trocas simbólicas" que se estabelece entre as pessoas, Althusser afirma que aquilo que se passa no nível material é um efeito das condições subjetivas e simbólicas que estruturam as relações sociais.

Ou seja, ele inverte a relação de causa e efeito: as relações de circulação do capital, os meios de produção e consumo, a realização da mais-valia etc. passam a ser entendidos como consequência (e não causa) de um determinado

---

[*] Paul Ricoeur. *A ideologia e a utopia.* Autêntica, 2017. Aula nº 9.

conjunto de representações que prevalece na cabeça das pessoas em uma determinada sociedade, em um determinado momento: são decorrência de uma *ideologia*, que determina o imaginário coletivo de um grupo social.

Mas como se consolida esse conjunto de representações em uma estrutura social qualquer, pergunta Althusser?

Ele fornece a resposta já na página 20 (da edição portuguesa) de seu livro:[*] "[...] através do sistema escolar capitalista e outras instâncias e instituições".

Ora, substitua-se o adjetivo *capitalista* pelo adjetivo *lulopetista*, e se tem um diagnóstico preciso da situação consolidada na última década e meia no Brasil: a *Escola com Partido* foi a ferramenta fundamental para a ascensão e a manutenção no poder do campo associado ao PT.

Althusser elabora uma reflexão fundamental sobre a escola como aparelho ideológico de Estado que inculca e reproduz os valores que interessam ao capitalismo. Mas, invertendo-se os sinais, essa reflexão pode ser perfeitamente aplicada à Escola com Partido como ferramenta fundamental para o êxito do projeto de poder do PT.

Até porque, por natureza e definição, toda ideologia, e não apenas a ideologia associada ao capitalismo, mascara e manipula a representação da realidade, de forma a beneficiar o grupo que busca alcançar o (e, posteriormente, se perpetuar no) poder.

A escola é apenas um entre os aparelhos ideológicos de Estado descritos por Althusser, mas era considerado o mais importante deles (como outrora tinha sido a Igreja) já na época em que seu livro foi publicado, no final da década de 1960.

Segundo o filósofo francês, o sistema educacional realiza duas funções importantes para a sociedade burguesa: *a reprodução da cultura e a reprodução da estrutura de classes*. Essas funções se realizam por meio de um projeto pedagógico de massa, que inclui um processo de doutrinação e alienação coletivas colocado em prática ao longo de todo o ciclo escolar.

Mas isso também vale para a esquerda quando ela se empenha para estabelecer uma nova hegemonia.

---

[*] *Ideologia e aparelhos ideológicos de Estado*. Lisboa: Editorial Presença, 1980.

Prossegue Althusser: "Ora, o que se aprende na escola? [...] A escola ensina também as 'regras' dos bons costumes: [...] regras da moral, da consciência cívica. [...] regras de respeito pela divisão social-técnica do trabalho, pela ordem estabelecida, pela dominação de classe".

Procede-se assim uma...

> [...] reprodução da submissão [...] às regras da ordem estabelecida, isto é, uma reprodução da submissão [...] à ideologia dominante, [...] a fim de que possam assegurar também, "pela palavra", a dominação da classe dominante.
> Por outras palavras, a escola (mas também outras instituições de Estado como a Igreja [...] ensina saberes práticos, mas em moldes que asseguram a sujeição à ideologia dominante. [...] Todos [...] devem estar de uma maneira ou de outra "penetrados" dessa ideologia, para desempenharem conscienciosamente a sua tarefa, quer de explorados [...], quer de exploradores [...]

É preciso insistir: no Brasil, esse processo não começou com a chegada de Lula ao poder, em 2003. Ao longo das últimas três ou quatro décadas, nas salas de aula, seja nas escolas e universidades públicas, seja nas privadas, a ideologia dominante sistematicamente difundida tem sido a da esquerda. Aqui não vai sequer uma crítica: é uma mera constatação.

Antes mesmo da ascensão do PT ao poder, os corações e as mentes de sucessivas gerações de estudantes foram preparados para a futura conquista e ocupação do Estado. E, da mesma forma que esse condicionamento é anterior à chegada do PT ao poder, ele se prolongará por um longo tempo após a saída do PT do poder, com efeitos que ainda se farão sentir por muitos anos.

Esse processo de apropriação da escola e da universidade como ferramentas do embate político, como lugar de doutrinação, como aparelho ideológico em suma, não é exclusividade do Brasil do PT, mas aqui apresentou algumas peculiaridades.

Althusser fala do aprendizado da *consciência cívica*; na novilíngua petista, *civismo* foi uma das palavras que, associadas à ditadura, se transformaram em palavrão.

Coerentemente, a disciplina Educação Moral e Cívica que fazia parte dos currículos do ensino básico (com algumas variações na nomenclatura da matéria) foi abolida no processo de redemocratização.

Mas não se aboliu apenas uma disciplina escolar — fundamental para a formação das crianças por lhes ensinar, por exemplo, que a cada direito corresponde um dever, lição que não se aprende mais nas salas de aula. A própria ideia de civismo como um valor positivo foi eliminada: o civismo, da mesma forma que a meritocracia, passou a ser percebido como algo negativo.

Ora, não há projeto de nação que possa dar certo sem civismo — que pode ser definido como o "conjunto de atitudes e comportamentos que os cidadãos manifestam cotidianamente, na defesa de determinados valores, deveres e práticas em prol do interesse de todos".

Mas não foi só isso: a própria ideia de moral, que fazia par com a ideia de uma educação cívica, foi relativizada e distorcida a tal ponto que o próprio combate à corrupção empreendido pelo Ministério Público e pela Polícia Federal passou a ser desqualificado como "moralista" por parte dos militantes narrativos.

"Moralista", no sentido negativo da palavra, também passou a ser considerada qualquer defesa da família, da disciplina, do sacrifício, da autoridade, da lealdade, da honestidade, em suma, de quaisquer instituições e valores identificados como conservadores.

Aos olhos dos estudantes formados na Escola com Partido, a ética passou a ser percebida como coisa de pequeno-burguês, e o carimbo de "moralista" na testa de quem defende a Operação Lava-Jato, por exemplo, se torna mais vergonhoso que o carimbo de "corrupto" na testa de determinados políticos "do bem" — que hoje estão na Papuda ou usando tornozeleira eletrônica, mas que continuam sendo cultuados como heróis da revolução (José Dirceu, Delúbio Soares, José Genoino etc.).

Na guerra de narrativas, o que importa é estar do lado ideologicamente correto. Não interessa o que se faz, mas de que lado está quem faz. Quem é "do bem", isto é, quem se alinha ao campo lulopetista, pode mentir, roubar, vandalizar, corromper etc. Tudo será justificado e perdoado.

* * *

Contemporâneo de Althusser, Pierre Bourdieu aprofundou a investigação dos mecanismos de replicação das estruturas sociais por meio do sistema de ensino, além de refletir sobre os signos de *distinção* que são transmitidos de geração a geração pelas elites sociais, econômicas e culturais, garantindo a perpetuação de uma determinada estrutura de classes e de uma determinada divisão de papéis sociais.

Na década de 1970, o sociólogo se empenhou em demonstrar que toda sociedade se estrutura como um sistema de relações de força, materiais e simbólicas, entre grupos e classes sociais — sistema no qual os indivíduos são pouco mais que marionetes das estruturas dominantes.

O livro mais famoso de Bourdieu se intitula, justamente, *A distinção*, no qual se estabelece, de forma engenhosa e convincente, uma correlação entre classes sociais e práticas culturais, de maneira a revelar as relações de poder e dominação implícitas nas trocas culturais — e também a *violência simbólica* que pode estar presente até mesmo nas maneiras de se vestir, ouvir música ou apreciar uma obra de arte.

Bourdieu criou o conceito de *violência simbólica* para descrever, justamente, o processo de formação da opinião pública pelo sistema de ensino, pelos meios de comunicação de massa, pelo discurso religioso, pela fala dos artistas etc.

Nesse contexto, privadas de força material (capital econômico) e de força simbólica (capital cultural), as classes dominadas não têm como escapar da imposição de ideias e valores da classe dominante, por meio de uma ação pedagógica planejada. Nesse sentido, a educação não age como um fator de superação da dominação, e sim como um fator que reforça o *status quo*, de maneira que as classes dominadas assimilem como naturais os valores e ideias das classes dominantes.

Mas, se o Estado francês contra o qual Althusser e Bourdieu se insurgiram estava nas mãos do grupo identificado com a burguesia conservadora, o Estado brasileiro esteve, ao longo de quase catorze anos, nas mãos de outro campo, o do lulopetismo populista — ainda que, pelas circunstâncias do presidencialismo de coalizão que vigora no Brasil, o PT precisasse se aliar ao PMDB e outros partidos à sua direita, em um consórcio que garantisse condições mínimas de governabilidade.

É na escola que se aprende a ideologia *dominante*, seja ela de esquerda ou de direita — mas essa ideologia nem sempre corresponde à ideologia da classe *dirigente*.

Da mesma forma que, para Althusser, a escola serve para moldar a mente do estudante, seja ele rico ou pobre, nele inculcando pensamentos e valores de submissão e conformidade ao sistema burguês e contribuindo para a manutenção da burguesia como classe dominante, a escola também serviu e continua servindo para inculcar pensamentos e valores que contribuíram para o projeto de poder lulopetista.

Mas é preciso lembrar que as instituições de ensino constituem *apenas um* dos diferentes aparelhos ideológicos de Estado listados por Althusser.

E não é difícil identificar o esforço do lulopetismo para também controlar, em alguma medida, todos e cada um desses aparelhos.

Dessa forma, além do aparelho ideológico de Estado educacional, marcado no Brasil pela Escola com Partido, também foram importantes no processo de consolidação de uma nova hegemonia:

O APARELHO IDEOLÓGICO DE ESTADO RELIGIOSO

Desde a sua origem, o PT manteve laços com os setores ditos progressistas da Igreja católica, começando pela Teologia da Libertação e pelas Comunidades Eclesiais de Base. Na década de 1980, lideranças da Igreja como Frei Betto, frei Leonardo Boff e dom Pedro Casaldáliga trabalharam intensamente no sentido de conciliar elementos do pensamento marxista com as teorias sociais então em voga no Vaticano, exercendo forte influência nos movimentos populares da América Latina — que mal começava o processo de saída das ditaduras militares implantadas no continente.

Em artigo publicado em 13 de julho de 2010, Maria Inês Nassif recapitulou a importância da Igreja na formação do PT: "O PT foi fundado, em 1980, de uma costela dos movimentos populares ligados à Igreja da Teologia da Libertação".[*]

O próprio Lula reconheceu, em depoimento em vídeo disponível no YouTube, a importância da Igreja em sua trajetória:

---

[*] Disponível em: <http://www.substantivoplural.com.br/era-lula-mitiga-adesao-de-bases-catolicas-ao-pt/>. Acesso em: 1 fev. 2018.

Mas por que eu cheguei onde cheguei? Porque eu tenho por trás de mim um movimento. Eu tenho por trás de mim uma grande parte dos estudantes, do PT, a CUT, a base da Igreja católica. Eu era fruto da Teologia da Libertação, dos sindicalistas. Porque tem uma parcela da nossa base ligada à comunidade da Igreja.

Desempenhou papel fundamental nesse processo a Conferência Nacional dos Bispos do Brasil (Cnbb), cujo discurso e cuja prática sempre foram claramente simpáticos ao lulopetismo. Na época se dizia que, nas pastorais sociais e nos documentos da Cnbb, Lula era mais citado que Jesus Cristo.

Na crise que levou ao impeachment de Dilma Rousseff, a Cnbb chegou a convocar atos em defesa da presidente, de Lula e da democracia, por meio de uma circular de sua Comissão Justiça e Paz, conforme atestou o (neste caso) insuspeito blog "independente" *Brasil 247*.

Ao mesmo tempo, paradoxalmente, a relação do partido com a doutrina moral e religiosa da Igreja católica sempre foi marcada por divergências, conflitos e animosidades. Além disso, os vínculos do partido com suas bases católicas se enfraqueceram depois da chegada ao poder, especialmente a partir da eclosão do escândalo do Mensalão.

Ao longo dos anos, a mobilização dos católicos ditos progressistas em defesa do lulopetismo se tornou menos intensa. Ainda assim, em sua maioria, esses católicos que se afastaram do PT continuaram ligados ao campo da esquerda, levantando bandeiras como a reforma agrária, caso da Comissão Pastoral da Terra, ou se aproximando de partidos menores, como o Psol, ou mesmo a Rede de Marina Silva — que, apesar de hoje ser evangélica, tem sua origem associada às Comunidades Eclesiais de Base.

O aparelho ideológico de Estado familiar

Pelo menos desde a publicação, em 1884, de *A origem da família, da propriedade privada e do Estado*, de Friedrich Engels, relações de afeto, respeito e autoridade associadas ao modelo tradicional e monogâmico de família foram um alvo preferencial da esquerda revolucionária, o que não é difícil de compreender: é na infância e no contexto familiar que se estabelecem os valores e códigos sociais determinantes das futuras interações sociais do indivíduo.

Como instituição supostamente vinculada à lógica do capital e da propriedade privada, a família burguesa, segundo certo pensamento marxista, se baseia na exploração: exploração da mulher pelo homem, das crianças pelos pais etc.

Nesse sentido, rotular como moralista qualquer defesa da família é uma prática discursiva já bastante antiga, mas que ganha força à medida que novos arranjos afetivos se tornam socialmente aceitáveis.

Ao mesmo tempo, o conforto emocional e psicológico que outrora era vinculado à ideia de *lar* hoje é cada vez mais buscado em grupos formados por afinidades eletivas, sobretudo pelas novas gerações. Grupos que estabelecem seus próprios códigos de convivência e troca de afeto, mas que não dispensam os sentimentos de reconhecimento, aceitação e pertencimento, fundamentais para qualquer ser humano.

Este é um processo complexo e determinado por múltiplos condicionantes sociais, culturais e históricos, que não se reduzem à sua dimensão política, muito menos à dimensão da política partidária. Além disso, como já foi dito, o eixo esquerda x direita não necessariamente coincide com o eixo liberais x conservadores em questões de comportamento e afeto.

Ainda assim, ao se apropriar desse processo de transformação da ordem afetiva e dos rituais de convívio social, o que o campo da esquerda faz é forçar a coincidência entre esses eixos, de forma a constranger todas as pessoas que se veem como progressistas (do ponto de vista moral e comportamental) a apoiar determinado projeto de dominação política — identificando, consequentemente, todas as pessoas que não abraçam esse projeto de poder com a direita mais retrógrada e reacionária.

Na lógica da guerra de narrativas não há meio-termo possível: ou você "fecha" com os representantes do PT e seus puxadinhos, como o deputado e ex-BBB Jean Wyllys, ou necessariamente será aliado do pastor Marco Feliciano e de Jair Bolsonaro.

Althusser investiga ainda:

- o aparelho ideológico de Estado jurídico: ocupado no Brasil por meio da nomeação, em tribunais de todas as instâncias, de magistrados identificados com o projeto lulopetista;
- o aparelho ideológico de Estado político: conquistado por Lula e o PT pela via eleitoral, evidentemente, mas de forma a ser *transformado por dentro*, por meio de propostas de reformas graduais que favorecessem o grupo no governo e dificultassem a alternância no poder, ao mesmo tempo em que se cooptavam as elites, transformadas em parceiras do Estado forte;
- o aparelho ideológico de Estado sindical: este dispensa comentários, já que em sua grande maioria as centrais sindicais foram desde sempre braços do projeto lulopetista;
- o aparelho ideológico de Estado da informação: ocupado por dentro, com o domínio quase absoluto das redações de jornais e revistas — mesmo as da chamada *mídia golpista* — por profissionais que apoiam o campo lulopetista; mas também atacado por fora, seja por meio da proposta de criação de instâncias formais de controle "social" da mídia, seja pelo estímulo à proliferação de blogs e sites de notícias cujo maior compromisso editorial era apoiar o governo petista e atacar a oposição, em troca de verbas de publicidade de empresas estatais.

A ocupação das redações por profissionais simpatizantes à esquerda vem de longa data: já na década de 1960 intelectuais e artistas adotaram a tese de que era preciso encontrar e ocupar "brechas" no interior dos meios de comunicação de massa e, a partir delas, disseminar conteúdo de crítica social e política.

É dessa época a famosa frase de Roberto Marinho "Dos meus comunistas cuido eu!", respondendo a pressões do então ministro da Justiça para demitir jornalistas de esquerda.

A chamada "teoria das brechas" está relacionada a outra tese então apoiada pelo PCB, a do "frentismo", de inspiração lukacsiana, segundo o qual a revolução chegaria por meio de alianças com a burguesia nacional.

***

É fácil constatar que os aparelhos ideológicos de Estado se diferenciam do aparelho repressor do Estado:

- por atuarem fundamentalmente na esfera privada;
- por dispensarem a violência;
- por privilegiarem a batalha ideológica (por meio da inculcação e sedimentação de ideias e valores).

Ou seja: eles operam não na base da coerção, mas na base da persuasão, do convencimento e da dissuasão. Como escreve Althusser: "Nenhuma classe pode deter de forma duradoura o poder de Estado (repressivo) sem exercer simultaneamente a sua hegemonia sobre e nos aparelhos ideológicos de Estado".

Dessa forma, a ocupação e o controle desses aparelhos pelo campo lulopetista foi um elemento fundamental para a sua manutenção no poder ao longo de quase catorze anos — e continuará sendo influente em eleições futuras.

Esse processo é lento e laborioso, não acontece do dia para a noite, nem se dá de forma direta, mas por meio de uma ação pedagógica prolongada, paciente e sistemática, de maneira a fazer com que cada vez mais pessoas aceitem como natural um conjunto de conceitos, práticas e valores ideologicamente produzido.

Tanto isso é verdade que, mais de um ano depois da queda de Dilma, e apesar de tudo que foi revelado pela operação Lava-Jato, escolas e universidades continuam sendo porta-vozes do projeto de poder e dos interesses do PT.

Da mesma forma que o pensamento hegemônico vinculado à ideologia burguesa fazia com que as pessoas aceitassem como natural sua condição de exploradas, o pensamento hegemônico lulopetista fez com que todos achassem natural e aceitável a perpetuação do PT no poder, independentemente dos meios adotados para isso.

Fato: ao longo do ciclo lulopetista, a Escola com Partido favoreceu a sujeição voluntária dos indivíduos à ideologia dominante no âmbito da cultura — que não era a ideologia burguesa, mas a ideologia da esquerda populista —, de maneira a garantir a manutenção do poder e a reprodução da submissão às regras da nova ordem estabelecida.

Esse processo passou:

- pela horizontalização das relações entre professores e alunos, abolindo progressivamente as ideias de autoridade, respeito e disciplina do aparato educacional (e também do núcleo familiar); não é surpreendente, nesse sentido, que o Brasil tenha se tornado recordista em casos de violência em sala de aula: na Escola com Partido, professores e alunos são iguais, não há hierarquia a ser respeitada: *uns e outros se tornaram, ao mesmo tempo, frutos, agentes e vítimas de um mesmo processo;*
- pela relativização de qualquer hierarquia entre as manifestações culturais, promovendo-se a desqualificação da cultura "de elite": o exercício permanente de um apelo demagógico ao gosto popular e da periferia faz com que Wesley Safadão e a Gaiola das Popozudas sejam equiparados em termos de relevância cultural à literatura de Guimarães Rosa ou à música de Villa-Lobos. Aliás, Valesca Popozuda já foi classificada, a sério, como uma grande intelectual por um professor universitário.

A consolidação desse *nivelamento por baixo* da cultura e desse processo de *relativização dos valores* foram fundamentais no processo de consolidação de uma nova hegemonia.

* * *

Em livros como A *manipulação do público, visões alternativas e controle da mídia,* o filósofo, linguista e ativista político americano Noam Chomsky, outro pensador indispensável para se entender as regras do jogo democrático contemporâneo e suas perversões, investiga as estratégias que *o sistema* — o conjunto das elites sociais, políticas, econômicas etc. — adota para manipular o pensamento das pessoas e conformar a opinião pública de acordo com os seus interesses.

Chomsky faz uma denúncia necessária e pertinente das falhas da democracia contemporânea, na qual diferentes mecanismos são usados para alienar a população e falsear a sua consciência da realidade.

De fato, cada vez mais os indivíduos são submetidos de forma cotidiana e implacável a uma *fábrica de consensos*, que opera por meio da distração deliberada e da criação periódica de *inimigos comuns*, cuja função é amedrontar o cidadão e, dessa forma, obter o consentimento e a complacência da opinião pública frente a um determinado estado das coisas e à agenda do campo no poder.

Em uma de suas muitas frases de efeito, Chomsky afirmou que "a propaganda representa para a democracia aquilo que o cassetete significa para o Estado totalitário". Mas não é mais assim. Os Estados totalitários também já perceberam que a propaganda é melhor e mais eficiente que o cassetete.

Objeto de diversos estudos acadêmicos em décadas passadas, o conceito de *opinião pública* também foi investigado a fundo por Pierre Bourdieu. O sociólogo era um crítico severo da própria ideia de opinião pública, que se fundamentaria em postulados equivocados, frequentemente expostos em pesquisas de opinião que apenas em teoria refletem a percepção coletiva sobre determinados temas.

Entre outras coisas, Bourdieu afirma que:

- é uma falácia a ideia, subjacente a qualquer pesquisa, plebiscito ou referendo, de que todas as pessoas podem e/ou devem ter uma opinião sobre tudo: a maioria das pessoas não tem e nem quer ter uma opinião formada sobre inúmeros temas relacionados à política, à economia e à administração pública;
- é uma falácia a crença de que todas as opiniões têm valor equivalente: como determinados temas não interessam a todos, não será qualquer indivíduo que estará apto a dar uma opinião relevante sobre eles, uma vez que ele não terá o envolvimento necessário com (e nem o conhecimento necessário sobre) o assunto em questão;
- é uma falácia a ideia de que existe uma concordância geral sobre as questões que devem e merecem ser colocadas na mesa: evidentemente, por meio da própria seleção dos temas que integrarão as

GUERRA DE NARRATIVAS 185

sondagens de opinião, diversas questões cruciais ficam de fora das consultas, supostamente democráticas, à população.

Por tudo isso, o que está por trás da ideia da opinião pública, sugere Bourdieu, é a tentativa de legitimar situações que de forma alguma são consensuais.

A depender da forma como são divulgados determinados assuntos e formuladas determinadas questões, é assustadoramente fácil fabricar essa impressão de consenso onde ele não existe.

E, frequentemente, a ilusão de consenso se produz principalmente com base na "opinião" daquela parcela da sociedade que está menos informada e apresenta o menor grau de compreensão do tema proposto.

Chomsky, por sua vez, também investiga outro tema importante: os filtros que determinam o que será ou não será divulgado pela mídia — filtros que, combinados, criam uma narrativa de acordo com as vontades e interesses de determinado grupo de interesse, ou de determinado grupo no poder. Esses filtros incluem, entre outros:

- propriedade dos veículos de comunicação: concentrada em poucas grandes empresas no Brasil;
- financiamento dos veículos de comunicação: fundamentalmente dependentes das verbas de publicidade do governo — verbas que, objetivamente, se tornaram moeda de troca ou instrumentos de pressão;
- fonte: as grandes empresas e instituições são as fontes da maior parte das notícias (mas isso está mudando, em função da pulverização dos canais de comunicação na internet e da própria circulação das informações nas redes sociais);
- pressão: exercida tanto por grandes empresas quanto pelo próprio governo, daí podendo resultar uma linha editorial que privilegie os interesses das empresas e do governo, e não os interesses da sociedade.

Chomsky apresenta os meios de comunicação como *um sistema de propaganda descentralizado e não conspiratório* (no sentido de que não existe um complô criado com o objetivo de lesar ou oprimir a sociedade), mas ainda assim extremamente poderoso, por ser capaz de fabricar consensos artificiais sobre assuntos de interesse público: o consentimento aparentemente democrático artificialmente produzido prejudica a sociedade, ao privilegiar os interesses de uma elite econômica, geralmente associada ao grupo no poder, de forma explícita ou velada.

Chomsky também foi responsável por um interessante mapeamento das estratégias utilizadas pelos donos do poder, com ênfase no uso da mídia. Sendo um intelectual americano do campo da esquerda, é claro que Chomsky se referia à manipulação da opinião pública pelo campo da direita nos Estados Unidos.

Mas, de novo, basta inverter os sinais dos enunciados para verificar que o ato de manipular diz respeito menos à ideologia de quem manipula do que à posição de poder (ou do "lugar de fala", para usar uma expressão que está na moda) a partir de onde se manipula.

Combinarei, em seguida, a ilustração comentada do uso, pelo campo no poder até 2016, dessas estratégias mapeadas por Chomsky com comentários sobre outras estratégias e procedimentos de linguagem, específicos da realidade política brasileira e recorrentes na guerra de narrativas ainda em curso no nosso país.

1. Distração/desvio de foco

> Um dos principais componentes do controle da opinião pública é a estratégia da distração, fundamentada em duas frentes: primeiro, desviar a atenção do público daquilo que é realmente importante oferecendo uma avalanche de informações secundárias e inócuas, que, como uma cortina de fumaça, esconde os reais focos de incêndio. Em segundo, distrair o público dos temas significativos e impactantes [...]. Quando mais distraído estiver o público menos tempo ele terá para aprender [...] e/ou para pensar.[*]

Desviar o foco — ou "mudar de assunto" — foi uma estratégia usada exaustivamente pelos simpatizantes do campo governista sempre que a conversa enveredava por um caminho difícil. Repare que, diante de uma acusação

---

[*] Essa e as citações das páginas 188, 189, 190, 191, 193,194 e 195 estão disponíveis em: <https://hypescience.com/chomsky-e-as-dez-estrategias-para-a-manipulacao-da-opiniao-publica/>. Acesso em: 8 fev. 2018.

ou denúncia, um militante nunca reage negando o mérito da acusação, mas desqualificando quem acusa (mesmo que seja um representante do Poder Judiciário) e apontando o dedo para outro caso do passado (ou personagem, ou tema) que não tem nada a ver com o assunto original.

Quando você se dá conta, uma conversa sobre um novo escândalo envolvendo o PT se transforma em um debate sobre as maldades de Donald Trump, sobre a violência da PM, sobre o preconceito homofóbico ou, evidentemente, sobre o senador Aécio Neves (a fixação de alguns militantes petistas em Aécio Neves é quase sexual).

Outro recurso recorrente e muito cansativo é atribuir ao interlocutor *algo que ele não disse* para, em seguida, desqualificar em tom debochado e superior *aquilo que ele não disse*.

Assim, por exemplo, a qualquer crítica à corrupção do PT, o militante reage sugerindo que você está defendendo a corrupção do PSDB: "Lula é réu pela oitava vez"; "Ah, quer dizer que você é daqueles que defendem o Aécio?".

A tática do desvio de foco encarnada na pergunta "E o Aécio?" pode até surtir efeito entre os desavisados: afinal de contas, por que tantos políticos do PT foram investigados e presos, e tão poucos do PSDB?

Mas a resposta para essa pergunta é bastante simples: porque quem estava no poder ao longo dos mais de treze anos nos quais se transformou a Petrobras numa máquina de roubar era o PT, não o PSDB.

Ainda assim, Dilma ensaiou acusar o PSDB de ser o responsável pela roubalheira praticada na estatal por diretores nomeados por Lula e ela própria, com a missão de saquear a empresa:

> A gente olhando os dados que vocês mesmos divulgam nos jornais: se em 96, 97 tivessem investigado e tivessem, naquele momento, punido, nós não teríamos o caso desse funcionário da Petrobras que ficou durante mais de dez anos, mais de vinte, quase vinte anos, praticando atos de corrupção. A impunidade — isso eu disse durante toda minha campanha — a impunidade, ela leva água para o moinho da corrupção.[*]

[*] Disponível em: < http://g1.globo.com/politica/operacao-lava-jato/noticia/2015/02/dilma-diz-que-corrupcao-na-petrobras-deveria-ter-sido-apurada-nos-anos-90.html>. Acesso em: 1 fev. 2018.

Não colou. Até porque, para só citar os nomes mais conhecidos de diretores da empresa envolvidos no escândalo do Petrolão:

- Funcionário de carreira, Nestor Cerveró se tornou um executivo de alto escalão da Petrobras em 2003 (*governo Lula*), quando foi indicado para a Diretoria Internacional. Cerveró foi autor do relatório que levou a empresa a adquirir, em 2006, a refinaria de Pasadena, nos Estados Unidos, negócio que causou um prejuízo bilionário à estatal;
- Renato Duque foi diretor de serviços da Petrobras entre 2003 (*governo Lula*) e 2012 (*governo Dilma*). De acordo com os procuradores da força-tarefa do MPF, a pedido de Duque, foram feitas 24 doações milionárias ao PT, entre outubro de 2008 e abril de 2010;
- Paulo Roberto Costa foi diretor de Abastecimento da Petrobras, entre 2004 (*governo Lula*) e 2012 (*governo Dilma*), participando do esquema de corrupção na estatal investigado pela Operação Lava-Jato.

Mas, em tempos de pós-verdade, a importância dos fatos é relativa. Diante de qualquer denúncia, a resposta do Planalto não era exigir a apuração dos fatos e a punição dos responsáveis, mas apontar o dedo para políticos e partidos que estavam fora do poder, ou para escândalos do passado.

Afinal de contas, se isso vinha dando certo desde 2002, por que mudar de estratégia?

Fato: nos anos em que mais se roubou neste país, nos anos em que a roubalheira se institucionalizou e foi colocada a serviço de um projeto de perpetuação no poder (projeto que só não deu certo por causa da incompetência na gestão da economia), o PSDB e os outros partidos da oposição não tinham a chave do cofre, nem poder de nomear diretores de estatais, nem dezenas de milhares de cargos comissionados para distribuir entre a companheirada, nem o poder de negociar propinas em troca de contratos milionários com empreiteiras.

A participação da oposição nesses escândalos, portanto, foi, objetivamente, secundária e acessória. Atribuir a qualquer político de oposição o mesmo grau de culpa no escândalo do Petrolão que aqueles que detinham o poder e a chave do cofre é fazer pouco da inteligência alheia.

Isso não livra políticos da oposição envolvidos em falcatruas de responsabilização e punição, evidentemente. O próprio Aécio Neves já teve seu futuro político destruído em função de gravações comprometedoras — aliás, sem que nenhum de seus eleitores tenha protestado ou tratado o senador mineiro como herói.

Pelo contrário, "Não temos bandido de estimação" foi uma frase muito repetida nas redes sociais por eleitores de Aécio quando sua situação se complicou. Para esses eleitores, não existe isso de "Fulano é meu amigo, mexeu com ele mexeu comigo". E é ótimo que seja assim.

2. Método problema-reação-solução

> Cria-se um problema ou uma situação de emergência (ou aproveita-se de uma situação já criada) cuja abordagem dada pela mídia visa despertar uma determinada reação da opinião pública. Tal reação demanda a adoção de medidas imediatas para a solução da crise. Usualmente tais medidas já estão praticamente prontas e são aplicadas antes que a população se dê conta de que essa sempre fora a meta primordial.

Chomsky, aqui, parece se referir diretamente ao pt. Pois em toda e qualquer situação de crise, o partido enxerga uma oportunidade de propor medidas de seu próprio interesse, capitalizando o problema em vez de reconhecer os próprios erros e procurar soluções.

Por exemplo, como já vimos, a reação do governo Dilma aos protestos de junho de 2013 foi uma série de propostas de "pactos" que pouco ou nada tinham a ver com as demandas das ruas. Todas essas propostas beneficiariam o projeto do partido no poder, a começar por um plebiscito sobre a criação de uma Constituinte exclusiva e uma reforma política com lista fechada. Nenhuma das propostas saiu do papel, mas Dilma ganhou tempo para respirar.

Exemplo mais recente foi a fantasia oportunista de se propor "Diretas Já" em meio a uma crise institucional gravíssima, com o objetivo evidente de livrar

Lula da cadeia, condenado, em somente um processo, a doze anos de prisão e réu em outros seis, no momento em que escrevo.

3. Gradação

É uma estratégia de aplicação de medidas impopulares de forma gradativa e quase imperceptível.

Chomsky se refere à implantação gradual de medidas na direção do Estado mínimo pelos governos liberais, mas a estratégia também é usada no sentido inverso, em busca do Estado máximo — lembrando que o Estado máximo é um elemento historicamente definidor do fascismo ("Tudo pelo Estado, nada contra o Estado, nada fora do Estado" era o lema da Itália de Mussolini).

A estratégia da gradação é perceptível no acúmulo de pequenas regras que aumentaram a intervenção do Estado não apenas no funcionamento dos mercados como também em diferentes aspectos da vida privada.

Trata-se de um fator fundamental na consolidação de uma nova hegemonia: além de interferir de forma desmedida no cotidiano da população, o Estado máximo segue a velha fórmula: criar dificuldades para vender facilidades.

Busca-se, por meio da gradação, alcançar a transformação do Estado e da sociedade aos poucos, de forma a tornar naturais e aceitáveis medidas que seriam consideradas absurdas, se implantadas de uma só vez. Um exemplo claro foi a lenta campanha para o estabelecimento do controle da mídia pelos governos petistas, pacientemente preparada — mas que, felizmente, não chegou a se consumar.

4. Sacrifício futuro

Apresentar com muita antecedência uma medida impopular que será adotada no futuro sempre de forma condicional, porém com contornos nefastos. Primeiro para dar tempo para que o público se acostume com a ideia e depois aceitá-la com resignação quando o momento de sua aplicação chegar. É mais fácil aceitar um sacrifício no futuro do que um sacrifício imediato tendo-se em conta que existe sempre uma esperança, mesmo que tênue, de que o sacrifício exigido poderá ser evitado ou que os danos poderão ser minimizados.

Nesse caso, Dilma fez exatamente o contrário: o plano deu certo a curto prazo, já que ela foi reeleita, mas essa vitória teve um custo altíssimo. Para vencer a eleição de 2014, a então presidente não apenas adiou, mas negou radicalmente a possibilidade da adoção de medidas impopulares, ao mesmo tempo que desqualificava seus adversários, a quem acusava de querer tirar a comida do prato dos pobres.

Quem optou pela estratégia descrita por Chomsky foi o candidato derrotado Aécio Neves, ao tentar preparar a população para as inevitáveis medidas de ajuste na política econômica, mas ele também pagou um preço alto, já que perdeu a eleição. Se Dilma teve uma vitória de Pirro, Aécio foi derrotado por seu *sincericídio*.

Ou seja, quando se trata da adoção de medidas impopulares, tanto mentir quanto dizer a verdade podem custar caro para um político. Talvez por isso mesmo tenha sido Michel Temer, um presidente que não depende de popularidade, a implementar algumas reformas urgentes e necessárias.

5. Discurso para crianças

> Emprego de um discurso infantilizado, valendo-se de argumentos, personagens, linguagens, estratégias etc. como que dirigido a um público formado exclusivamente por crianças ou por pessoas muito ingênuas. Quando um adulto é tratado de forma afetuosa como se ele ainda fosse criança observa-se uma tendência de uma resposta igualmente infantil.

Foi, por exemplo, o caso de Dilma, ao desejar um "Pibão" depois do desempenho medíocre da economia em 2014. Papai Noel não ajudou: o PIB de 2015 seria ainda pior, atirando o país na maior recessão de sua história e jogando milhões de brasileiros no desemprego.

Em muitas falas de Dilma, percebia-se essa tentativa de infantilizar a plateia, mesmo que isso nem sempre ficasse claro devido à dificuldade que a presidente tinha para se expressar.

192 *Luciano Trigo*

Lula também adotou frequentemente essa prática, ao se dirigir com ideias primárias e numa linguagem rasteira aos seus eleitores. A postura paternalista de Lula, ao se apresentar como "pai dos pobres", como se os brasileiros fossem incapazes e precisassem de um pai atencioso, e não de educação e oportunidades de trabalho, foi replicada por Dilma, sem o mesmo êxito.

6. Sentimentalismo e temor

Apelar para o emocional de forma ou sentimentalista ou atemorizante com intuito de promover um atraso tanto na resposta racional quanto do uso do senso crítico. A utilização do registro emocional permite o acesso ao inconsciente e promove um aumento da suscetibilidade ao enxerto de ideias, desejos, medos e temores, compulsões etc. e à indução de novos comportamentos.

A tática do terror foi bastante utilizada pelo PT na campanha de 2014: a ideia era espalhar entre os eleitores, sobretudo nos de menor renda e escolaridade, o medo de que, caso Dilma não fosse reeleita, o Bolsa Família e outros programas sociais acabassem. Exploravam-se, assim, a desinformação e o medo entre os brasileiros mais carentes. O tempo mostrou que se tratava simplesmente de uma mentira. Dilma caiu, e o Bolsa Família continua.

A esse respeito, cabe reproduzir aqui a resenha que escrevi sobre o livro *À sombra do poder*, em meu blog, em fevereiro de 2017:

"A ordem no governo era espalhar o temor" do fim do Bolsa Família, escreve ex-assessor de Dilma

Entre abril de 2015 e maio de 2016, o jornalista e cientista político Rodrigo de Almeida foi assessor de imprensa do Ministério da Fazenda e secretário de imprensa da presidência da República. Acompanhou de dentro, portanto, o declínio e a queda de Dilma Rousseff. No livro *À sombra do poder* (São Paulo: Leya, 2016), ele faz um relato linear e relativamente objetivo da sucessão de acontecimentos funestos que marcaram o governo Dilma, da reeleição em 2014 até a interrupção definitiva de seu curto segundo mandato. Escrevi "relativamente" porque o esforço do autor para deixar clara sua lealdade pessoal à ex-presidente é evidente, o que compromete bastante a pretensa imparcialidade da narrativa.

Ainda assim, se comparado a outros livros sobre o impeachment escritos por intelectuais, jornalistas e historiadores ligados ao campo lulopetista, *À sombra do poder* pode ser considerado bem escrito e bastante interessante. A começar pelo subtítulo: *Bastidores da crise que derrubou Dilma Rousseff*; ou seja, admite-se que Dilma foi derrubada por uma crise gravíssima, política e econômica, provocada em parte por ela própria, e não por um golpe. A palavra *golpe*, aliás, aparece algumas vezes ao longo do texto, mas com moderação. Talvez porque, finalmente, o discurso do golpe esteja perdendo força, mesmo entre aqueles que defendem a ex-presidente. Já é um começo.

À sombra do poder é interessante, inclusive, pelo que Rodrigo de Almeida deixa escapar, aparentemente sem querer. O exemplo mais notável disso é quando o autor relata o episódio do vazamento do áudio do vice-presidente Michel Temer, no dia 11 de abril de 2016, data em que o impeachment avançou na comissão especial da Câmara dos Deputados, por 38 votos a 27, faltando ainda a aprovação no plenário para seguir para o Senado. No áudio, como se sabe, Temer antecipava como seria um eventual governo seu.

Depois de registrar a indignação de Dilma e alguns diálogos de bastidores com auxiliares próximos — como os ministros Ricardo Berzoini e Jaques Wagner e o assessor especial Giles de Azevedo, que a ajudaram a traçar a estratégia da reação —, Rodrigo de Almeida escreve o seguinte:

"A mensagem de Michel Temer foi interpretada como um 'discurso da vitória', no qual o vice-presidente esboça o que seria um governo sob sua tutela. [...] Era também uma clara defesa do que NÃO faria; nos últimos dias, a ordem no governo era espalhar o temor de que, em caso de impeachment, o novo governo acabaria com os programas sociais."

Ou seja, um assessor direto de Dilma Rousseff afirma com todas as letras que havia uma ordem no governo para espalhar mentiras contra Michel Temer. Pois, como o tempo demonstrou, Temer não acabou com o Bolsa Família (ao contrário, aumentou o seu valor) e outros programas sociais, alguns deles aprimorados. Parece grave.

Em vários momentos dos governos petistas houve acusações relativas a esse jogo rasteiro partindo de dentro do Palácio do Planalto — da deturpação de perfis de jornalistas críticos ao PT na Wikipédia a telefonemas a beneficiários do Bolsa Família alertando para o fim do programa, caso o PT perdesse a eleição. Mas tudo isso sempre foi negado. Agora a confirmação vem de um assessor de confiança da ex-presidente, que também registra a dura reação de Temer no áudio vazado: "Sei que dizem [...] que nós vamos acabar com o Bolsa Família, com o Pronatec... Isso é falso, é mentiroso e é fruto dessa política mais rasteira que tomou conta do país".

Outro aspecto curioso do livro é que, apesar dos elogios recorrentes às características de temperamento (?) e à integridade pessoal de Dilma, o autor reconhece em diversos momentos a incapacidade da ex-presidente de governar o país que descia a ladeira e de administrar uma economia em colapso. Ou seja, sucessivos erros de avaliação, inapetência para o diálogo e para o jogo político, fracassos horríveis na política econômica foram traços marcantes dos anos Dilma mesmo para quem jogava do seu lado. É bem verdade que, como demonstra o autor, não foram poucas as ocasiões em que as trapalhadas de Dilma se deveram a ideias desastrosas de auxiliares como o ministro Aloizio Mercadante.

Por fim, deliberadamente ou não, a narrativa de *À sombra do poder* ignora que Dilma Rousseff não sofreu impeachment por ser ladra, ou por ter dinheiro no exterior, ou por colocar dinheiro no bolso, nem muito menos por ser destemperada, dada a ataques de fúria e antipática — mas por ter cometido crimes de responsabilidade previstos na Constituição, crimes que foram julgados e condenados pelos poderes Legislativo e Judiciário — sem falar no julgamento das ruas. É assim que acontece numa democracia.

É ao mesmo tempo triste e irônico que o PT, que foi vítima em campanhas passadas, dessa tática de semear o pânico, a tenha adotado com tanta determinação após chegar ao poder. Se a esperança venceu o medo quando Lula foi eleito, nas eleições seguintes os petistas fizeram o diabo para que o medo vencesse a esperança.

7. Valorizar a ignorância e a mediocridade

> Manter em alta a popularidade de pessoas medíocres e ignorantes aumentando sua visibilidade na mídia, para que o estúpido, o vulgar e o inculto seja o exemplo a ser seguido principalmente pelos mais jovens.

Esse item até dispensaria comentários. A promoção da ignorância, a exaltação da falta de escolaridade, o desestímulo ao estudo e à leitura, a mensagem de que um operário sem diploma é melhor para o povo do que qualquer "doutor", a ideia de que o mérito e o esforço individual são ruins e de que existem trabalhos que são vergonhosos — tudo isso era recorrente, de maneira subliminar ou explícita, na narrativa do PT no poder.

8. Desprestigiar a inteligência

> Apresentar o cientista como vilão e o intelectual como pedante ao mesmo tempo que populariza a caricatura do *nerd* ou CDF como pessoas ineptas do ponto de vista social e um exemplo a não ser seguido pelos mais jovens — estimulando, por um lado, a negação da ciência e, por outro, o desprestígio do uso da racionalidade e do senso crítico. Geralmente tal realidade se coaduna com a oferta de uma educação de menor qualidade para a população mais pobre — que não se queixa disso porque é moda ser ignorante.

Também dispensaria comentários. A piora nos indicadores educacionais do Brasil em todos os rankings internacionais, com um índice alarmante de analfabetismo funcional, é consequência direta dessa política de deliberada desvalorização do ensino, sobretudo do ensino básico e da educação pública oferecida aos brasileiros mais carentes.

Como disse Darcy Ribeiro, "a crise da educação no Brasil não é uma crise: é um projeto".

9. INCENTIVAR E INCUTIR A CULPA

Incutir, incentivar e reforçar a culpa do indivíduo quando do seu fracasso, dividindo assim a sociedade em duas categorias: a de vencedores e a de perdedores. O "perdedor" é o indivíduo que não possui habilidades ou competências para alcançar o sucesso que o outro tem. Daí a grande visibilidade que a mídia oferece a modelos minoritários de beleza e sucesso. [...] Ao invés de rebelar-se contra o sistema econômico, o indivíduo resigna-se e conforma-se com sua situação pessoal, social e econômica, atribuindo seu "fracasso" à sua completa incompetência. Culpar-se constantemente por isso atua na formação de um desejado estado depressivo, do qual origina-se a apatia.

Aqui, mais uma vez, o PT inverteu os sinais da equação. No poder, o partido incutiu a culpa e a consciência pesada não nos brasileiros mais humildes, mas na classe média e nos formadores de opinião — intelectuais, artistas, professores, cineastas etc. Estes, apesar de estarem no poder, ainda continuavam posando de rebeldes e heróis da resistência.

Além disso, a má consciência cuidadosamente cultivada nas salas de aula das Escolas e Universidades com Partido fez com que toda a sociedade se sentisse portadora de dívidas históricas a saldar. De repente, todos passamos a ser culpados pelos danos e injustiças causados a qualquer minoria ao longo de quinhentos anos de história. Uma dívida, evidentemente, impagável.

Mas o objetivo dessa "revolução das vítimas" não era de fato quitar essa dívida: era criar uma situação na qual essa dívida — com os negros, com as minorias sexuais, com as mulheres, com os vegetarianos, com os defensores dos animais etc. — fosse exposta e explorada diariamente, de forma a constranger e calar todos aqueles que divergiam do grupo no poder, grupo que, por algum motivo misterioso, julgava deter o monopólio da representação dessas minorias.

Quem fizesse qualquer crítica ao governo seria execrado e condenado ao desterro simbólico, ou à morte social diante do pelotão de fuzilamento moral montado pela "galera do bem".

O fenômeno da "burguesia petista", que se julga portadora de uma dívida histórica (que ela paga aderindo a slogans e postando textões lacradores no Facebook, mas sem deixar de viajar à Europa todos os anos, em alguns casos em viagens pagas com recursos públicos), é um fenômeno que mereceria um estudo à parte: uma burguesia cuja situação de classe não coincide com sua consciência de classe. Sua *consciência de classe* é, na verdade, uma *má consciência de classe média*.

Essa burguesia é em tudo burguesa: nos hábitos de consumo, nas viagens a Paris e Nova York, nas roupas de marca que usa etc. — menos no discurso, radicalmente hostil à "elite branca" que ela própria integra.

Essa esquizofrenia de classe ajuda a entender por que, na eleição municipal do Rio de Janeiro em 2016, o candidato do Psol foi maioria nos bairros de elite da Zona Sul carioca (e somente aí), povoados por uma juventude mimada que aprendeu, nas salas de aula da Escola com Partido, a odiar a elite à qual pertence, mas na qual não se enxerga nem se reconhece.

10. Monitoramento

> Por meio do uso de técnicas de pesquisa de opinião, mineração de dados em redes sociais e também dos avanços nas áreas de psicologia e neurobiologia, os donos do poder têm conseguido conhecer melhor o comportamento do indivíduo comum muito mais do que ele mesmo. A monitoração deste comportamento, além de alimentar os dados que aperfeiçoam seu modelo psicossocial, oferecem informações que facilitam o controle e a manipulação da opinião pública.

A relação do campo governista com as redes sociais era de ocupação predatória: durante anos um exército de militantes virtuais (MAVs), remunerados ou não, se dedicou com afinco a espalhar nas redes sociais posts elogiosos (nem sempre verdadeiros) sobre o governo e seus aliados e posts agressivos (geralmente falsos) sobre a oposição.

Além disso, eles invadiam sem nenhuma cerimônia o espaço de comentários de qualquer postagem ou reportagem crítica ao governo do PT, colando textões que, muitas vezes, começavam assim: "Não sou petista, mas...", expressão que acabou se tornando uma piada pronta. As pesquisas de opinião divulgadas eram sempre de institutos simpáticos à causa e ao partido, como o Vox Populi.

Às dez estratégias mapeadas por Chomsky e comentadas acima se somam alguns procedimentos de linguagem específicos do contexto brasileiro e típicos da guerra de narrativas promovida pelo campo lulopetista ao longo dos seus quase catorze anos no poder.

11. A autovitimização

O coitadismo e a vitimização foram dois comportamentos fortemente estimulados, buscando conquistar a adesão de minorias historicamente vitimadas por preconceitos, como negros e homossexuais, ao mesmo tempo que o próprio partido, apesar de estar no poder por quase catorze anos, frequentemente se colocava na posição de vítima — o que está relacionado à tática seguinte.

12. Estando no poder, falar como se fosse oposição

O campo governista camuflava frequentemente o seu "lugar de fala": em diversas manifestações públicas, seu discurso, apesar de partir do centro do poder, parecia o de um partido na oposição que estivesse sendo perseguido pelas elites — quando, na realidade, o poder era do PT, as elites estavam com ele, e era o partido quem perseguia — e estimulava a perseguir — qualquer pessoa que se manifestasse criticamente em relação ao governo.

13. Campanha eleitoral permanente

O tom de discurso de palanque estava presente em todas as manifestações públicas dos presidentes Lula e Dilma, impondo um clima de campanha eleitoral permanente aos seus governos. Reforçando o discurso do "nós" contra "eles", o governo se colocava assim na confortável situação de jogar o tempo inteiro nos adversários a culpa pelos problemas do país

— fingindo ignorar o fato de que os adversários estavam afastados do poder desde 2002.

14. O uso da parte para encobrir o todo

Tática recorrente: selecionar detalhes convenientes de um tema ou episódio qualquer e omitir o contexto — por exemplo, com o objetivo de desqualificar as cada vez maiores manifestações de rua contra Dilma e a corrupção, publicavam-se fotos de meia dúzia de perturbados portando suásticas ou defendendo a volta da ditadura militar, como se eles representassem os milhões de brasileiros que estavam simplesmente indignados com a roubalheira e o agravamento da crise econômica.

15. O uso do todo para encobrir a parte

Abordar determinados temas ou episódios de forma genérica, omitindo detalhes inconvenientes para exaltar o conjunto da obra. Por exemplo, ao se tentar justificar a narrativa do golpe citando as conquistas sociais dos governos do PT, mas omitindo a corrupção institucionalizada na Petrobras e outros órgãos e as consequências desastrosas para a população mais pobre do país de uma política econômica irracional e irresponsável.

16. A autovangloriação

Lula, que já se comparou a Lincoln e até a Jesus Cristo, sempre foi um mestre nessa prática; o item dispensa comentários.

17. A moral "total flex"

Atacou-se o governo Temer por ser um governo de "velhos", mas qualquer crítica a uma "senhora de 67 anos" (Dilma) causava indignação e revolta. Atacou-se Aécio Neves por ele ter afirmado na campanha que era um homem honrado, mas não se disse nada quando, nas sessões do impeachment, a frase "Dilma é uma mulher honrada" foi usada à exaustão pela tropa de choque do governo.

Qualquer crítica ao comportamento de uma mulher petista era desqualificada como machismo e misoginia, mas as próprias mulheres petistas não admitiam que a primeira-dama fosse bela, recatada e do lar, nem demonstraram qualquer desconforto quando Lula fez menção às mulheres de "grelo duro".

18. O "SHAMING"

Apontar o dedo para os opositores, afirmando que quem já furou uma fila ou soltou um pum no elevador não tem o direito moral de reclamar do assalto de bilhões de reais do povo brasileiro pela quadrilha instalada no poder.

19. O ASSASSINATO DE REPUTAÇÕES

Basta pensar nas inúmeras tentativas de desqualificar e desestabilizar o juiz Sergio Moro[*] e os procuradores do Ministério Público Federal, ou qualquer outro agente público que defenda a continuidade e o aprofundamento das investigações sobre a corrupção.

20. A ATRIBUIÇÃO AO OUTRO DAS PRÓPRIAS CONDUTAS

"Acuse o outro daquilo que você mesmo faz." Dispensa comentários.

---

[*] Cf. o ofensivo artigo "Desvendando Moro", de Rogério Cezar de Cerqueira Leite (*Folha de S.Paulo*, 12 out. 2016). O artigo mereceu a seguinte resposta do juiz Sergio Moro: "Lamentável que um respeitado jornal como a *Folha* conceda espaço para a publicação de artigo como o 'Desvendando Moro', e mais ainda surpreendente que o autor do artigo seja membro do Conselho Editorial da publicação. Sem qualquer base empírica, o autor desfila estereótipos e rancor contra os trabalhos judiciais na assim denominada Operação Lava-Jato, realizando equiparações inapropriadas com fanático religioso e chegando a sugerir atos de violência contra o ora magistrado. A essa altura, salvo por cegueira ideológica, parece claro que o objeto dos processos em curso consiste em crimes de corrupção e não de opinião. Embora críticas a qualquer autoridade pública sejam bem-vindas e ainda que seja importante manter um ambiente pluralista, a publicação de opiniões panfletário-partidárias e que veiculam somente preconceito e rancor, sem qualquer base factual, deveriam ser evitadas, ainda mais por jornais com a tradição e a história da *Folha*. Sergio Fernando Moro, juiz federal (Curitiba-PR)". Disponível em: <http://www.abim.inf.br/lula-se-reconhece-fruto-da-teologia-da-libertacao/#.WqMx75PwbOR>. Acesso em 8 fev. 2018.

21. A tentativa de afirmar uma opinião como verdade óbvia

Presente no uso de expressões como "Todo mundo sabe que..."; "É inegável que..." etc. antecedendo uma *opinião* em geral frágil e ideologicamente enviesada.

22. Agressões e ofensas diretas

Com o objetivo puro e simples de constranger e intimidar qualquer pensamento divergente.

23. Tom de superioridade moral e intelectual em relação ao interlocutor

"Só os inocentes não percebem." A ideia aqui é chamar o interlocutor (você mesmo, leitor) de ingênuo, desinformado ou burro mesmo. "Só os inocentes não percebem que a Lava-Jato foi uma armação para proteger Eduardo Cunha", diziam. E pouco importa que Cunha tenha sido preso em seguida, e que Dilma continue em liberdade e com os direitos políticos preservados: quem adota esse discurso conserva a arrogância superior mesmo quando é desmentido pela realidade, sem nenhum pudor.

Mas o procedimento de linguagem que seguramente atravessa todos os outros é o da *negação pura e simples*, a reiteração da recusa em enxergar a realidade, por mais que ela seja evidente — apostando-se, talvez, na ingenuidade ou na ignorância do receptor/leitor.

É este, por exemplo, o sentido de um texto assinado pelo ex-presidente Lula, quando já ia avançado o processo de impeachment de sua criatura, Dilma Rousseff: "Não há nada que desabone a presidenta (*sic*), investigaram a vida dessa mulher como também a minha de todas as formas e não encontraram nada".[*]

---

[*] Lula, em: Renato Rovai (org.), *Golpe 16*, op. cit.

Trata-se, simplesmente, de uma fantasia. O próprio Lula já foi condenado a 12 anos de prisão em segunda instância e é réu em outros seis processos no momento em que escrevo — e novos processos ainda virão.

Já Dilma sofreu um processo de impeachment legitimado pelo Congresso Nacional e pelo STF, mesmo tendo sido excluídas da denúncia — por iniciativa do ex-deputado Eduardo Cunha, vale lembrar — as partes mais graves da acusação original de Miguel Reale Jr., Janaína Paschoal e Hélio Bicudo, relacionadas ao escândalo do Petrolão. Cunha, vale lembrar também, foi responsável pelo arquivamento de dezessete pedidos de impeachment contra Dilma, quando o Planalto ainda costurava com ele um acordo para ambos se salvarem.

Capítulo 7

A (má) consciência da classe média

*É preciso muito esforço para saber e não saber, ter consciência
da completa verdade ao contar mentiras cuidadosamente
construídas, para manter simultaneamente duas opiniões,
sabendo que são contraditórias, e acreditar em ambas.*

George Orwell

Se eu fosse pobre, também roubava.

Uma colega de trabalho

No dia 28 de agosto de 2016, publiquei no meu blog uma crítica ao filme
Aquarius:

Aquarius explora as culpas e contradições da classe média

Aos 65 anos e viúva, a escritora Clara não pode se queixar de problemas
financeiros: é dona de cinco apartamentos, mas insiste em morar naquele em
que criou os filhos, de frente para a praia de Boa Viagem. É a única moradora do
prédio, alvo da especulação imobiliária que alterou e altera lamentavelmente a
paisagem urbana de Recife: todos os demais proprietários já venderam seus imóveis para uma construtora que tem o projeto de erguer no local um condomínio
de luxo, que do prédio antigo só guardará o nome, *Aquarius*. Há anos a construtora faz pressão para que Clara também venda o seu apartamento. Ela resiste.

Exceção feita ao prólogo passado em 1980, toda a narrativa de *Aquarius*, segundo longa-metragem de Kleber Mendonça Filho (diretor do excelente *O som ao redor*), consiste na reiteração desse conflito entre Clara e a construtora. Curiosamente, os melhores momentos do filme são aqueles que escapam a essa polarização, registrando, em tom naturalista, conversas e momentos do cotidiano reveladores de laços afetivos ou tensões latentes entre personagens secundários. Esse talento no recorte de situações ao mesmo tempo ricas e banais já tinha sido demonstrado pelo cineasta pernambucano em seu longa de estreia.

Mas, sequência após sequência, a cada camada de reiteração, a narrativa de *Aquarius* envereda por um esquematismo maniqueísta que o torna bem menos sutil e ambicioso que *O som ao redor* — reflexo, talvez, do acirramento do debate político no Brasil nos últimos anos. No primeiro longa, a crítica à persistência de valores retrógrados do coronelismo, arraigados nas relações familiares e de poder do presente, se encaixava de forma harmoniosa, mas também cheia de ambiguidades, na crônica social do Recife contemporâneo. Em *Aquarius*, prevalece a aposta em uma narrativa de resistência, na estrutura clássica do herói isolado que luta contra forças terríveis que o oprimem.

Unidimensional, Clara representa o bem, a ética, o afeto, a tolerância, a cultura e a memória, enquanto os representantes da construtora encarnam o mal, a ignorância, a ambição, o dinheiro e a falta de caráter. Reunindo qualidades de lutadora, artista e intelectual, Clara escreveu um livro sobre Villa-Lobos, tem uma coleção de discos de vinil e um pôster do filme *Barry Lyndon* na parede da sala; a esses sinais de distinção cultural se soma uma conduta digna e irrepreensível, simbolicamente reforçada pelo fato de ela ter superado um câncer. Já o dono da construtora e seu neto, igualmente unidimensionais, são ardilosos, perversos, falsos, desonestos e capazes de tudo.

Dividir pessoas e personagens em boas e más é uma forma legítima de enxergar e interpretar o mundo — e de se fazer cinema —, mas não é uma atitude livre de armadilhas. Ao apostar nessa dicotomia, a narrativa de *Aquarius* trai em diversos momentos as contradições da classe média que retrata. Um problema recorrente é que, em Clara, a situação de classe não bate com a consciência de classe, nem com o discurso de classe. Morando de frente para o mar, dona de vários imóveis, reconhecida como escritora e com disponibilidade para ajudar financeiramente os filhos adultos, Clara, por qualquer critério, integra a elite recifense, mas não se enxerga como tal — tanto que usa a palavra *elite* em tom depreciativo, ao interpelar o jovem herdeiro da construtora: para ela, chega a ser ofensivo que o rapaz seja ambicioso e tenha estudado *business* nos Estados Unidos.

O apelo ao sentimento de culpa e à má consciência da classe média se manifesta de maneira explícita em pelo menos dois momentos. Primeiro, quando Clara participa de uma atividade corporal de grupo na areia, e de repente se aproximam três jovens de periferia, preparando o espectador para alguma situação de tensão; mas era só uma pegadinha, já que os rapazes são acolhidos pelo instrutor, com a mensagem "há espaço para todos". Segundo, na sequência em que Clara se lembra de uma empregada doméstica que era excelente cozinheira, mas que roubara todas as joias da sua família. Outra personagem filosofa: "Nós exploramos elas, elas nos roubam" — como se fosse este o contrato social do nosso tempo: aceitemos ser roubados, pois vivemos em um país onde a desigualdade social é imensa etc.

Nesse contexto, não chega a surpreender que o cupim seja usado como a metáfora que coroa a história, símbolo da podridão do sistema canceroso que Clara combate heroicamente (mas sem deixar de usufruir seus benefícios). Clara, aliás, tem ela própria uma empregada doméstica, Ladyjane, mas... ela a trata como se fosse um membro da família, legitimando e adocicando, pela via de um afeto freyriano, uma relação definida no próprio filme como sendo de exploração.

A repentina solução *deus ex machina* dos papéis misteriosos que comprometem a construtora chega a parecer desnecessária, pois, do início ao fim, *Aquarius* explicita quem são os mocinhos por quem devemos torcer e quem são os bandidos que devemos execrar. Como eles são essencialmente bons e maus, de antemão e por definição, é dispensável ancorar essa verdade numa maracutaia da construtora. Mas a solução reforça ainda mais uma narrativa fechada, que não dá ao público nenhuma liberdade de escolha ou interpretação — mais que isso, que compromete os espectadores e críticos que se julgam pessoas do bem, com as convicções políticas certas, a gostarem dele (e qualquer ressalva pode gerar suspeitas).

Mas a contradição maior de Clara está no apego obsessivo ao apartamento, que não combina muito com sua despojada alma de artista. Essa fixação a um bem material chega a parecer politicamente incorreta — sem falar que, objetivamente, Clara acha mais justo ser a única moradora de um prédio inteiro que permitir que dezenas de famílias possam usufruir a sua vista para o mar: afinal de contas, a sua memória afetiva é mais importante que a situação concreta dos moradores que saíram de seus apartamentos e aguardam há anos a construção do novo condomínio (estes estão do lado dos vilões, como sugere a sequência em que Clara é interpelada em tom ameaçador por um ex-vizinho que ela conheceu criança). Por fim, ela afirma, como grande lição que tirou da vida, preferir provocar um câncer a ter um câncer. São estas as únicas opções na vida?

Por tudo isso, apesar dos muitos méritos que confirmam o talento cinematográfico incomum de Kleber Mendonça Filho, em vários momentos de *Aquarius* minha vontade foi me levantar, chamar a personagem num canto e dizer a ela: "Desapega, Clara, aceita a transitoriedade das coisas. O passado pode ser uma carga pesada. Vende logo esse imóvel, aproveita a vida, vai curtir seu neto". Ou, para usar outra metáfora do filme, mais adequada e significativa: "Saia desse aquário em que você escolheu viver".

Embora, na época, eu nem sequer cogitasse escrever este livro, é fácil identificar no texto questões essenciais para o que está sendo discutido aqui. Até porque o próprio filme *Aquarius* se tornou objeto e instrumento da guerra de narrativas, quando cineasta, elenco e equipe técnica optaram por vincular a recepção e a carreira da obra ao discurso do golpe.

Péssima decisão. *Aquarius* é um filme excelente em diferentes aspectos. A direção de atores é exemplar. Sônia Braga dispensa comentários. E algumas sequências são memoráveis. Mas os realizadores optaram por trocar o papel de artistas pelo de intelectuais orgânicos de um campo que desmoronava, e cujo projeto de poder entrava em modo de colapso iminente.

Dois momentos marcaram essa transformação de um filme em uma ferramenta de disputa política:

Primeiro, quando, no Festival de Cannes, em maio de 2016, o diretor e parte do elenco de *Aquarius*, talvez seguindo maus conselhos, decidiram aproveitar a visibilidade internacional oferecida pela ocasião para fazer um pequeno ato midiático, levantando plaquinhas "contra o golpe" no tapete vermelho do festival — como se este fosse um ato de extrema valentia e resistência.

Uma coisa chamava a atenção: os trajes de gala, os vestidos de luxo e os sorrisos de capa de revista estampados nos rostos das atrizes não combinavam nada com a gravidade da denúncia. Não se denuncia um golpe com uma expressão de felicidade e festa no rosto: um dos dois parecerá falso, ou a felicidade ou a denúncia. E todos pareciam verdadeiramente felizes na foto.[*]

Na tentativa de internacionalizar uma guerra de narrativas doméstica, tudo o que se conseguiu foi ofuscar os méritos artísticos de *Aquarius*, que dali em diante deixava de ser um filme cheio de qualidades para ser inevitavelmente reduzido a uma peça panfletária em defesa de um governo que, objetivamente:

- estava envolvido em um assombroso escândalo de corrupção, que desviara sem piedade bilhões de reais do povo brasileiro;
- perdera o apoio de uma maioria expressiva da sociedade, que estava indo às ruas pedir sua queda em várias das maiores manifestações populares da nossa história;
- perdera completamente o controle da economia, provocando inflação e desemprego galopantes *e perda de direitos*, que afetavam principalmente os mais pobres (que, aliás, não dão a menor importância ao que acontece no Festival de Cannes);
- perdera totalmente o apoio de sua base aliada no Congresso Nacional, e com ele as condições mínimas de governabilidade;
- enfrentava um processo de impeachment que em breve seria referendado pelos poderes Legislativo e Judiciário (e pelas ruas).

---

[*] "Equipe de *Aquarius* protesta em Cannes contra impeachment de Dilma", *G1*, 17 maio 2016. Disponível em: <http://g1.globo.com/pop-arte/cinema/noticia/2016/05/equipe-de-a-quarius-protesta-em-cannes-contra-impeachment-de-dilma.html>. Acesso em: 29 nov. 2017.

Por conta disso, apesar das quase unânimes previsões otimistas da mídia especializada, *Aquarius* acabou saindo de Cannes sem nenhum prêmio — talvez porque os jurados internacionais tenham percebido que, a partir daquele protesto, não estariam premiando um filme, mas participando de uma guerra de narrativas que não era deles.

O segundo momento foi quando *Aquarius* perdeu a indicação do Brasil para o Oscar de Melhor Filme Estrangeiro. O longa-metragem indicado foi *Pequeno segredo*, de David Schurmann, um filme sob todos os aspectos qualificado a disputar a estatueta.

Infelizmente, *Pequeno segredo* também foi reduzido de obra artística a ferramenta de guerra política: o filme foi objeto de uma impressionante campanha de ódio. Nunca se viu nada parecido nas redes sociais.

Memes com o título "Pequeno golpe", ofensas e agressões em série foram postadas na página de *Pequeno segredo* no Facebook por pessoas que *não tinham assistido ao filme* — e que, portanto, não tinham condições objetivas de avaliar se era melhor ou pior que *Aquarius*. Foi, literalmente, um "não vi e não gostei" coletivo, motivado pelo ressentimento político.

Mas, ainda que essas pessoas tivessem assistido a *Pequeno segredo* e achassem *Aquarius* melhor: é preciso respeitar as regras e saber perder. A escolha seguiu o ritual de sempre, e a comissão foi formada segundo os critérios previstos.

Mas, para o campo derrotado, regras e critérios só devem ser respeitados quando o resultado é o desejado. Caso contrário, é golpe.

* * *

Apesar de suas muitas qualidades, refletidas na carreira internacional do filme e no seu relativo sucesso de público, a narrativa de *Aquarius* refletia aspectos do novo pensamento hegemônico que se tentava implantar no Brasil. Nesse sentido, o longa também pode ser analisado de um ponto de vista sociológico e político.

Voltando ao texto da crítica:

> Unidimensional, Clara representa o bem, a ética, o afeto, a tolerância, a cultura e a memória, enquanto os representantes da construtora encarnam o mal, a ignorância, a ambição, o dinheiro e a falta de caráter.

Esse entendimento maniqueísta do mundo foi adotado claramente pelo campo governista: "ou você está conosco, ou você encarna o mal, a ignorância e a falta de caráter". Com o apoio de artistas, professores e outros intelectuais, a juventude se torna presa fácil dessa narrativa. Se alguém questionasse, bastava mandar estudar história.

> [...] a narrativa de *Aquarius* trai em diversos momentos as contradições da classe média que retrata. Um problema recorrente é que, em Clara, a situação de classe não bate com a consciência de classe, nem com o discurso de classe. [...] Clara, por qualquer critério, integra a elite recifense, mas não se enxerga como tal — tanto que usa a palavra *elite* em tom depreciativo.

Um fator fundamental do êxito da narrativa governista foi esse: independentemente da própria condição socioeconômica, todos e cada um podem sempre dizer que *a elite são os outros*. Você pode ser uma dondoca rica, morar em Ipanema ou nos Jardins, passar férias na Provence e nunca ter visto um miserável na vida. Mas basta aderir ao lulopetismo para ganhar um diploma de pobre honorária.

Se for estudante universitária, melhor ainda: fará parte do proletariado intelectual. Elite eram aqueles que, mesmo tendo que trabalhar duro para pagar contas e impostos, que eram desviados para pagar propina, protestavam contra os escândalos de corrupção. Ou seja, se você for pobre e ganhar salário mínimo, mas não votar do PT ou nos seus puxadinhos, você é da elite. Entendeu?

> Outra personagem filosofa: "Nós exploramos elas, elas nos roubam" — como se fosse este o contrato social do nosso tempo: aceitemos ser roubados, pois vivemos em um país onde a desigualdade social é imensa etc.

A mensagem aqui é perversa, porque esconde o seu verdadeiro significado. Nas entrelinhas da fala, sugere-se que devemos ser tolerantes com a desonestidade dos pobres, porque são explorados. Como membros culpados da elite, devemos aceitar que nos roubem, até com certa dose de remorso: coitados, eles são explorados, normal que nos roubem.

A primeira perversidade é sugerir que a desonestidade é consequência necessária da pobreza — e por extensão, sugerir que todos os pobres são desonestos. Não são. Ou que a pobreza lhes dá o direito de serem desonestos. Não dá.

E, no entanto, essa tese é defendida por uma parcela significativa da burguesia petista. Eu me dei conta disso quando, no meu ambiente de trabalho, comentava-se algum episódio de violência urbana no Rio de Janeiro e uma colega, de classe média alta e moradora de um bairro da Zona Sul, afirmou: "Se eu fosse pobre, também roubava".

Minha reação instintiva foi torcer para que a moça que serve o café e a senhora que cuida da limpeza não estivessem por perto: se ouvissem aquilo, ficariam justamente ofendidas e poderiam reagir mal. Porque essa ideia de que pobres têm o direito de serem desonestos só existe na cabeça de certa classe média: para a imensa maioria dos brasileiros pobres, a honestidade ainda é um valor.

Mas há uma perversidade subliminar pior que a de associar a desonestidade à pobreza: a mensagem de que, para reverter a desigualdade social do Brasil, você deve aceitar que o governo popular roube, corrompa, faça falcatruas, minta, calunie e eventualmente até assassine. Afinal de contas, o bem feito aos pobres justifica tudo.

Resumindo: você deve aceitar calado ser roubado pelos pobres, porque são pobres e, portanto, têm o direito de roubar; e deve aceitar calado ser roubado pelos que estão no poder, porque eles representam os pobres e fizeram muito por eles.

> Clara, aliás, tem ela própria uma empregada doméstica, Ladyjane, mas... ela a trata como se fosse um membro da família, legitimando e adocicando, pela via de um afeto freyriano, uma relação definida no próprio filme como sendo de exploração.

Se você apoia o PT, pode ter uma empregada doméstica. Mas se você é contra o PT, não pode — e, se tiver, será objeto de execração nas redes sociais. Simples assim.

(Parênteses: essa ambiguidade em relação às domésticas já tinha ficado explícita em outro longa-metragem, cheio de qualidades, mas que foi igualmente contaminado pelo clima de polarização política que dominava o país — o excelente *Que horas ela volta?.*

Ainda que a narrativa pese a mão na vilanização da personagem dondoca — a patroa "do mal", representante da elite a ser execrada — cedendo a alguns estereótipos de representação, o filme explora de forma bastante envolvente a complexidade das relações afetivas e sociais em um núcleo familiar, a partir da transformação provocada na casa pela chegada da filha da empregada, que aparece como elemento disruptor que desordena uma situação de equilíbrio.

Ironicamente [e talvez inadvertidamente], *Que horas ela volta?* se aproxima, em alguns aspectos, de um discurso conservador. Por exemplo, a filha da empregada passa no vestibular sem recorrer às cotas, enquanto o jovem "coxinha" é reprovado — um elogio provavelmente involuntário à meritocracia e ao esforço individual [pois todo mundo sabe que filhos de empregadas não têm condições de concorrer com os filhos da elite, não é mesmo?].

Além disso, o filme faz uma crônica quase gilbertofreyriana dos laços afetivos que se estabelecem no ambiente doméstico, subvertendo relações de classe e poder, o que se manifesta, por exemplo, no carinho sincero entre o rapaz e a doméstica, ou na atração do patrão pela hóspede inesperada. O conservador autor de *Casa-grande e senzala* certamente teria gostado.

Ou seja, as sutilezas dos personagens e situações *Que horas ela volta?* vão muito além dos esquematismos ideológicos que marcaram a sua recepção. Curiosamente, um perfil da diretora do filme, publicado na época pela *Folha de S.Paulo,* começava contando que foi a empregada doméstica quem abriu a porta da casa da diretora para a reportagem do jornal. Chamada Raimunda [Faz a comida, cuida da roupa, limpa tudo há vinte anos", dizia a matéria], ela servia café para as visitas sem qualquer problematização ou conflito. Porque, como a personagem Clara de *Aquarius*, cineastas estão autorizados a ter uma empregada doméstica sem culpa, desde que façam parte da "galera do bem".)

Voltando à crítica de *Aquarius*:

> [...] a solução reforça ainda mais uma narrativa fechada, que não dá ao público
> nenhuma liberdade de escolha ou interpretação — mais que isso, que compro-
> mete os espectadores e críticos que se julgam pessoas do bem, com as convic-
> ções políticas certas, a gostarem dele (e qualquer ressalva pode gerar suspeitas).

É isso: quando um filme deixa de ser um filme para se transformar em ferramenta de disputa política, você passa a ser obrigado a gostar dele; caso contrário ficará sob suspeita de "crimideia", o crime do pensamento de que falava George Orwell.

A divisão do país entre "nós" e "eles" e a polarização radical da sociedade em um nível nunca visto — amizades rompidas, parentes deixando de se falar etc. — só foi possível porque a sociedade brasileira apresenta com intensidade cada vez maior um traço distintivo explicitado em *Aquarius*, e que é alimenta-do e reforçado sobretudo entre os mais jovens, cuja consciência foi moldada ao longo de mais de treze anos de Escola com Partido: a culpa da classe média.

Fato: a classe média que se julga de esquerda se sente moralmente com-prometida a assumir a bandeira dos pobres e das minorias. Ótimo. O proble-ma é que:

1) Essa classe média não recebeu dessas minorias qualquer procuração (muito menos exclusividade) para representá-las e falar em seu nome;

2) Essa classe média frequentemente desconhece totalmente os valo-res, opiniões, necessidades e reais condições de vida dessas minorias;

3) Essa classe média associa qualquer divergência político-partidária a um ódio imaginário contra essas minorias;

4) Essa classe média não entende patavinas de economia e de adminis-tração pública;

5) Essa classe média não percebe que pobreza não se resolve com me-didas populistas, mas com educação e trabalho.

Nesse sentido, a *posição de classe* da burguesia petista não coincide com sua *consciência de classe*; e essa consciência de classe se torna, assim, uma "má consciência de classe". O que, em um contexto de disputa política acirrada, a empurrará, sempre e incondicionalmente, não para o lado que apresentar as melhores propostas para o país, mas para o lado que conseguir se vender como representante exclusivo dos "menos favorecidos" e "contra as elites", explorando politicamente a vitimização e o "coitadismo" — especialidade do PT e seus puxadinhos.

É a doutrinação sistemática nas salas de aula das escolas e universidades ao longo de décadas que explica esse fenômeno da "burguesia petista". Da universitária da PUC carioca que viaja todos os anos para a Europa e só usa roupas de grife, mas adora posar de pobre, à madame paulistana que nunca pôs os pés fora dos Jardins e não sabe o caminho da cozinha da própria casa, mas acha lindo postar *selfies* no Facebook com a legenda "Não vai ter golpe!", "Não reconheço governo golpista" ou "Fora Temer".

A esse respeito, vale a pena transcrever um trecho de uma entrevista do cientista político Roberto Romano, realizada já em agosto de 2005, quando o Brasil estava absorvendo o impacto do escândalo do Mensalão:

> Além de técnicos de lavagem de cérebros como Duda Mendonça, [Nizan] Guanaes etc., a ideologia da esquerda ajuda muito na gênese dos mitos políticos. A "blindagem" da figura de Lula entra na má consciência da classe média, inclusive universitária, que se sente culpada pelos bens culturais à sua disposição, o que lhe dá uma parcela (cada vez menor) dos bens materiais. Em muitos casos, sobretudo na classe média que sobe na vida por meio da política, a má consciência se transforma em má-fé. Para salvar o mito e as próprias certezas, os que vivem de ideologia e se recusam a pensar o que é efetivo, investem contra os fatos.
>
> Assim, mesmo depois de o governo Lula ter optado pela política econômica mais conservadora, arrancando recursos da saúde, da educação, da segurança, semelhante esquerda ainda fala em "golpe" contra o presidente que estaria "mudando o Brasil". Mesmo quando a evidência solar é de perfeito alinhamento com o FMI, fala em "governo que luta pela soberania nacional e contra o imperialismo". Os slogans adquirem o estatuto de fórmulas de magia e de encantamento para exorcizar os fatos que os desmentem. É má-fé em estado puro. [*]

* * *

Em um determinado momento da crise, tornou-se estranhamente comum ver militantes narrativos debocharem de quem associava o PT, Lula e Dilma ao socialismo. De forma deliberada ou inocente, o que esses militantes

---

[*] Disponível em: <http://robertounicamp.blogspot.com.br/2007/05/corrupao-m-conscincia--transformada-em-m.html>. Acesso em: 8 fev. 2018.

estavam fazendo era, mais uma vez, tentar legitimar um projeto de poder por meio da desqualificação dos adversários, ridicularizados por — supostamente — acreditarem que o PT era "comunista".

Essa tática de atribuir ao adversário coisas que ele não diz ou pensa para, em seguida, ridicularizar o que ele não disse nem pensou é uma das mais recorrentes na guerra de narrativas. Colocado na defensiva de forma desonesta, o interlocutor se vê forçado a perder tempo explicando seu ponto de vista.

Mas, por vias tortas, esses militantes tinham razão: muito mais que com um programa de cunho socializante ou esquerdizante, o projeto lulopetista tinha a ver com um populismo assistencialista, que evocava o coronelismo à moda antiga e o voto de cabresto — mas sem o cabresto, porque o campo governista entendeu, seguindo a receita gramsciana, que a persuasão e a doutrinação são muito mais eficazes que qualquer forma de coerção.

Um olhar retrospectivo revela que, nesse processo, ao longo dos quase catorze anos do ciclo do PT no poder, estiveram em marcha diferentes mecanismos, paralelos e complementares, voltados para a persuasão, conquista e controle da opinião pública, materializados:

a) na já citada doutrinação sistemática dos estudantes das Escolas e Universidades com Partido;

b) no discurso de desqualificação permanente (e, simultaneamente, na ocupação "por dentro") da grande mídia, ao mesmo tempo que se promovia a multiplicação de veículos "independentes" ("governistas", na novilíngua lulopetista), financiados com dinheiro público.

Por mais de uma geração, o controle objetivo dos aparelhos ideológicos de Estado pelo campo associado ao PT facilitou enormemente a persuasão continuada de uma maioria consistente dos eleitores a respeito dos méritos do partido, que seria referendada periodicamente pelo voto.

O grupo dominante e o grupo dirigente se tornaram um só, focado na consolidação a médio e longo prazo de uma nova hegemonia: consolidação gradual, não violenta e não revolucionária, e por isso mesmo mais eficaz. Enquanto a economia do país se manteve saudável, esse projeto foi extremamente bem-sucedido.

Toda uma geração cresceu e se formou sem conhecer concretamente outro Brasil que não aquele vendido pelo lulopetismo. Quem tinha dez anos em 2002, quando Lula foi eleito pela primeira vez, tem 25 em 2017: em um período decisivo da vida, essa geração se tornou adulta à base de uma dieta hipercalórica de ideologia e desinformação.

Na cabeça dessa geração, ao longo de quinhentos anos, do descobrimento até 2002, o Brasil esteve dividido entre a casa-grande e a senzala. Para esses jovens, até a eleição de Lula não havia escolas nem hospitais para os pobres. Os negros eram proibidos de viajar de avião. As mulheres eram sistematicamente estupradas pela elite branca e fascista. Homossexuais eram torturados e atirados do alto de edifícios.

A hipérbole é usada para demonstrar que, para as gerações que só tiveram um contato de segunda mão com o Brasil pré-PT, aquilo que lhes foi inculcado nas salas de aula se tornou determinante do seu entendimento da realidade política e da história recente do país. Em um período de tempo bastante curto, o nosso passado recente se reduziu a um conjunto de frases feitas, moldadas para desautorizar qualquer discurso político alternativo ao lulopetismo.

O Brasil foi definitivamente dividido entre "nós" e "eles". Quem ousava discordar dessa visão bipolar era imediatamente esbofeteado com um "Vai estudar história!" por parte de jovens que, da história brasileira, só tinham aprendido o que interessava ao grupo no poder.

E quem defendia um sistema educacional livre de doutrinação ideológica era imediatamente esmurrado com outra frase feita: "Escola sem pensamento crítico não é escola". Este foi, aliás, mais um caso de estupro da linguagem e da lógica típico do duplipensar lulopetista.

É verdade, por óbvio, que escola sem pensamento crítico não é escola. Mas é exatamente por isso que a doutrinação é nociva, seja ela de esquerda ou de direita: pensamento crítico só se estabelece com uma apresentação plural de ideias, não com a inculcação sistemática de uma cartilha ideológica, de um pensamento único.

O que os militantes de redes sociais não enxergam é que a mesma lei que hoje é usada a seu favor poderá, no futuro, ser usada contra eles. Hoje quem está no poder é a sua turma, amanhã pode ser outra. Se hoje você admite que a sua turma rasgue a Constituição a seu favor, amanhã não poderá reclamar se outra turma, no poder, rasgar a Constituição contra você.

Por exemplo, controle da mídia pode parecer ótimo quando quem controla a mídia está do seu lado. Mas amanhã pode ser seu adversário, e aí? Você vai achar legal quando a direita (ou a esquerda, tanto faz) estiver controlando o que a mídia divulga?

A mesma lógica se aplica à Escola sem Partido (nome com que ficou conhecida a proposta do Projeto de Lei 193/2016, do senador Magno Malta). O programa defendia, basicamente, a neutralidade dos professores em sala de aula diante de questões políticas, ideológicas e religiosas. Nada além do bom senso.

Quem defende a doutrinação em sala de aula pela esquerda hoje não poderá reclamar se amanhã a doutrinação for de direita. E esta não é uma hipótese de todo absurda. Em agosto de 2017, foi divulgado um vídeo em que alunos de um colégio militar homenageavam Jair Bolsonaro. A esquerda — a mesma que combate a Escola sem Partido — não gostou. Nem eu. Mas ou você defende uma escola sem doutrinação dos alunos ou não poderá reclamar quando essa doutrinação não for aquela que você gosta.

Escola sem Partido não é escola sem pensamento crítico, ao contrário: é escola sem pensamento único. O contrário da Escola sem Partido é a Escola com Partido, que é o que ainda temos hoje — e poderemos ter amanhã, com os sinais trocados.

Doutrinar jovens nas escolas é um procedimento autoritário e perverso, independente daquilo que se inculca na cabeça dos estudantes, em um período particularmente vulnerável de suas vidas. O que a doutrinação produz nessa fase de formação são cidadãos que enxergam o mundo em preto e branco, e a política como uma disputa entre o bem e o mal.

Mas o que preconiza, afinal de contas, a Escola sem Partido, que causou tanta revolta na "galera do bem" que gritava "Dilma fica!" e "Não vai ter golpe"? As diretrizes do programa são claríssimas:

DEVERES DO PROFESSOR

1. O professor não se aproveitará da audiência cativa dos alunos para promover os seus próprios interesses, opiniões, concepções ou preferências ideológicas, religiosas, morais, políticas e partidárias.

2. O professor não favorecerá nem prejudicará os alunos em razão de suas convicções políticas, ideológicas, morais ou religiosas, ou da falta delas.

3. O professor não fará propaganda político-partidária em sala de aula nem incitará seus alunos a participar de manifestações, atos públicos e passeatas.

4. Ao tratar de questões políticas, socioculturais e econômicas, o professor apresentará aos alunos, de forma justa — isto é, com a mesma profundidade e seriedade —, as principais versões, teorias, opiniões e perspectivas concorrentes a respeito.

5. O professor respeitará o direito dos pais a que seus filhos recebam a educação moral que esteja de acordo com suas próprias convicções.

6. O professor não permitirá que os direitos assegurados nos itens anteriores sejam violados pela ação de terceiros, dentro da sala de aula.

Somente a ingenuidade ou a má-fé podem explicar a atitude de quem é contra esse programa.

* * *

Até junho de 2013, quando as Jornadas de Junho começaram a mudar o panorama político do país, a guerra de narrativas enquadrou todos os brasileiros em uma grade simplória e maniqueísta, na qual só existem duas caixinhas. Na primeira estavam aqueles que, sendo "do bem", estavam ao lado do povo e, portanto, do governo popular do PT; na outra, aqueles que, sendo "do mal", estavam do lado dos ricos e das elites — ou seja, todos aqueles que criticavam o petismo.

O primeiro grupo inclui todos aqueles que assimilaram como dogma moral e verdade absoluta a tese de que Lula e o PT representam o bem — e por extensão, de que todos os que se colocam contra ele representam o mal.

Esta não é uma escolha racional: é uma questão de fé, que tem muito a ver, portanto, com a religião: quem assimila uma doutrina passa a enxergar o mundo através dela — ou seja, passa a simplesmente não enxergar aquilo que a contraria.

Nesse sentido, o petismo deve ser considerado uma religião, naquilo que as religiões podem ter de pior: a intolerância, o sectarismo, o dogmatismo, o fundamentalismo e, principalmente, o sentimento de superioridade moral em relação àqueles que não compartilham da mesma fé.

O que professores da escola com Partido fizeram e continuam fazendo em sala de aula não é muito diferente, na essência e na forma, daquilo que os pastores evangélicos fazem em seus templos. Para uns e para outros, o que importa é a adesão de quem escuta — não com base na racionalidade do que é dito, mas na expectativa emocional e psicológica de uma *recompensa*.

No caso dos adolescentes e jovens adultos, essa recompensa é o sentimento de aceitação e pertencimento a um grupo social, o sentimento de fazer parte e de ser reconhecido como igual, o sentimento de estar do lado certo — inestimável nessa fase da vida.

E tudo isso por um preço muito baixo, que não exige esforço, mérito, nem capacidade: o preço é dizer "sim".

Não importa o que façam o PT e seus puxadinhos, "nós" continuaremos a apoiá-los. Mesmo se eles roubarem, mentirem, corromperem, caluniarem, destruírem a economia do país, nós diremos "sim", porque aprendemos que é moralmente certo apoiá-los, e é este apoio que nos trará o sentimento inestimável de pertencimento e aceitação.

Não foram poucos os que caíram ingenuamente nessa armadilha. Mas, ao lado dos fiéis sinceros e dos ideológicos convictos, é claro que havia e continua havendo os intelectualmente desonestos, os *idealistas que lucram com seu ideal* (outra formulação brilhante de Millôr Fernandes)[*]. Unindo honestos e desonestos, culpados e inocentes úteis, estava e está a mesma cegueira, a mesma incapacidade de enxergar a realidade sem as lentes da ideologia.

Nesse fenômeno, um caso à parte são os intelectuais e artistas —músicos, cineastas, escritores, artistas plásticos —, muitos deles autores de obras geniais, diga-se de passagem. Mas, desde sempre, um artista pode ser um completo imbecil politicamente mesmo produzindo uma obra genial. O caso mais famoso é o do poeta Ezra Pound.

No Brasil, país no qual a cultura é totalmente dependente do Estado, e onde os aparelhos ideológicos ligados à esfera cultural foram ocupados de

---

[*] *Millôr 100 + 100 — Desenhos e frases*. Rio de Janeiro: Instituto Moreira Salles, 2014.

ponta a ponta, do primeiro ao último escalão, por companheiros do PT e das suas linhas auxiliares, não é difícil entender por que isso acontece.

Quem leu Gramsci sabe a importância que a cooptação da classe artística — e dos estudantes e de setores da mídia — tem para o êxito de qualquer projeto de poder e para a consolidação de um novo pensamento hegemônico. O controle da cultura (inclusive dos seus mecanismos de financiamento, é claro, mas não apenas isso) representa, em um nível muito profundo, o controle do imaginário da sociedade.

Por isso mesmo, a importância do controle da narrativa entre os atores da arena cultural não deve ser diminuída, pois os artistas, por sua influência e exemplo, contribuem decisivamente para impor até mesmo a pauta e os termos da argumentação no debate político.

Foi o que se viu no Brasil de Lula e Dilma: com a contribuição de intelectuais e artistas, a linguagem lulopetista se tornou dominante a ponto de tornar moralmente inaceitável a fala de quem a ela se contrapunha.

* * *

A maioria dos militantes narrativos julga sinceramente estar do lado certo ao defender o campo lulopetista, e que fechar os olhos para seus malfeitos é um preço baixo a pagar pelo bem que Lula fez aos pobres. Contribuem, assim, para a reprodução de uma hegemonia que é muito pouco democrática em suas práticas e muito questionável em seus métodos.

Não deixa de ser irônico que as vítimas preferenciais dessa armadilha sejam da classe média. No Brasil do PT, foi sobretudo a classe média que se manteve sujeita (no sentido de submetida, subordinada) à patrulha e à dominação emocional e simbólica, ainda que essa mesma classe fosse levada a crer que era o sujeito (no sentido de agente) de suas próprias escolhas.

Nas classes populares, o apoio do eleitorado ao PT era muito menos incondicional e não tinha nada de ideológico: o voto dos pobres era pragmático, ancorado nos bons ventos da economia e na melhoria real dos indicadores sociais, não em ideologia. Hoje — como, aliás, na sua origem, a base do PT são os intelectuais e acadêmicos de classe média.

Apesar de seu poder como formadores de opinião, numericamente essa base é muito modesta.

A reeleição de Dilma foi fruto não dos votos dessa elite intelectual e acadêmica e de suas vítimas na Escola com Partido, mas de uma aposta final no convencimento do eleitorado menos ideológico e, portanto, mais volátil: os brasileiros pobres.

Descartada a opção Marina Silva, após uma sórdida campanha de desqualificação da candidata, no segundo turno da eleição de 2014, duas alternativas se apresentavam para esses eleitores:

- de um lado, a perspectiva realista da necessidade de uma correção de rumos urgente e difícil na economia;
- do outro, a promessa de um Brasil cor-de-rosa, a perspectiva fantasiosa da continuidade da ilusão de que tudo ia bem, de que iniciaríamos um novo ciclo de crescimento, de que a inflação estava sob controle, de que a festa do consumo irresponsável regado a crédito fácil seria retomada.

Emocional e psicologicamente, é compreensível que a maioria dos brasileiros indecisos tenha optado pela alternativa B. Mas, quando o eleitor quer o impossível, acaba elegendo mentirosos.

Também é compreensível, porém, que, uma vez expostas as mentiras da campanha, boa parte desses eleitores tenha se arrependido de seu voto, como demonstraram de forma inequívoca as pesquisas e as ruas.

O que ficou demonstrado é que o sucesso dos dois governos de Lula se deveu em medida muito maior à manutenção da estabilidade econômica e aos bons índices de inflação e desemprego que a qualquer consideração de cunho ideológico.

Fato: a maioria da população apoiou Lula — a ponto de acreditar nele quando disse que Dilma seria uma boa presidente — não porque o PT fosse de esquerda (não era tanto assim) ou porque a oposição fosse de direita (também não era tanto assim), mas porque, durante os seus governos, em grande parte graças aos bons ventos internacionais, a gestão da economia gerou resultados concretos e perceptíveis pelo brasileiro comum.

Um erro capital de Dilma Rousseff foi contar com a lealdade ideológica desses brasileiros comuns, no caso de os ventos da economia mudarem — o que era questão de tempo.

Ninguém é leal a um governante ou partido quando não tem emprego nem condições de dar uma vida decente aos seus filhos. Muito menos quando esse partido é o responsável direto por essa situação de precariedade. Muito menos quando esse partido está diretamente envolvido no maior escândalo de corrupção da nossa história.

* * *

Ao longo de décadas, sob governos de diferentes partidos, a população brasileira desenvolveu uma tolerância forte a escândalos de corrupção. Já era assim na ditadura militar e mesmo antes dela.

A ditadura instaurada em 1964, aliás, apresenta diversos pontos em comum com o ciclo do PT no poder, começando pelo fato de que os militares eram altamente estatizantes e surfaram nos anos do milagre econômico; mas, quando perderam as rédeas da economia, perderam também, e completamente, as condições de governar.

Este é um dos traços distintivos mais tristes da nossa sociedade: a tolerância a governantes corruptos — que, por sua vez, contam com essa tolerância para reforçar sua certeza da impunidade.

É esse contexto de conformidade com o "rouba, mas faz" que explica que o campo lulopetista, em determinada altura, tenha lançado mão dos seguintes argumentos, que em países normais seriam descartados por serem ridículos, mas que no contexto da guerra de narrativas foram levados a sério por muita gente:

O PT *não inventou a corrupção.*

É notável, em primeiro lugar, a má-fé desse enunciado, pois estabelece como premissa implícita uma acusação que ninguém fez. Ninguém jamais afirmou que o PT inventou a corrupção. Independentemente disso, o fato de não ter inventado um crime não isenta o criminoso de culpa.

É um argumento tão tolo que, para rebatê-lo, basta lembrar que Al Capone também não inventou a máfia, ou que não foi o Fernandinho Beira-Mar quem inventou o tráfico. Isso diminui de alguma maneira a culpa e a responsabilidade deles dois pelos crimes que cometeram? É evidente que não.[*]

O discurso contra a corrupção é moralista.

Este enunciado, também repetido à exaustão, inclusive por intelectuais e artistas ("Não caia nessa conversa de corrupção!"), é tão ofensivo a qualquer pessoa com um mínimo de formação ética que chega a ser um tiro no pé.

Sua adoção se torna até compreensível, uma vez que ficou impossível continuar negando a fratura exposta da roubalheira transformada em método pelo campo no poder: "Como não dá mais para negar a realidade, vamos tentar minimizá-la". Mas, ao minimizar a gravidade dos escândalos em série, o que os militantes narrativos fizeram foi jogar no colo dos seus adversários a bandeira da ética.

A esquerda continua embarcando nesse discurso. E a direita agradece.

A oposição ao PT quer a volta da ditadura.

Outro traço distintivo da sociedade brasileira explorado com maestria pelo lulopetismo é o trauma do golpe de 1964. Alimentando o medo irracional de um retorno dos militares ao poder, a guerra de narrativas tentou associar de forma sistemática qualquer oposição a Lula e Dilma a uma ação golpista e à saudade da ditadura.

Essa tática discursiva se explicitou quando o governo perdeu o controle sobre as gigantescas manifestações populares que eclodiram em junho de 2013. Para esvaziar e desqualificar os protestos, que estavam acertando em cheio a popularidade até então "intocada" da presidente Dilma Rousseff, o campo lulopetista tentou colar nos manifestantes que levantavam a bandeira do combate à corrupção a imagem de defensores do regime militar.

Mais uma vez, a tese era ridícula, mas muita gente honesta caiu nessa armadilha, sem se dar conta de que foi justamente no momento em que os protestos começaram a assumir contornos antidilmistas que os militantes

---

[*] A melhor resposta a esse enunciado foi dada pelo colunista de *Veja* Reinaldo Azevedo: "O PT não inventou a corrupção, mas fez dela um ato de resistência". Disponível em: <https://veja.abril.com.br/blog/reinaldo/uma-frase-do-carvalho/>. Acesso em: 8 fev. 2018.

governistas passaram a recorrer à tática desonesta de semear o medo de um retorno fictício dos militares.

Essa tática foi muito usada pelos adeptos da narrativa do golpe. Por exemplo, no livro *A outra história da Lava-Jato*, o jornalista Paulo Moreira Leite afirma:

> [...] os protestos tiveram início com passeatas de estudantes que pediam o cancelamento de passagens de ônibus, mas logo passaram a exibir cartazes com mensagens antidemocráticas, como "Povo unido não precisa de partido", dirigidas diretamente ao PT [só na cabeça do autor, *sic*], e ainda "Chega de políticos incompetentes!", e mesmo "Intervenção militar já!".*

Ora, o golpe militar aconteceu há mais de cinquenta anos, e o regime militar terminou há mais de trinta. Mas os militantes narrativos continuavam usando o pretexto enganoso da defesa da democracia como escudo para justificar a corrupção e a incompetência de um governo que fez de tudo para se perpetuar no poder.

Fato: os militares que temos hoje no país (incluindo os atletas que salvaram o desempenho do Brasil nas Olimpíadas de 2016, vale lembrar) não têm nada a ver com a ditadura. O seu comportamento nesta e em outras crises políticas recentes foi exemplar e rigorosamente institucional. Insistir nesse enunciado é não apenas ofensivo para as Forças Armadas e para milhões de brasileiros que nunca apoiaram qualquer regime autoritário (ao contrário de muitos militantes petistas, que apoiam o regime de Maduro e outras ditaduras), como também prova da desonestidade intelectual daqueles que até hoje ganham a vida explorando essa página sombria da nossa história: são os *gigolôs da ditadura*.

A eficácia do discurso do golpe também sinaliza o grau da lavagem cerebral a que foi submetida toda uma geração que nem era nascida quando os militares deixaram o poder. A destruição da consciência crítica desses jovens, que chegaram à idade adulta durante o ciclo lulopetista, produziu uma geração cognitivamente comprometida, incapaz de pensar fora da cartilha que lhes enfiaram na cabeça a marteladas, nas escolas e universidades com Partido.

---

* Paulo Moreira Leite, *A outra história da Lava-Jato*. São Paulo: Geração Editorial, 2016.

Pessoalmente, o autor admira a coragem de quem arriscou a vida combatendo a ditadura militar; mas admira ainda mais quem, com o passar dos anos, fez uma autocrítica — como Fernando Gabeira, para citar só um exemplo — e hoje reconhece que o contexto que vivemos é completamente diferente, não cabendo qualquer analogia entre a deposição de João Goulart em 1964 e a queda de Dilma em 2016.

Além disso, por deplorável e absurda que seja qualquer forma de tortura, ter sido preso e torturado não faz de ninguém uma pessoa melhor, nem qualifica ninguém a nada, muito menos a governar um país. Chega de capitalizar o horror como forma de tirar proveito político do medo. Já passou da hora.

Nenhum direito a menos.

Aqui a lógica é atribuir aos que se opunham ao PT e aos que apoiaram o impeachment de Dilma Rousseff a intenção maligna de acabar com direitos sociais e promover um retrocesso.

O fato é que *quem estava excluindo direitos era o próprio governo Dilma*, ao cortar milhões de reais da Educação e da Saúde e de programas sociais — sem que nenhum intelectual, artista ou professor de história se manifestasse a respeito.

Da mesma forma que o governo Dilma mentiu ao atribuir a crise econômica a fatores externos, mentiu também ao afirmar reiteradamente que o objetivo dos "golpistas" era cortar gastos e reverter conquistas.

Na narrativa à qual muitos ainda hoje se aferram, a Dilmolândia era um país maravilhoso e próspero, até que em 2015 uma crise internacional prejudicou um pouco (só um pouco) a nossa economia. Foi quando os golpistas perversos aproveitaram o pretexto para derrubar a presidente popular.

Essa ladainha foi repetida diariamente ao longo do novo governo: assim que Michel Temer assumiu a presidência, ele provocou, com o apoio das elites brancas e perversas, um retrocesso que fez com que o Brasil voltasse, em questão de poucos meses, a ser um país desigual e miserável.

Ora, a verdade é que cortes brutais nos recursos da Educação e da Saúde começaram já no governo Dilma, por um simples motivo: dinheiro não dá em árvore. Depois de anos de gestão incompetente, irresponsável e temerária da economia, com desonerações de bilhões de reais, doações a ditaduras africanas, investimentos a fundo perdido em empresas companheiras e medidas populistas como a diminuição na marra da tarifa de energia elétrica, o dinheiro tinha acabado.

Os dados de despesas discricionárias do Ministério do Desenvolvimento Social, do Ministério da Saúde e do Ministério da Educação, disponíveis na página da Secretaria do Tesouro Nacional, falam por si. O que os números mostram é que, depois da posse de Temer, houve um *aumento* do gasto discricionário do Ministério da Saúde,[*] e o gasto discricionário dos Ministérios do Desenvolvimento Social e da Educação se estabilizou — quando todos estavam *em queda* nos últimos meses de Dilma.

Ou seja, ao contrário do que pregam os militantes da guerra de narrativas, Temer reverteu os cortes nas áreas sociais. Reverteu, também, o crescimento negativo da economia, o aumento do desemprego e a taxa da inflação.

Isso não é opinião, é fato. Em todo caso, qualquer direito eventualmente cortado pelo governo Temer teria ou terá sido consequência da conta salgada (ou da herança maldita) deixada por Dilma Rousseff, que entregou um país colapsado e à deriva, com crescimento negativo de 3,8% e inflação de dois dígitos, na pior recessão de nossa história. Essa conta levará anos para ser quitada — e será paga por todos nós que pagamos impostos, é necessário lembrar.

Só em 2015, ano que foi lançado o slogan "Pátria Educadora", o orçamento para a Educação foi cortado em 10,5 bilhões de reais. Os cortes determinados pela presidente afetaram diretamente programas como o Financiamento Estudantil (Fies) e o Pronatec, suas duas principais bandeiras na área da Educação durante a campanha de 2014.[**] Já em março de 2016,

---

[*] Rodrigo Constantino, "Mais mentiras do PF: Quando começaram os cortes de gastos nas áreas sociais?", *Gazeta do povo*, 17 out 2017. Disponível em: <http://www.gazetadopovo. com.br/rodrigo-constantino/artigos/mais-mentiras-pt-quando-comecaram-os-cortes-de-gastos-nas-areas-sociais/>.

[**] Cf. Paulo Saldaña, "No ano do lema 'Pátria Educadora' mec perde R$10,5 bi, ou 10% do orçamento", *O Estado de S. Paulo*, 1 jan. 2016. Disponível em: <http://educacao.estadao. com.br/noticias/geral,no-ano-do-lema-patria-educadora--mec-perde-r-10-5-bi--ou-10-do-orcamento,1817192>. Acesso em: 29 nov. 2017.

o montante do orçamento destinado à Saúde foi cortado em 2,3 bilhões de reais, e a verba da Educação caiu 4,2 bilhões de reais.[*]

O jornal *Extra* publicou na época um balanço dos cortes do governo Dilma na área social:

PROGRAMAS SOCIAIS TÊM CORTES DE ATÉ 87% COM DILMA[**]

Embora o Planalto diga que governo Temer é ameaça a iniciativas no setor, dez ações já perderam verbas este ano.

A despeito das críticas da presidente Dilma Rousseff de que um eventual governo Temer acabaria com programas sociais, as ações nesta área já vêm sofrendo cortes significativos em função do ajuste fiscal e da retração da economia. Pelo menos dez iniciativas importantes em diversos setores — como reforma agrária, creches, combate às drogas e até o Bolsa Família — perderam recursos neste ano em comparação com o orçamento de 2015.

[Houve] quedas reais de até 87%. É o caso da construção de creches. [...] O programa Minha Casa Minha Vida perdeu 74% das verbas. No Pronatec, a diminuição foi de 59%. Programas importantes de Segurança e Saúde, como Crack, É Possível Vencer e Rede Cegonha, tiveram redução superior a 20%.

A desidratação dos programas, como o fenômeno é chamado pelos técnicos, ocorreu principalmente nos últimos dois anos, com o agravamento do rombo das contas públicas. O governo anunciou uma tesourada no orçamento de 2016, quando refez as contas e precisou cortar 30,5 bilhões de reais. Na época, o Minha Casa Minha Vida foi o mais atingido: teve sua previsão inicial reduzida de 15,6 bilhões para 7 bilhões de reais.

Em 2015, o governo suspendeu o Minha Casa Melhor, que oferecia crédito para compra de móveis e eletrodomésticos a beneficiários do Minha Casa Minha Vida. A iniciativa, criada em 2013 como desdobramento do programa habitacional para baixa renda, acabou em menos de dois anos. [...]

Grande vitrine das gestões petistas, que alcança um quarto da população brasileira, o Bolsa Família não ficou imune às tesouradas. Em valores reais, corrigidos pela inflação, a verba do programa caiu 5,7% — de 30,4 bilhões para 28,7 bilhões de reais. [...]

Na Saúde, a situação não é diferente. O programa Unidades Básicas de Saúde, estratégico para desafogar os hospitais, perdeu 23,7% dos recursos. Iniciado em 2011, o programa Crack, É Possível Vencer está com orçamento de 395,2 milhões de reais, ante 786 milhões de reais de 2015, uma redução de 49,7%. [...]

Iniciativas na área social foram suspensas ou canceladas. O programa Ciência Sem Fronteiras é um deles. O último edital, que beneficiou 101 mil estudantes

---

[*] Cf. Bárbara Nascimento, "Governo corta mais de R$ 6 bilhões em recursos para Saúde e Educação", *O Globo*, 30 fev. 2016. Disponível em: <http://oglobo.globo.com/economia/governo-corta-mais-de-6-bilhoes-em-recursos-para-saude-educacao-18988015>. Acesso em: 29 nov. 2017.

[**] Renata Mariz e Cristiane Jungblut, *Extra*, 1 maio 2016.

de graduação ou pós com bolsas fora do país, foi em 2014. [...] O outro braço de apoio da pós-graduação, a Coordenação de Aperfeiçoamento de Pessoal de Nível Superior (Capes), do Ministério da Educação, suspendeu mais de 7 mil bolsas.

O enunciado "Nenhum direito a menos" voltou a ser muito usado durante os debates sobre a Proposta de Emenda da Constituição (PEC) 241, que estabeleceu um teto para os gastos públicos vinculado à taxa de crescimento do PIB e ao índice da inflação, logo nos primeiros meses do governo Temer.

Por ingenuidade ou má-fé, a leitura dos que teimavam em apoiar o PT (agora na oposição) era a de que a intenção por trás da PEC era congelar os recursos da Educação e da Saúde, salários e aposentadorias etc. Além do total alheamento em relação ao real teor do texto da proposta, a ideia era, mais uma vez, associar o novo governo do "usurpador" Michel Temer ao mal, ao retrocesso, ao ódio aos pobres e à retirada de direitos.

Ora, desde sempre o sonho de todos os governantes é gastar sem limites, como se não houvesse amanhã. Foi isso, aliás, o que fez o governo Dilma nos últimos anos de seu primeiro mandato, para garantir a reeleição. Deu no que deu. As consequências foram desastrosas, e o preço está sendo pago por mais de 14 milhões de desempregados e pelas classes mais humildes, que são as principais prejudicadas pela crise.

A estabilidade econômica duramente conquistada nos governos FHC e o aumento — real — de renda das famílias mais pobres acumulado nos governos Lula foram jogados na lata de lixo por Dilma Rousseff.

Com Dilma, o país chafurdaria no lamaçal de uma recessão de dimensões inéditas, como nunca antes se viu na história deste país. Todos os incluídos voltariam a ser excluídos — em parte porque, se de fato lhes foram proporcionadas condições de conforto mínimas, nunca lhes ofereceram os meios — educação e trabalho — necessários para a sua *emancipação*.

Quando essa conta chegou, de pouco adiantou, para os mais pobres, poder comprar eletrodomésticos ou celulares de última geração no crediário, em prestações a perder de vista. Então eles entenderam que, além de endividados, continuavam sem saúde, sem saneamento, sem educação, sem segurança e sem transporte. E não gostaram nada disso.

* * *

Poucos textos ilustram a guerra de narrativas de forma mais transparente (ou caricata) que o artigo "O ódio como discurso político propagado nas redes e nas ruas a serviço do golpe".* Ele integra uma das várias coletâneas de artigos "contra o golpe", publicadas em seguida ao afastamento de Dilma Rousseff da presidência da República.

Do início ao fim, a autora atribui à oposição a difusão deliberada do ódio — acusação estranha vinda de um campo que se notabilizou pela divisão dos brasileiros como método e pelo estímulo aberto ao ódio de classes (bastando lembrar a clássica fala de Marilena Chaui na qual ela afirmou, com todas as letras e quase babando de euforia: "Eu odeio a classe média!").

Não faltam no texto, é claro, referências ao "golpe parlamentar-jurídico-midiático" que depôs Dilma "sem que ela tivesse cometido crime de responsabilidade". A autora ignora, ou finge ignorar, que não é ela quem decide se houve ou não crime de responsabilidade, mas o Congresso Nacional, em processo que segue ritos acompanhados e aprovados pelo STF. Mas sigamos.

A autora cita "a nossa frágil democracia atacada pelo golpe", outro lugar-comum frequente nesse tipo de texto. Esse argumento da democracia jovem e frágil até poderia ter sido usado na época do impeachment de Fernando Collor, em 1992, quando a democracia de fato ainda engatinhava no Brasil, recém-saído da ditadura e de um medíocre governo de transição de José Sarney — eleito indiretamente como vice de Tancredo Neves, que não chegou a tomar posse.

Mesmo naquele momento, contudo, a democracia recém-restituída deu provas de seu vigor, ao expelir do poder, por meio do impeachment, o primeiro presidente eleito pelo voto direto após a redemocratização, respeitando o devido processo legal e a vontade popular. Apelar para a fragilidade da democracia brasileira, "ainda em formação" 24 anos depois, parece um despropósito e um desrespeito — desrespeito à força das instituições e à inteligência do povo.

---

* Em: Renato Rovai (org.), *Golpe 16*, op. cit.

O artigo cita também "robôs bancados por partidos políticos" em "ataques coordenados". Aqui é empregada a tática velhíssima de atribuir ao inimigo aquilo que faz o campo representado pelo próprio "sujeito da fala". Ao longo dos anos, quem demonstrou extrema competência e eficiência em trabalhar com robôs e arregimentar um exército de MAVS para atuar nas redes sociais — constrangendo, intimidando, caluniando, ofendendo — foi a militância petista.

A autora escreve como se ela e seu partido tivessem procuração exclusiva para representar a (e falar em nome da) "população negra, LGBT, mulheres feministas, ativistas em defesa dos direitos humanos e sem-terra"; e como se toda oposição fizesse parte de "uma direita cada vez mais raivosa" que odeia essas minorias e luta para ampliar a desigualdade do país.

Mais uma vez: ainda que os governos Lula tenham implementado programas meritórios de redução das desigualdades e distribuição de renda, nem o PT nem qualquer outro partido têm procuração para representar com exclusividade a população negra e pobre. Muito menos para usar negros e pobres como escudo para justificar a corrupção entranhada em um governo empenhado em fazer o diabo para se perpetuar no poder.

Nesse momento, o texto, que já era sofrível, piora ainda mais. Até aqui, a autora apenas repetia uma ladainha bastante conhecida sobre as virtudes e o progressismo do PT e a malvadeza das elites brancas e fascistas.

Mas, aparentemente empolgada com a própria retórica, ela perde qualquer limite. Primeiro, associa os não eleitores do PT a "páginas da internet que pedem a morte do ex-presidente, estimulando ataques reais" (vitimização de Lula), para em seguida afirmar: "Essa onda de ódio coordenada nas redes trabalha em conjunto com a impunidade dos agressores, assim como uma Justiça, um Ministério Público e uma mídia partidarizados".

Sobre o ataque à "grande mídia", nenhuma surpresa: mesmo que *O Globo* e a *Folha de S.Paulo* estampassem diariamente manchetes favoráveis ao governo (e não estiveram longe disso, a ponto de haver leitores que apelidassem a *Folha* de "Foice de S.Paulo" e a rede Globo de "Rede Goebbels"), esses jornais seriam e serão sempre apontados como inimigos na guerra de narrativas. Porque faz parte da lógica do autoritarismo populista eleger inimigos de fácil identificação, o que facilita a manipulação das massas pelo campo no poder.

Mas, ao atacar instituições como o Ministério Público e o próprio Poder Judiciário, a intenção é mais perniciosa: incitar o desrespeito à lei, às instituições e ao Estado democrático de direito. Isso sem falar que, se houve um partido que tentou aparelhar e partidarizar a Justiça ao longo de quase catorze anos foi, evidentemente, o próprio PT, com nomeações de cunho cada vez mais político e menos técnico nos tribunais superiores.

Basta lembrar que, no final de 2016, dos onze ministros do STF, oito tinham sido nomeados por presidentes petistas: Ricardo Lewandowski (indicado por Lula em 2006); Cármen Lúcia (indicada por Lula em 2006); Dias Toffoli (indicado por Lula em 2009); Luiz Fux (indicado por Dilma em 2011); Rosa Weber (indicada por Dilma em 2011); Teori Zavascki (indicado por Dilma em 2012); Luís Roberto Barroso (indicado por Dilma em 2013); e Edson Fachin (indicado por Dilma em 2015).

Um desses ministros foi advogado do PT,[*] e outro participou da campanha de Dilma em 2010 como porta-voz de um manifesto dos "juristas que têm lado".[**] Se isso não os desabona, seguramente torna ridícula qualquer tentativa de fazer crer que o STF foi partidário e golpista, ou que atuou contra o PT no processo de impeachment — premissa implícita ou explícita na fala de diversos intelectuais que aderem à narrativa do golpe.

Mas os militantes narrativos vão além: sempre que decisões do STF contrariam suas expectativas, esses intelectuais denigrem a imagem da instituição, atacando o "conservadorismo" do Judiciário.

Dupla distorção. A primeira: negar que, ao longo do ciclo lulopetista, o Poder Judiciário foi sistematicamente ocupado por simpatizantes do PT em todas as instâncias, incluindo o STF. A segunda: afirmar que o Judiciário é ruim por ser conservador: ora, mesmo que o Supremo fosse conservador, e está longe disso, esta seria apenas uma tendência, e não um demérito.

Nessa altura do texto, a autora cita um advogado (!) que afirma o seguinte:

---

[*] Disponível em: <https://pt.wikipedia.org/wiki/Dias_Toffoli>. Acesso em: 29 nov. 2017.
[**] Cf. Merval Pereira, "Juiz que tem lado não pode ir para o STF", *O Globo*, 15 abr. 2015. Disponível em: <http://blogs.oglobo.globo.com/merval-pereira/post/juiz-que-tem-lado-nao-pode-ir-para-stf-564931.html>. Acesso em: 29 nov. 2017.

> [...] não é crime em si quando se externa, por exemplo, uma opinião de que não se gosta de determinado grupo social; "Não gosto de judeus"; "Odeio evangélicos". Isso é exteriorização de um sentimento, mas não é menoscabo a ninguém, nem incitação a isso.

A escolha de judeus e evangélicos como exemplos para ilustrar essa tese esdrúxula não é casual. A autora e o advogado que ela cita seriam capazes de usar como exemplo "não gosto de negros" ou "odeio homossexuais" (o que seria igualmente atroz e absurdo)? Não. O que ela faz, em um nível subliminar, é estimular o seu público-alvo a se sentir bem com seu ódio a dois grupos desprezados por boa parte do PT: judeus e evangélicos.

E sentir-se bem, na ética da guerra de narrativas, é sinônimo de ser bom, de estar do lado certo, de ter razão.

O ódio e a intolerância religiosa do PT e seus puxadinhos aos evangélicos, aliás, ficaram patentes na campanha de desqualificação da candidata Marina Silva na campanha presidencial de 2014, e também na campanha municipal de 2016, quando o candidato vencedor Marcelo Crivella foi vítima de calúnias e variados ataques difamatórios na internet.

O mesmo advogado volta a ser citado no artigo defendendo a seguinte tese: "O direito é sempre o direito de uma classe. O direito existe para garantir a dominação de classe e deixar desprotegidos aqueles que queiram disputar o direito dessa classe".

Quando um *advogado* afirma que "o direito existe para garantir a dominação de classe", o que dizer? Mas o pior é que esta é uma visão da Justiça e das leis muito disseminada entre os militantes narrativos: como eles se julgam sempre certos, julgam também que entre a opinião deles e a lei é a primeira que deve prevalecer. Essa tese já tem sido defendida até mesmo por ministros do STF, que subordinam a própria Constituição àquilo que eles acreditam ser justo e correto.

A lei, para esse grupo, só é entendida como ferramenta ou como obstáculo, conforme ela esteja a seu favor ou contra ele.

A história demonstra que é esse tipo de ética que autoriza o mal, na comparação a um mal hipotético supostamente pior. Levada ao extremo, é a ética que reivindica o direito de roubar ou mesmo matar em nome de uma convicção. Como disse Bertolt Brecht: "O que é assaltar um banco, comparado a fundá-lo?".

Aliás, em outra demonstração de tolerância e democracia, o dramaturgo alemão também escreveu:

> Nós sabemos que você é nosso inimigo, mas considerando que você, como afirma, é uma boa pessoa, nós estamos dispostos a oferecer o seguinte: um bom paredão, onde vamos colocá-lo na frente de uma boa espingarda, com uma boa bala e vamos oferecer, depois de uma boa pá, uma boa cova. Com a direita e o conservadorismo nenhum diálogo, luta.

Afinal de contas, se eu tenho convicção de estar do lado daqueles que conduzirão a humanidade à justiça social, à felicidade e à igualdade, por que não posso mandar meus adversários para o paredão? Que preço pode ser considerado alto demais diante da revolução e do amor que sinto pela humanidade?

Mas a autora do artigo não parou no ataque às instituições. Criticando o ódio como discurso político (em um texto cheio de ódio), ela afirma que políticos, artistas e intelectuais identificados com o PT foram atacados, difamados em hospitais, aeroportos, restaurantes e até mesmo em velórios; que até cadeirantes são vítimas de agressões e do ódio dos golpistas; que "bebês [foram] agredidos por estarem com roupinhas vermelhas"; que "personalidades da TV [foram] agredidas na rua" e que até "cachorrinhos vestidos de vermelho" foram maltratados.

Em que país essas coisas aconteceram?

Mas a má-fé chega ao ponto máximo quando a autora escreve, como argumento da narrativa do golpe, o seguinte: "[…] uma adolescente carioca vítima de um estupro coletivo praticado por 33 agressores foi transformada em culpada pelo seu próprio estupro".

Qual a relação desse episódio hediondo com o impeachment de Dilma, ela não explica.

Ou seja, à lista publicada no primeiro capítulo deste livro, poderíamos acrescentar:

- quem não vota no PT (ou apoiou o impeachment) agride cachorrinhos vestidos de vermelho e até bebês em carrinhos;

- quem não vota no PT (ou apoiou o impeachment) odeia cadeirantes;
- quem não vota no PT (ou apoiou o impeachment) defende estupros coletivos.

Até pelo seu tom caricato, fica claríssima, na construção desse texto, a desqualificação sistemática de toda e qualquer oposição ao projeto lulopetista por meio da associação dessa oposição a condutas preconceituosas, atrozes e criminosas.

E, depois de tudo isso, a autora ainda tem a ousadia de citar um texto de Theodor Adorno sobre o comportamento fascista:

> Os fascistas não toleram a diferença nas formas de ser, de agir e de pensar. O diferente deve ser excluído, aniquilado. Os fascistas, geralmente, se manifestam de forma truculenta contra seus discordantes. Para eles não existem adversários, todos são considerados inimigos.[*]

O autor concorda com Adorno. Os fascistas se comportam exatamente assim.

---

[*] Cf. <https://www.revistaforum.com.br/mariafro/2016/06/05/48459>. Acesso em: 9 mai. 2018.

Capítulo 8

A última fronteira: infância e ideologia de gênero

*A decadência da sociedade é louvada pelos artistas assim como
a decadência de um cadáver é louvada pelos vermes.*
G. K. Chesterton

Em 26 de setembro de 2017, foi inaugurada no Museu de Arte Moderna de São Paulo a 35ª edição do Panorama da Arte Brasileira, um evento tradicional do calendário artístico da cidade. Mas esta edição seria diferente.

No dia seguinte à abertura, viralizaram na internet fotos e vídeos registrando uma performance de um artista, bailarino e coreógrafo realizada no museu, intitulada "La Bête". As imagens provocaram a indignação de milhares de internautas.

A repulsa não se deveu, como os defensores da performance afirmaram insistentemente, à nudez do artista, recurso manjadíssimo que aliás já não choca ninguém há décadas, mas sim à participação de *uma menina de cinco anos, que foi estimulada pela mãe a interagir fisicamente com um homem adulto nu — para deleite de uma plateia de adultos vestidos.*

Em um movimento típico da guerra cultural à qual aderiu o campo derrotado na política, diante da revolta espontânea e generalizada que tomou conta das redes, a reação de artistas, dos intelectuais e da mídia foi tentar desqualificar como "moralista" e "ignorante" a rejeição à exposição de uma criança ao contato físico com um adulto nu. Não colou.

No site oficial do Panorama, um texto explicava o conceito e o objetivo da exposição:

> [...] Reunir [...] desde a concretude da intervenção arquitetônica até a fluidez da dança, passando pelo audiovisual, pela escultura, pela fotografia e pela palavra, mais que explicitar a diversidade da cena contemporânea, em que a divisão de meios expressivos e de disciplinas parece obsoleta, busca ressaltar a multiplicidade de tempos que compõem nosso momento histórico. O tempo do corpo que dança, da palavra escrita e da imagem projetada respondem a formas de percepção e de experiência plurais.

Até aqui tudo certo e previsível. Seguindo as convenções e o estilo dos releases do gênero, que parecem intercambiáveis, o texto poderia ter sido produzido por um "gerador de lero-lero" disponível na internet. Mas é compreensível que os produtores do evento tenham obtido autorização do MinC para captar recursos de renúncia fiscal, via Lei Rouanet, já que a mesma já beneficiou incontáveis eventos com fundamentação semelhante.

Já em relação à performance "La Bête", especificamente, o conceito era que o artista se colocasse no lugar de um "bicho", obra consagrada da artista neoconcreta Lygia Clark, para ser manipulado por pessoas da plateia.

Até aqui tudo bem também. O problema é que a participação de crianças na obra de arte em questão não tinha sido anunciada. Se tivesse, teria sido rejeitada de antemão — repetindo, não pela nudez, não pela elasticidade do conceito de arte, não pelo uso de recursos públicos — mas por envolver uma menina de cinco anos.

Não deveria ser difícil entender isso, mas no Brasil é preciso perder tempo explicando e repetindo o óbvio. No dia 30 de setembro de 2017, publiquei o artigo abaixo no meu blog:

Não importa discutir se é arte; importa discutir se é crime

> Comecemos assim. Já há várias décadas, arte é o que é designado como arte por um sistema que envolve curadores, instituições, galerias, museus, críticos, jornalistas, agentes do mercado (colecionadores, marchands, leiloeiros) e a própria comunidade artística. É o que se chama arte por designação: se esse "sistema da arte" reconhece algo como obra de arte, então é obra de arte. Pode ser uma fruta podre, um animal amarrado, um brinquedo quebrado, um tubarão embalsamado, uma cama desarrumada. Pode ser também um gesto, uma

frase, uma atitude, desde que feitos no espaço adequado, segundo determinado ritual. É arte.

O fim de qualquer hierarquia estética na arte contemporânea é ótimo para o mercado: bom é aquilo que é produzido por determinados artistas eleitos e promovido como arte. Se causar polêmica, melhor ainda. Não estou dizendo que isso é certo ou errado, estou dizendo que é assim que a coisa funciona. Aliás, o sistema se alimenta da indignação que determinadas instalações ou performances ainda provocam em muita gente.

Além de ser um debate obsoleto, questionar o estatuto de obra de arte de qualquer coisa designada como arte pelo sistema só favorece o sistema — que, ao reduzir a arte à dinâmica do espetáculo e do show business, também precisa desesperadamente de atenção e espaço na mídia. Mas esta é outra discussão: para quem tiver interesse, escrevi um livro inteiro sobre o assunto (*A grande feira: Uma reação ao vale-tudo na arte contemporânea*, Rio de Janeiro: Civilização Brasileira, 2009).

Isso posto, cabe a pergunta, esta sim relevante no caso da performance "La Bête", no MAM-SP, na qual uma menina aparentando uns cinco ou seis anos de idade foi estimulada a tocar no corpo de um adulto nu, deitado no chão de barriga para cima, para deleite de uma plateia de adultos vestidos: o carimbo de "obra de arte" legitima e autoriza qualquer coisa? Tudo é permitido? Ou uma obra de arte pode ser, ao mesmo tempo, artística e criminosa?

O palco, a galeria, o museu são espaços nos quais imperam regras particulares, como mundos especiais destacados das convenções do mundo comum. Ainda assim, consigo imaginar diversas obras que, sem deixarem de ser arte, também seriam criminosas: uma performance que envolvesse um assassinato, uma mutilação ou um estupro, por exemplo; ou obras que promovessem o ódio, a humilhação, o preconceito, a pedofilia, ou o abuso de vulnerável.

Acreditar que uma espectadora adulta, hipoteticamente, poderia ser trazida da plateia e sofrer abusos pelo artista, ou ser exposta a situação constrangedora, vexatória ou humilhante, seria acreditar na imunidade penal desse artista. O problema, no caso, não seria chamar de arte algo que não é arte (acusação tola e inútil); o problema estaria no fato de que, ao realizar sua obra de arte, o artista teria cometido um crime. Uma coisa não anula a outra. Mesmo que se tratasse de uma mulher adulta.

Uma menina de cinco ou seis anos não é uma adulta. Não tem discernimento. Não tem o poder de dizer não, muito menos em uma situação na qual a própria mãe e outros adultos a estimulam a fazer algo. Uma menina de cinco ou seis anos atravessa uma fase delicada de formação da personalidade. Uma menina de cinco ou seis anos é vulnerável psicológica e emocionalmente. Uma menina de cinco ou seis anos é só uma criança. Em um mundo repleto de adultos doentes, uma criança precisa de proteção. É obrigação legal dos adultos, não um favor, garantir essa proteção.

Curiosamente, em um mundo no qual até a letra de "Atirei o pau no gato" é adaptada para não confundir a cabeça das crianças, há quem considere normal expor uma menina dessa maneira. Como se o selo "arte" tornasse os artistas inimputáveis. Não torna.

O vídeo está disponível na internet. A menina parece confusa e constrangida, mas ainda assim é estimulada a tocar em diferentes partes do homem nu. Quando termina a performance, a menina corre para sair dali. Na plateia, onde buscava abrigo, ainda é parabenizada por adultos sorridentes.

> Não importa discutir se isso é arte. Não faz a menor diferença. Uma criança foi exposta a uma situação constrangedora, com a cumplicidade do museu, do curador, do artista, da própria mãe e do público. Qualquer pessoa que tenha filhos sabe como uma criança nessa idade é frágil. Em qualquer outro espaço, esse comportamento seria repudiado, e os adultos envolvidos sofreriam consequências. Não importa discutir, portando, se a performance foi uma obra de arte: importa discutir se foi cometido um crime.

O texto teve um número de visualizações e compartilhamentos anormalmente alto, sinalizando que o tema continuava mobilizando os internautas.

No domingo seguinte, voltei ao assunto, por conta de um episódio inusitado. O programa *Encontro com Fátima Bernardes*, da Rede Globo, propôs aos seus convidados um debate sobre o tema "Censura nas exposições de arte".

Bem, não foi exatamente um debate, porque todos os convidados defendiam o mesmo ponto de vista, qual seja, o de que não havia nada de errado na performance do MAM. O mesmo já tinha acontecido no programa de Pedro Bial, no qual a coincidência de opiniões entre os participantes também foi notável.

Nos dois casos, o recado para o espectador era claro: quem não entendia que aquilo — a interação física de uma menina de cinco anos com um adulto nu — era arte era preconceituoso, ignorante e fascista.

O episódio inusitado que derrubou por terra essa mensagem foi a participação no debate de dona Regina, uma simpática senhora que estava sentada na plateia, que poderia ser mãe ou avó de muitos de nós. Dona Regina teve a ousadia que quase nenhum intelectual ou artista teve: a de criticar a performance naquilo que ela tinha que ser criticada: "Eu não sou contra a arte, mas sou contra a exposição da criança ali daquela forma. Eu sou contra a mãe que levou a criança, porque um adulto, tudo bem, mas será que essa criança foi preparada?".

Convidados do programa, um ator e uma atriz ficaram visivelmente incomodados com a opinião de dona Regina. "Prefiro não comentar", disse a atriz em tom irônico, com um sorriso debochado no rosto. Já o ator decidiu responder com uma pergunta: "A criança foi exposta a quê?".

Dona Regina não se intimidou: "Ao nu mesmo, e tocando ali. Para quem assistiu não foi legal, para quem estava em casa, como eu. Entendeu?".

O ator ficou calado. A atriz resolveu se manifestar: "A exposição é absolutamente delicada. A performance dele é extremamente delicada, não tinha nada de violento ou pornográfico. É terrível que um corpo nu seja um choque".

Antes mesmo que ela concluísse sua fala lacradora, dona Regina interrompeu: "A criança".

A apresentadora do programa acrescentou: "Que estava acompanhada da mãe", encerrando assim a participação de dona Regina.

O vídeo viralizou nas redes sociais e foi tema do meu artigo seguinte, publicado no blog dia 8 de outubro de 2017:

CARTA ABERTA À DONA REGINA

Não sei como chegou até a senhora a notícia da performance no Museu de Arte de Moderna de São Paulo, na qual uma menina de cinco anos foi estimulada pela mãe a interagir fisicamente com um homem adulto nu — para deleite de uma plateia de adultos vestidos. Também não faço ideia de como a senhora foi parar na plateia de um programa televisivo cuja intenção não parecia ser expor diferentes pontos de vista sobre o episódio, mas sim reforçar um pensamento único e um julgamento sumário — o de desqualificar qualquer crítica à performance como "censura".

O que eu sei é que a senhora entendeu algo que passou despercebido ao discurso hegemônico dos intelectuais e artistas que se manifestaram sobre o caso: o problema da performance não estava na nudez; o problema da performance não estava nas fronteiras da definição do que é arte; o problema da performance não estava no uso de recursos públicos. Com uma só palavra a senhora desmontou a fala daqueles que, de maneira sincera ou falsa, insistiam nesses pontos: a palavra foi "criança".

Talvez a senhora não se dê conta da importância da sua manifestação. Com seu jeito simples, o que a senhora fez foi revelar o abismo crescente que se cava entre os brasileiros comuns e a classe que pretende falar em seu nome. Esses brasileiros não se chocam com a nudez nem estão interessados na arte das elites pensantes e falantes, até porque têm mais o que fazer. Mas, para esses brasileiros, a infância é uma fronteira que não pode ser ultrapassada. O que a senhora fez foi vocalizar o desconforto do Brasil real diante desse limite que foi desrespeitado.

A reação dos apresentadores foi reveladora desse abismo. Diante de uma idosa que poderia ser a mãe ou avó querida de qualquer espectador, as expressões e olhares foram de: perplexidade, ódio, desprezo, deboche. E a senhora respondeu com um olhar de bondade, sereno e doce. Ao "Não vou nem comentar" emitido com ar de desdém e superioridade moral, a senhora respondeu com a paciência de quem não se incomoda em explicar o óbvio: o choque não vinha da nudez do adulto, vinha da exposição da criança. E o fato de a menina estar acompanhada da mãe não era um atenuante da situação: era um agravante.

Diferentemente dos intelectuais do Facebook, a senhora sabe que o que aconteceu no MAM não tem nada a ver com o *Davi* de Michelangelo; que o que aconteceu no MAM não tem nada a ver com o que acontece em praias de nudismo, onde aliás as regras são bastante rígidas; que o que aconteceu no MAM não tem nada a ver com os hábitos e costumes da Dinamarca; que o que aconteceu no MAM não tem nada a ver com uma criança tomar banho nua com os pais — adultos cujo vínculo afetivo e convivência cotidiana fazem do contato físico e da intimidade uma experiência positiva e saudável para o seu desenvolvimento emocional e psicológico — como aliás afirma uma nota na

Associação Médica Brasileira, que critica duramente a performance, por suas "repercussões imprevisíveis" diante da vulnerabilidade emocional da criança.

Não sei se esses intelectuais das redes sociais não entendem ou fingem que não entendem nada disso. O mais irônico, dona Regina, é que eles parecem não se dar conta da campanha involuntária que estão fazendo, ao jogarem no colo da direita a bandeira da defesa da infância — como já jogaram, aliás, a bandeira do combate à corrupção. Com progressistas agindo dessa maneira, os conservadores agradecem. Parabéns, dona Regina. Para quem assistiu foi muito legal.

Recebi mais de 2 mil mensagens me parabenizando pelo artigo, de todas as regiões do país, de pessoas de diferentes idades e classes sociais — inclusive de moradores de favelas, pessoas extremamente humildes, mas que sabem o que é errado, em um sentido muito profundo do verbo saber.

Curiosamente, um dos argumentos usados para defender a performance "La Bête" foi que a menina de cinco anos não estava ali como uma menina de cinco anos, mas como um elemento da performance. Um amigo do Facebook analisou o argumento de forma lapidar:

> [...] para os sempre sensíveis, preocupados com minorias e "melhores que você, seu reaça", ou seja, os iluminados progressistas — veja bem, olha que deslize —, para eles, a criança não era mais que um PINCEL, uma TELA ou um ADEREÇO qualquer na obra de Arte. Esqueceram que estavam lidando com uma pessoinha: um ser humano em formação. [...]
> "E a criança?" Ora, a criança estava ali servindo ao seu pervertido anseio de "quebrar paradigmas", de ser descoladão, de afrontar.
> A criança que se foda, cara. [...]
> É assim que se trata o outro: como COISA.
> "E a criança?"
> "A criança que se foda."

Mas a onda não parou aí. Outros episódios em série deixavam claro que as artes plásticas tinham sido transformadas na arena da vez para a guerra de narrativas em curso no nosso país. Quando o objeto de controvérsia não era a infância, era a família ou a Igreja (mas sempre a Igreja Católica, já que os intelectuais e artistas respeitam muito o Islã e outras religiões).

Obras representando a Virgem Maria segurando um macaco no colo, hóstias com palavrões e a imagens vilipendiando Jesus Cristo se somaram a representações de bestialismo e pedofilia na exposição "Queermuseu — Cartografias da Diferença na Arte Brasileira", patrocinada em Porto Alegre pelo banco Santander, que gerou nova polêmica nas redes e na mídia.

Fatos:

- A exposição "Queermuseu", visitada por caravanas de estudantes da rede pública de ensino, continha obras representando cenas de zoofilia, estupro, racismo, sexualização de crianças e ofensa a símbolos religiosos;
- Dois procuradores do Ministério Público Estadual do Rio Grande do Sul avaliaram que a exposição tinha o nítido objetivo de induzir a audiência a tolerar condutas como orgias, zoofilia e vilipêndio de símbolos religiosos ("A erotização da criança é um facilitador da pedofilia", afirmaram. "Além disso, apresentar ao público em idade escolar condutas como zoofilia em um contexto de respeito à diversidade comunica a mensagem de que essas condutas devem ser aceitas");
- A exposição captou recursos públicos via Lei Rouanet no valor de 851 mil reais;
- A reação popular foi tão forte que o próprio banco decidiu suspendê-la. *Não por uma imposição de qualquer mecanismo de censura, mas como resposta voluntária de uma instituição privada a um boicote popular —* resposta que levou em conta, evidentemente, o custo para a imagem e o bolso do Santander, em contas canceladas e clientes indignados.

Mais uma vez, a reação do sistema das artes plásticas[*] e do campo "progressista" — aliados, neste caso, à grande mídia e aos intelectuais — não foi muito inteligente. A infância é uma espécie de caixa de Pandora: ao teimar em mexer com crianças, o que essas pessoas fizeram foi despertar instintos atávicos de revolta na população brasileira — a população do Brasil real, não a do Facebook ou a da praça São Salvador.

Inadvertidamente, o que essas pessoas fizeram foi jogar no colo da direita a bandeira da proteção à infância.

---

[*] Sobre o tema do "sistema da arte", ver meu livro "*A grande feira — Uma reação ao vale-tudo na arte contemporânea*". Rio de Janeiro: Civilização Brasileira, 2009.

Em vez de perceber que um limite tinha sido ultrapassado e que o episódio começava a se voltar contra ela, a elite cultural, acadêmica e midiática resolveu radicalizar nos ataques aos valores dos brasileiros comuns — classificando como censura obscurantista qualquer crítica ou restrição a outras exposições controversas, que, por coincidência ou não, pareciam se multiplicar.

Foi o caso de "Faça você mesmo a sua Capela Sistina" — uma reunião de desenhos toscos do artista Pedro Moraleida, exposta no Palácio das Artes de Belo Horizonte (também com uso de recursos públicos por via da estatal Cemig e da Rede Minas de Televisão, entre outras empresas públicas, e do patrocínio de empresas privadas via leis de fomento estaduais e federais).

Sem qualquer técnica e morto precocemente aos 22 anos, em condições normais Moraleida teria mergulhado no eterno anonimato, do qual se salvou pelo recurso à iconoclastia, ao ultraje e à blasfêmia, truques velhíssimos de quem não tem talento, mas abraçados como grandes novidades pelo campo dito progressista.

O mesmo campo, vale lembrar, achou bonito quando, durante a visita do papa Francisco ao Brasil, outros artistas introduziram no ânus crucifixos e imagens religiosas. Ou, ainda, quando outro artista ficou nu em uma performance enquanto destruía uma imagem de Nossa Senhora com um ralador de queijo. Fato: imagem de Maomé ou de divindades africanas eu nunca vi ninguém ralando...

Foram práticas assim, relativamente rotineiras, que geraram o fenômeno da *contracultura conservadora*. Afrontar as crenças e tradições dos brasileiros comuns se tornou algo tão natural para os agentes da cultura, algo tão hegemônico entre intelectuais e artistas, que *a verdadeira contracultura, hoje, seria ir com a família à missa aos domingos*.

A verdadeira resistência, hoje, é acreditar que existem o certo e o errado, que existem o belo e o feio, que existem o moral e o imoral.

Curiosamente, muitos intelectuais e artistas que se insurgiram contra as críticas à performance acusada de pedofilia e outras exposições lacradoras:

- defenderam a censura a biografias não autorizadas;
- defenderam a censura à publicidade de produtos infantis;

- apoiaram a censura às obras de Monteiro Lobato, quando tentaram proibir que seus livros fossem adotados nas escolas, devido ao "conteúdo racista";[*]
- apoiaram a censura ao longa-metragem *O jardim das aflições* no festival Cine Pernambuco etc.[**]

Contradições como essa reforçam a percepção de que, dessa vez, estavam esticando demais a corda. A consequência natural e necessária desse fenômeno está sendo a decadência e a desmoralização do movimento politicamente correto — degenerado em um queixume permanente e insuportável.

É uma verdadeira revolução do mimimi, na qual:

- todos se dizem vítimas;
- todos se declaram oprimidos;
- todos se sentem moralmente superiores aos demais;
- todos se julgam merecedores de uma reparação qualquer;
- todos se sentem no direito de mandar o outro calar a boca;
- todos se julgam muito tolerantes e democráticos.

Isso porque o politicamente correto é o modo de pensar segundo o qual a verdade tem lado, e tudo é permitido para se impor e afirmar essa verdade.

O fenômeno da radicalização do politicamente correto e sua consequente desmoralização não acontece apenas no Brasil. É a convicção de que *estar do lado certo justifica tudo* que explica, por exemplo, que na última eleição americana os democratas tenham admitido (e considerado natural!) que, nos debates promovidos pela CNN, a candidata Hillary Clinton recebesse antecipadamente as perguntas que iria responder.

---

[*] "Tentativa de censura de livro de Monteiro Lobato para no STF", *Veja*, 23 dez. 2014. Disponível em: <http://veja.abril.com.br/educacao/tentativa-de-censura-de-livro-de-monteiro-lobato-para-no-stf/>. Acesso em: 29 nov. 2017.

[**] Guilherme Genestreti, "Cineastas deixam festival Cine PE em protesto contra filme 'de direita'", *Folha de S.Paulo*, 10 maio 2017. Disponível em: <http://www1.folha.uol.com.br/ilustrada/2017/05/1882827-cineastas-deixam-festival-cine-pe-em-protesto-contra-filmes-de--direita.shtml>. Acesso em: 29 nov. 2017.

Ou seja, no entendimento do canal CNN, para que o candidato republicano Donald Trump e seu programa fossem derrotados, a lisura e a imparcialidade na condução dos debates eram meros e desprezíveis detalhes.

De maneira análoga, no Brasil, os mesmos artistas e intelectuais que não hesitaram em boicotar filmes, pedir a censura de obras literárias e criar uma entidade (Procure Saber) para proibir, por meio de lobby no Congresso Nacional, o lançamento de biografias não autorizadas se sentiram à vontade para comandar uma campanha... *contra a censura*, e isso quando de censura não se tratava, e sim do simples cumprimento do Estatuto da Criança e do Adolescente.

Um post anônimo no Facebook traduziu muito bem esse fenômeno:

> Você, artista, que não perde a oportunidade de taxar o pensamento divergente, você que chama de machista, de homofóbico, de racista, de preconceituoso qualquer um que pense diferente, mas agora não entende de onde vem "tanta intolerância" do outro lado.
>
> Você, artista, enfim, precisa entender que quem se cala diante da censura alheia um dia acabará censurado; que a liberdade não é uma via de mão única; que ou se luta pela liberdade de expressão para todos ou não haverá liberdade para ninguém.
>
> Porque não adianta mais fingir que não é com você. O culpado pela intolerância geral de hoje é o seu silêncio covarde e partidário de ontem.

Mas, como a verdade tem lado, intelectuais e artistas "do bem" podem fazer isso sem qualquer constrangimento, não é mesmo? Um documentário sobre Olavo de Carvalho deve ser censurado, porque Olavo é "do mal" e suas ideias são "erradas" e "fascistas".

Censura só deve ser considerada censura quando prejudica as ideias e as pessoas "certas" e "do bem", no ponto de vista desse grupo.

Afinal de contas, foi assim que tudo funcionou durante quase catorze anos. Detendo o monopólio das ruas e da fala, o campo lulopetista se acostumou com a fantasia de que o Brasil real correspondia aos comandos da cartilha supostamente progressista defendida por seus militantes.

Com a colaboração da grande mídia e de uma oposição pífia, impunham suas pautas sem qualquer resistência e ditavam o que podia e o que não podia ser dito nas salas de aula, nas mesas de bar e até na intimidade do lar.

Mais do que o poder político propriamente dito, foi a ocupação prolongada dos aparelhos ideológicos de Estado que garantiu as condições para que essas pessoas continuassem encenando o roteiro programado, mesmo depois do impeachment de Dilma e do fim do ciclo lulopetista.

Por outro lado, aqueles que aderiram — de forma consciente ou inconsciente, de forma cínica ou ingênua — ao projeto de consolidação de uma nova hegemonia parecem não se ter dado conta de um fenômeno social que mal está começando a mostrar sua força.

O impeachment de Dilma Rousseff liberou uma imensa energia represada, a daqueles brasileiros comuns e, de forma geral, conservadores, que, constrangidos ao silêncio durante muitos anos, descobriram subitamente que as redes sociais e as ruas não tinham mais dono.

Daquele momento em diante, o grupo que se acostumou a falar sozinho e apontar o dedo com a autoridade conferida por uma escolha política moralmente superior teria que se acostumar a ouvir e a conviver com o contraditório.

Mas não se acostumou. Ao contrário, derrotados na política, empreenderam uma mobilização sem precedentes no campo da cultura. Ignoraram aqui outra lição:

Lula e o PT só chegaram ao poder quando moderaram seu discurso, aproximando-se da mentalidade conservadora e conciliadora do brasileiro comum. Perceberam que, quanto mais radicalizassem sua fala, mais se afastariam desse brasileiro médio; pior ainda, mais empurrariam esse brasileiro médio para a direita.

O que os intelectuais e artistas do campo dito progressista estão conseguindo fazer hoje é exatamente isso: da mesma forma que jogaram no colo dos conservadores a bandeira do combate à corrupção, jogaram também a bandeira da defesa da infância. Jair Bolsonaro e outras eventuais lideranças populistas de direita que venham a aparecer agradecem.

Pode-se afirmar que a corrupção deixou há muito tempo de chocar o brasileiro comum, e até certo ponto é verdade. Pode-se constatar que esse brasileiro médio tende hoje a jogar todos os políticos e partidos no mesmo saco, de forma que se tornou difícil para qualquer partido ou político capitalizar politicamente a bandeira da ética em uma campanha eleitoral.

Mas com a infância é diferente. *Esse é um limite que o brasileiro comum não admite que seja ultrapassado.*

A rotina prolongada de escândalos de corrupção pode ter anestesiado a sensibilidade da população diante de desvios bilionários para financiar um projeto de poder.

Mas o abuso de uma criança ainda provoca escândalo.

Bertolt Brecht escreveu: "Do rio que tudo arrasta se diz que é violento. Mas ninguém diz que são violentas as margens que o comprimem." *

Cabe perguntar: no Brasil do PT, quem era o rio que estava oprimido? Quem eram as margens opressoras? Quem passou anos constrangido ao silêncio e agora apenas começa a reagir, ainda que de forma catártica?

Durante muitos anos só um lado podia falar; só um lado podia ocupar as ruas; só um lado podia apontar o dedo para o outro, do alto da superioridade moral de sua escolha política.

Isso acabou. O fenômeno social que mal estamos começando a testemunhar é o de libertação de uma energia longamente represada.

Pela primeira vez, ainda que de forma atabalhoada e frequentemente abusando de termos inapropriados ao debate de ideias, os brasileiros comuns estão reagindo.

Hoje, a reação dessas pessoas contra a agenda politicamente correta e progressista é a correnteza do rio. E os brasileiros mais simples — aqueles que supostamente têm um entendimento menos elaborado, articulado e sofisticado da realidade à sua volta — não aceitam que se ultrapassem alguns limites.

A criança é um desses limites. E não há filósofa lacradora, intelectual do bem nem artista de televisão que os convença do contrário.

Para desespero da esquerda e do campo progressista, os brasileiros comuns repudiam essas práticas — contrariando as expectativas de seus autodenominados representantes.

Na verdade, em sua maioria:

- os brasileiros rejeitam todas as pautas associadas à agenda dita progressista: o aborto, a liberação das drogas, o poliamor etc.;

---

* Bertolt Brecht, *Poemas*. Lisboa: Editorial Presença, 1973, p. 71.

- os brasileiros rejeitam qualquer tentativa de minar o modelo familiar tradicional;
- mas, acima de tudo, os brasileiros não aceitam que se mexa com crianças.

Foi este o recado da população brasileira em reação aos sucessivos episódios de banalização de uma *cultura da pedofilia*, com a representação gráfica de "crianças viadas" e "crianças travestis" em uma exposição e, poucas semanas depois, com a performance envolvendo a interação física de um adulto nu com uma menina de cinco anos, para só citar os casos de maior repercussão.

Ali uma represa foi aberta. A população reagiu. Se as redes sociais são um termômetro da sociedade — e são, até certo ponto —, o que elas demonstraram de forma cabal é que os brasileiros não iam mais engolir passivamente as pautas ditadas pelo campo dito progressista.

O certo e o errado podem ter sido relativizados com sucesso na medida em que se consolidou a tese de que a corrupção praticada por quem ajudou os pobres é uma corrupção do bem. Mas, em relação à infância, os conceitos morais de certo e errado estão muito mais enraizados do que pensam os intelectuais e artistas lacradores.

* * *

Todas essas questões se inserem no contexto de um debate mais amplo, sobre a ideologia de gênero e seu ensino nas escolas. No Brasil, essa controvérsia começou já em 2014, com a estruturação do Plano Nacional de Educação (PNE): a proposta do MEC naquele ano era incluir nos currículos escolares do ensino básico temas relacionados à identidade de gênero e à sexualidade.

Na proposta, camuflada sob um discurso de tolerância à diferença, hoje se percebe que aquilo que parecia uma teoria da conspiração alimentada pela direita descabelada começa a ganhar contornos de verdade: um plano de doutrinação das crianças a longo prazo, que passa pela desconstrução de todos os valores associados à tradição, à família e à religião. O mínimo que se pode dizer é que essa narrativa de um projeto de desconstrução deliberada da família, com a intensa participação da mídia, deixou de soar absurda.

Esse tema integra, aliás, uma guerra de narrativas internacional, como demonstra a leitura da sinopse do longa-metragem *They*, da cineasta iraniana (radicada nos Estados Unidos, evidentemente) Anahita Ghazvinizadeh, exibido no Festival do Rio de 2017:

> Aos catorze anos, J vive com seus pais em um subúrbio da cidade de Chicago. Explora sua identidade de gênero e toma bloqueadores de hormônio com o intuito de retardar sua puberdade. Depois de dois anos de medicações e terapia, J precisa decidir se irá de fato fazer sua transição. Em um fim de semana crucial, com seus pais longe de casa, a irmã de J, Lauren, e seu amigo e possível namorado Araz chegam para lhe fazer companhia. Um retrato delicado do período de suspensão entre a infância e a idade adulta, entre identidades sexuais e de gênero. Exibido no Festival de Cannes 2017.

Independentemente dos eventuais prós e dos contras da ideologia de gênero, a sinopse do filme merece por si só alguma análise:

1) O(a) protagonista responde por "J", ou seja, não é menino nem menina (é "meninx");

2) Aos catorze anos, J toma há dois anos bloqueadores de hormônio para retardar a puberdade. Ou seja, começou a tomar aos doze;

3) J "explora" sua identidade de gênero;

4) J tem um "possível namorado";

5) O filme é um "retrato delicado do período de suspensão entre a infância e a idade adulta, entre identidades sexuais e de gênero".

Lendo essa sinopse, fui invadido pela sensação de ter perdido alguma coisa, de estar muito desinformado sobre as coisas (e espero que não soe pretensioso afirmar que, até por dever de ofício, eu procuro me manter bem informado).

Perguntas:

- Em que momento se tornou algo natural e socialmente aceitável uma criança de doze anos fazer tratamento hormonal para adiar a puberdade?
- Em que momento se tornou uma norma corriqueira que crianças explorem suas identidades de gênero antes mesmo de entrar na puberdade?

Não estou julgando, não estou dizendo se é certo ou errado. Estou manifestando o meu estranhamento diante da maneira repentina como essas coisas foram *naturalizadas* na sinopse do filme — porque, no Brasil real, *no Brasil de dona Regina*, elas ainda estão longe de serem naturais.

Que não se tente transformar esse questionamento em sinal de intolerância, homofobia etc. Não vejo nenhum problema em reconhecer que os papéis sociais atribuídos a cada gênero são *construções sociais*, isto é, não estão dados, quando se nasce, como um destino inescapável. Parece evidente que a orientação sexual de um indivíduo não necessariamente coincide com sua genética e sua anatomia.

Também é evidente que o combate à homofobia é fundamental e faz parte do próprio processo civilizatório. Ninguém pode ser perseguido por suas escolhas e práticas sexuais. Cada um deve ser livre para viver sua sexualidade da forma que bem entender, sem sofrer nenhum tipo de constrangimento, preconceito ou discriminação — o que ainda está longe de ser uma realidade no Brasil.

Ninguém é obrigado a se identificar psicologicamente e emocionalmente com seu corpo e sua genética. A sensação de pertencimento a um gênero é algo privado e subjetivo. Um homem pode se sentir uma mulher, e vice-versa. Mas, se o conceito de gênero, por ser volátil, pode admitir variações, o conceito de sexo não.

Nesse sentido, a declaração clássica de Simone de Beauvoir: "Não se nasce mulher, torna-se mulher", se aplica ao gênero, não ao sexo. Em relação ao sexo só existem duas opções: ou se nasce mulher ou se nasce homem. Não há pós-verdade nem teoria *queer*, por mais engenhosa que seja, que altere isso. Pelo simples fato de que *não se pode negar que a biologia e a genética contam*.

Se "gênero" é um conceito social, político e cultural relativamente fluido, o sexo biológico e genético de cada indivíduo é indiscutível. É determinado pela natureza. O sexo independe de como a pessoa se sente, se enxerga ou se comporta.

O sexo não é um papel social escolhido por cada indivíduo, é algo que já está dado quando ele nasce. E isso não tem nada a ver com moral, religião ou ideologia: é a realidade concreta da vida.

Coisa muito diferente de defender enfaticamente o direito à diferença é apoiar um experimento de reengenharia psicossocial coletivo. No qual as crianças sejam ensinadas e/ou estimuladas a "explorar" diferentes identidades de gênero antes mesmo de atingir a puberdade, para só então decidir o que vão ser, como se escolher o próprio gênero fosse algo tão simples quanto escolher uma peça de roupa.

E isso não por decisão da maioria ou consenso da sociedade, mas pela vontade de uma minoria defensora de uma agenda ideológica.

A pergunta a ser feita é: qual foi o plebiscito no qual a maioria da população autorizou que se implantasse esse projeto de reengenharia social no Brasil? Quando foi realizado? Por quem? Que eu saiba, esse plebiscito não aconteceu. Esse projeto é decisão de uma minoria — muito bem articulada e com muitos recursos financeiros, com certeza, mas seguramente uma minoria.

E, para essa minoria, gerações de crianças sexualmente confusas seriam um preço baixo a pagar por um mundo mais descolado e lacrador.

Não se trata aqui de moralismo conservador nem de qualquer consideração de cunho religioso. O fato é que este seria um empreendimento experimental, cujo fracasso teria um custo — social, emocional, psicológico — altíssimo para toda uma geração, que serviria (ou já está servindo) de cobaia para um projeto que de forma alguma conta com o apoio da maioria da população.

Primeiro, porque, mesmo que a maioria da população aprovasse, não seria possível pular de um mundo a outro, sem transição — e essa transição, que levaria décadas, seria extremamente traumática para todos os envolvidos, com resultados imprevisíveis;

Segundo, porque não existem garantias de que crianças que "explorem" diferentes identidades de gênero serão adultos mais saudáveis que crianças educadas da forma tradicional; ao contrário, estatísticas de instituições médicas americanas mostram elevados índices de depressão e suicídio entre indivíduos que foram submetidos na adolescência a tratamentos hormonais ou cirúrgicos de mudança de sexo;[*]

---

[*] Ricardo Prado, "Você vai querer saber o que este médico tem a dizer sobre ideologia de gênero", *Gazeta do Povo*, 21 set. 2017. Disponível em: <http://www.gazetadopovo.com.br/ideias/voce-vai-querer-saber-o-que-este-medico-tem-a-dizer-sobre-ideologia-de-genero-esiag-jzrssuka8h34e2cvkb1w/>. Acesso em: 28 fev. 2018.

Terceiro, porque, da mesma forma que os papéis de gênero "tradicionais" são construções sociais, *quaisquer outros papéis oriundos de outro modelo também seriam.*

Na verdade, já são: os códigos de conduta das chamadas sexualidades não binárias, transgêneras etc. também são construções sociais e culturais, pelo simples fato de que *praticamente tudo que não é integralmente determinado pela natureza é uma construção cultural e social*, inclusive os valores éticos e morais que regem a vida em sociedade há séculos ou milênios.

Mas também é verdade que *praticamente nada é exclusivamente construção social: a genética e a biologia importam.*

E um detalhe fundamental que não pode ser desprezado é que determinadas construções sociais e culturais já passaram pelo teste da história e pelo crivo do tempo — o que não impede que sejam continuamente aprimoradas.

Por exemplo: *a família.* Por que deveríamos crer que um modelo puramente teórico de abolição da família, que nunca foi colocado em prática na história, traria resultados melhores que o núcleo familiar em termos de felicidade e realização dos indivíduos?

Onde estão as evidências de que adultos formados fora do ambiente familiar seriam pessoas melhores, mais felizes e mais saudáveis? E por que esse novo modelo deveria ser considerado um progresso em relação ao anterior?

Se o sexo biológico é inescapável, o comportamento humano e a percepção de cada indivíduo a respeito de si mesmo e dos outros serão sempre determinados por um contexto social, que estabelecerá as referências de comportamentos normais e desviantes.

Esse contexto — sempre culturalmente construído, seja qual for — determinará o vocabulário, a sintaxe e a gramática do desenvolvimento psicológico de cada geração em formação. Determinará, em outras palavras, os modelos de representação social que permitirão a passagem da criança e do adolescente para uma vida adulta responsável e integrada aos interesses da sociedade e à defesa do bem comum — independente da orientação sexual adotada por cada *adulto.*

Mas, sem modelos definidos, a mente de uma criança tende a ficar à deriva. Parece razoável afirmar que indivíduos que são estimulados desde a primeira infância a acreditar que não são nem homens nem mulheres — e isso não tem nada a ver com práticas sexuais, mas com referências simbólicas primárias na formação da identidade — provavelmente encontrarão muitas dificuldades (legais, inclusive) para interagir com o mundo real. Mais uma vez: não com o mundo do Facebook, nem com o mundo das telenovelas, nem o mundo dos artistas lacradores, mas com o mundo real.

Uma sociedade que escolhe usar a infância como ferramenta de desconstrução de paradigmas é uma sociedade doente. Em uma sociedade assim, a confusão das crianças será consequência, e não premissa, da implantação desse projeto perverso de reengenharia social, que não vê problemas em utilizar a infância como cobaia de uma agenda ideológica.

Quarto, porque, mesmo considerando tudo que foi dito acima, há limites objetivos inescapáveis na vida. Para ficar em um exemplo óbvio: por mais duro que seja para muitos homens, somente as mulheres podem ter a experiência da maternidade; um indivíduo que nasceu homem, mas optou pela identidade de gênero feminina, ou que tenha se submetido a tratamentos hormonais ou intervenções cirúrgicas para "virar mulher", jamais poderá ficar grávido ou dar à luz. E a experiência da gravidez e da maternidade cria laços entre a mãe e o bebê que um pai jamais experimentará (ele experimentará *outros* laços, evidentemente).

Existem diferenças entre homens e mulheres que são naturais, que não são construções sociais e culturais. E existem papéis de gênero que, sendo sociais, decorrem diretamente dessas diferenças, são determinados por elas, embora nada impeça, evidentemente, que um homem fique em casa dando leite em pó para um recém-nascido, enquanto a mãe trabalha fora.

Isso implica dizer que, como em todos os aspectos da vida, também aqui a liberdade é limitada, e é preciso aceitar isso. Eu sou livre para escolher minhas práticas sexuais, e (se eu não estiver violando nenhuma lei nem fazendo mal a ninguém) ninguém tem nada a ver com isso. Mas, por mais que eu deseje, não sou livre para decidir ser mãe. Porque eu posso escolher meu gênero, socialmente, mas não posso escolher meu sexo.

Mas é importante enfatizar que tudo o que foi dito acima diz respeito a indivíduos adultos, de quem se espera que assumam a responsabilidade pelas suas escolhas e pelo rumo que decidam dar à própria vida.

Ora, não se pode esperar nem exigir o mesmo de uma criança. E é aqui que a ideologia de gênero bate de frente com o Brasil real. Porque, como escrevi na carta aberta à dona Regina, a infância é um limite que a grande maioria da população não tolera que seja ultrapassado.

Isso não é negociável. Mexam com crianças, e estarão despertando os instintos não apenas da direita conservadora, mas de grande parte dos brasileiros, ou seja, estarão trabalhando contra o próprio programa autointitulado progressista ao qual 99% dos intelectuais e artistas se alinham.

Processo semelhante aconteceu no Peru, conforme reportagem publicada em 6 de março de 2017[*]:

MAIS DE 1,5 MILHÃO MARCHAM CONTRA A IDEOLOGIA DE GÊNERO NO PERU

> Sob o lema #ConMisHijosNoTeMetas (Não se meta com os meus filhos), mais de 1,5 milhão de peruanos se manifestaram nas 24 regiões do Peru contra a doutrinação da ideologia de gênero de estudantes menores de idade. [...]
> #ConMisHijosNoTeMetas é uma campanha que responde à tentativa do governo do Peru, através do Ministério da Educação, de promover em 2017 um Currículo Nacional para crianças a partir de zero ano, com critérios da ideologia de gênero. [...]
> Em declarações ao Grupo ACI em 4 de março, [a deputada] Ángela Hernández disse que a ideologia de gênero é "perversa" e advertiu que "esta pretende colonizar a mente das nossas crianças" e "prejudicar a identidade sexual que temos até hoje". [...]
> Os manifestantes, com diversos cartazes e lemas que criticavam a ideologia de gênero, percorreram os principais bairros da capital peruana.

Outra reportagem elucidativa, que viralizou na mesma época nas redes sociais, afirmava que o número de crianças confusas com o gênero sexual na Escócia, com base nos registros de clínicas de mudança de sexo, aumentou 500% em quatro anos[**]:

> Em 2013, apenas 34 crianças foram enviadas para um atendimento especializado, de acordo com o jornal *The Times Scotland*. Mas esse número tem se multiplicado quase todos os anos desde então, chegando ao total de duzentos casos apenas no ano passado. [...]

---

[*] Disponível em:<http://www.acidigital.com/noticias/mais-de-um-milhao-e-meio-marcham-contra-a-ideologia-de-genero-no-peru-19754/>. Acesso em: 8 fev. 2018.
[**] Disponível em: < http://www.opiniaocritica.com.br/2017/07/criancas-confusas-com-identidade-de-genero.html>. Acesso em: 8 fev. 2018.

"Se tornou uma indústria, as pessoas estão fazendo uma campanha para encorajar as crianças a questionarem seu gênero em uma época que precisam ser apenas crianças. Quando os professores criam essas questões, as crianças podem ficar confusas ou infelizes e traumatizadas por isso", disse Chris McGovern, ex--conselheiro do Departamento de Educação [da Inglaterra], em um artigo para *The Telegraph* no início de julho.

"De certa forma, estamos impondo preocupações de adultos às crianças. As escolas se sentem pressionadas para cumprir uma agenda politicamente correta", acrescentou McGovern.

A dra. Joanna Williams, professora universitária e autora do livro *Women vs Feminism*, argumentou ainda que a superação de questões sobre transgêneros está levando a essa confusão.

"Pesquisas sugerem que apenas 1% da população tem problemas com o gênero. Embora o número de crianças transgêneras seja pequeno, isso [o tema] está crescendo rapidamente", afirmou Williams em junho, advertindo para o fato de que as crianças estão sendo forçadas a "desaprender" a diferença entre meninos e meninas.

Essa crescente confusão das crianças decorre do fato óbvio de que o sexo biológico era um indicativo natural do organismo para a construção da identidade de gênero do indivíduo em formação. É esse indicativo que está sendo descartado sumariamente pelos adeptos da ideologia de gênero.

Que um adulto, dotado de discernimento e responsabilidade, queira romper com essa referência biológica e anatômica, este é um direito inalienável. Mas quando se prega que a anatomia não significa nada, que a constituição física e biológica não significa nada, que hormônios e carga genética não significam nada, o que se faz é jogar fora um eixo fundamental do desenvolvimento psicológico e emocional do ser humano.

E, como não se mudam do dia para a noite as influências do ambiente, as crianças — os personagens mais vulneráveis desse enredo — são colocadas numa encruzilhada de discursos conflitantes, em um período delicado de sua formação. Quando as referências de seus pais e de suas famílias entram em choque com as referências da mídia e dos professores, as consequências não podem ser boas.

A quem interessa apostar nesse projeto?

Ainda que camuflada em um discurso de tolerância, de inclusão e de diversidade, a intenção — ou, se não a intenção, certamente a consequência — dessa aposta seria a destruição de um modelo social baseado no núcleo familiar, sem que se saiba sequer o que será colocado em seu lugar.

Por que alguém deve acreditar que esse modelo, sempre sujeito a aprimoramentos, mas historicamente testado, deve ser jogado na lata de lixo, para que se adote, por decisão unilateral de uma minoria, um modelo transnormativo?

Quem garante, e com base em que pesquisas científicas, que uma sociedade sem machos e fêmeas seria mais saudável que uma sociedade na qual as escolhas e práticas de cada um partem do reconhecimento dessa determinação biológica?

Mas a campanha continuou. Em 12 de outubro de 2017 — no Dia da Criança —, a *Veja* divulgou antecipadamente sua capa, em que aparecia um pai de costas abraçado à filha, que olhava para a câmera. A legenda da foto dizia: "O empresário Anderson de Almeida com a filha Carolina, de seis anos, que se chamava Murilo".

No subtítulo da manchete "Meu filho é trans", a revista afirmou, sem oferecer fontes, que "mais de 1 milhão de brasileiros" são afetados por esse problema: crianças que não se identificam com seu sexo biológico. Mesmo? Por que não lacrar logo 10 milhões?

Enquanto isso, nos Estados Unidos, diferentes entidades médicas já fizeram severas críticas a tratamentos hormonais e cirúrgicos de "mudança de sexo" em adolescentes e até crianças, sinalizando que existe um modismo de diagnósticos de disforia (o nome técnico dessa condição) feitos de forma precoce ou exagerada.

E, mesmo quando sintomas de disforia são evidentes em uma criança, em mais de 90% dos casos ocorre um alinhamento natural entre o gênero e o sexo com a chegada da puberdade.[*]

No texto da matéria de *Veja*, sobravam elogios ao personagem trans de uma telenovela da Globo (*A força do querer*), e era evidente o esforço para tratar como fato consumado o que não passa de um projeto ideológico defendido por uma minoria, a começar pela primeira frase: "Os transgêneros fazem parte do cotidiano brasileiro".

Sério? O leitor esbarra em transgêneros no seu cotidiano, quando vai à padaria, à praia, ao cinema, ao restaurante? Acho que não. Acontece

---

[*] "Ideias #19: Tudo o que você precisa saber sobre ideologia de gênero", *Gazeta do Povo*, 8 set. 2017. Disponível em: <https://soundcloud.com/gazetadopovopodcast/ideias-19-tudo-o-que-voce-precisa-saber-sobre-ideologia-de-genero>. Acesso em: 29 nov. 2017.

esporadicamente, mas está longe de ser um fato rotineiro mesmo na descolada Zona Sul do Rio de Janeiro, que dirá no resto do Brasil.

Com uma agenda clara, a repórter descreveu o cotidiano de famílias nas quais crianças sofrem com a disforia de gênero a partir dos seis anos de idade. E suas teses são chanceladas por depoimentos de psicólogos, endocrinologistas e educadores — todos favoráveis à ideologia de gênero.

O papel dos especialistas ouvidos era evidente: reforçar a tese estabelecida desde o início da matéria, escudada em um discurso de combate à intolerância.

Meu comentário na página da revista no Facebook foi:

> Acho que não dá mais para se falar em coincidência: está em curso uma campanha para naturalizar a erotização infantil e impor a ideologia de gênero aos brasileiros.
>
> Alguém consegue calcular os custos emocionais e psicológicos desse projeto de reengenharia social na cabeça das crianças? Alguém pode negar que esse processo favorece a pedofilia?
>
> Alguém acredita que uma criança estimulada a experimentar de tudo antes de escolher seu gênero será um adulto melhor, mais feliz e mais saudável que uma criança criada em um núcleo familiar?
>
> Preparem-se para a reação espontânea do Brasil real, porque ela será forte (já está sendo), e o recado é claro:
>
> Parem de mexer com as crianças!

A *Veja* com a capa em defesa da infância trans — que, aliás, expõe o rosto da criança, mas protege o rosto do adulto, de forma covarde — chegou às bancas no fim de semana seguinte a uma reportagem do *Fantástico*, que também investiu na tese de que a ideologia de gênero é o "novo normal". Não é.

O "normal" não se estabelece por decreto da mídia, nem por planejamento estratégico de um campo político. Por maior que tenha sido a campanha para naturalizar o erotismo infantil ao longo dos últimos anos, a reação dos leitores à capa de *Veja* mostra que a população não aceita que interfiram no modo como seus filhos são educados — muito menos que se imponha às famílias uma agenda que abre as portas para a confusão psicológica e emocional das crianças e que favorece a pedofilia.

Esse projeto de modelagem cultural coletiva já foi enfaticamente rejeitado pela população — muitas vezes de forma até exageradamente agressiva, é verdade; mas também isso sugere que forças subconscientes profundas foram revolvidas.

Sinal desse fenômeno é que, dias depois da controvérsia do MAM, um comercial do sabão em pó Omo que, pouco tempo atrás, passaria despercebido, ou mesmo seria acolhido como "fofo", despertou novamente a ira dos internautas, recebendo mais de 200 mil *dislikes* em uma rede social.

O comercial pregava que não devem existir diferenças entre brincadeiras de meninos e meninas. O "marketing de lacração", que funcionara durante tantos anos, agora estava se voltando contra seus criadores.

Ora, é evidente que meninas também podem brincar como meninos: de carro, de bola, de luta. E que meninos podem brincar como meninas: de bonecas, de cozinha, de castelos.

Se uma menina joga futebol, isso é normal; se um menino brinca de casinha, isso é normal. O problema não está aí; o problema está na tentativa de ideologizar a infância, em transformar crianças em cobaias e em ferramentas de quebra de paradigmas e de imposição de uma agenda secreta, de acordo com pautas ideológicas clandestinas.

* * *

Ainda sobre a performance "La Bête", vale a pena transcrever alguns trechos do artigo "Liberdade de expressão como método para a prática de crimes", do jurista Cesar Matsui[*]:

> […] O fato que mais chama a atenção é que, apesar das imagens contendo cenas de sexo explícito e zoofilia, o público-alvo era crianças em idade escolar. Não se trata de mero desrespeito, mas de crime. […]
>
> É um escárnio projetos deste tipo serem financiados com dinheiro público. […] Obras cuja temática seja zoofilia, racismo e erotização de crianças, relativização da pedofilia e homofobia não podem em hipótese alguma serem financiadas com recursos públicos, pois violam princípios inerentes à administração pública, como, por exemplo, da probidade administrativa, da moralidade, da supremacia do interesse público, da razoabilidade e proporcionalidade. […]
>
> Em que pese o fato de uma manifestação artística geralmente ter por objetivo chocar, intrigar e sensibilizar o seu público, […] nos últimos anos, o conceito de arte está sendo banalizado, pois está se considerando como "arte" todo e qualquer ato bizarro, promíscuo, lascivo e repugnante. Como

---

[*] Disponível em: < https://cesarmatsui.jusbrasil.com.br/artigos/505342220/liberdade-de--expressao-como-metodo-para-a-pratica-de-crimes>. Acesso em: 8 fev. 2018.

prova desta bestialidade, há quem considere que enfiar um crucifixo no orifício corrugar (ânus) em um local público como uma forma de manifestação artística. [...]

Na mesma linha se manifestou a psicóloga Georgia Scher, que trabalha no núcleo de psicologia das varas de família no Tribunal de Justiça do Rio de Janeiro há dezessete anos. Ela não teve dúvida de que houve abuso no caso do MAM, conforme entrevista concedida a Alexandre Borges, da qual transcrevo a seguir alguns trechos:[*]

> — Como você descreve o que aconteceu com aquela criança que aparece no vídeo do MAM interagindo com um homem adulto estranho nu?
> — Pedofilia é a doença psiquiátrica que designa um adulto que busca satisfação sexual com crianças. Tecnicamente, não foi pedofilia — o que não significa que não houve crime. O termo correto é abuso sexual e psicológico ao expor uma criança, um ser em desenvolvimento e sem a maturidade para avaliar o toque num homem adulto nu, com a genitália à mostra. A pena para este crime é de um a quatro anos de prisão.
> — Como caracterizar o papel do "ator" neste caso?
> — [...] O que interessa é o ato em si e não especulações sobre supostas intenções dos envolvidos. O ato foi induzido pela mãe, a pessoa em quem a criança mais confia. O comportamento da mãe foi igualmente inadequado.
> — Qual a responsabilidade da mãe?
> — [...] Não se pode partir do pressuposto de que, porque a mãe estava presente, não havia problema. A autoridade dos pais é importantíssima, mas não é absoluta. [...] Uma criança tem direitos e seu direito foi claramente infringido, um crime previsto em lei.
> — Muita gente parece não entender a gravidade do que aconteceu neste caso. Poderia explicar os riscos da criança neste caso?
> — A criança ainda está aprendendo a entender o que é certo e errado, bom e mau, saudável e nocivo. Ao passar por uma situação como esta, legitimada pela mãe, como ela conseguirá avaliar os riscos que corre quando outro adulto, conhecido ou desconhecido, tentar tocar seu corpo ou pedir para ser tocado? Se um homem tentar tocá-la na rua, por exemplo, haverá espaço para explicar por que a situação é diferente da do museu?

Diversos outros médicos e psicólogos reforçaram o argumento, afirmando que a exposição à nudez de adultos desconhecidos *pode afetar sim o desenvolvimento emocional das crianças*. Uma menina de cinco anos estimulada a

---

[*] "Para especialista do TJ-RJ, houve abuso sexual e psicológico no MAM", *Gazeta do Povo*, 9 out. 2017. Disponível em: <http://www.gazetadopovo.com.br/blogs/alexandre-borges/2017/10/09/para-especialista-tj-rj-houve-abuso-sexual-e-psicologico-no-mam/>. Acesso em: 29 nov. 2017.

ter contato físico com um homem nu dentro de um museu não tem discernimento para entender que não pode fazer o mesmo em outros contextos e se torna mais vulnerável à ação de pedófilos.

Em nota[*], a Associação Médica Brasileira também emitiu seu parecer:

> Não consideramos a performance adequada, pois expõe nudez de um adulto frente a crianças, cuja intimidade com o corpo humano adulto, de um estranho, pode não ser suficiente para absorver de forma positiva ou neutra essa experiência. Situações de nudez, contato físico e intimidade com o corpo são próprias do desenvolvimento humano, desde que ocorram entre pessoas com perfis equivalentes, quanto à idade, maturidade e cultura.

Por sua vez, a terapeuta Veronica Esteves de Carvalho explicou[**]:

> As exposições ao nu provocam uma série de questionamentos que precisam ser entendidos pela criança para que isso não atrapalhe em seu desenvolvimento. Posso passar a mão no corpo de qualquer adulto? Posso ficar pelado na frente de qualquer pessoa? As pessoas podem passar a mão no meu corpo? Enfim, quais os limites corporais que devemos respeitar e ensinar as crianças para que elas não fiquem expostas e vulneráveis? Sabendo dos seus limites, a criança aprende a respeitar o próprio corpo e, consequentemente, o corpo do outro, evitando a confusão de sentimentos, a erotização precoce e situações de vulnerabilidade.

Por fim, Marisa Lobo, psicóloga e autora de livros sobre a ideologia de gênero das escolas, afirmou em entrevista ao site *JornaLivre*[***]:

> JL: Como mulher e mãe, quais foram suas impressões ao assistir pela primeira vez ao vídeo da performance [...]?
>
> Indignação, por não ter uma autoridade, um adulto consciente naquele lugar, capaz de impedir aquele abuso. Segundo o Estatuto da Criança e do Adolescente e as leis brasileiras, aquela menina foi [...] abusada psicologicamente, exposta a um situação de risco, usada como objeto de prazer dos adultos a sua volta que regozijavam com a real possibilidade de uma criança

---

[*] Nota disponível em: < https://amb.org.br/noticias/amb-alerta-sobre-la-bete-encenada-no-museu-de-arte-moderna-de-sao-paulo/>. Acesso em: 8 fev. 2018.

[**] Disponível em: < http://www.gazetadopovo.com.br/ideias/exposicao-a-nudez-afeta-o-desenvolvimento-emocional-das-criancas-0plho9tyc5aaovrmkg7w2tvr3>. Acesso em: 8 fev. 2018.

[***] Disponível em: <https://jornalivre.com/2017/10/06/em-entrevista-exclusiva-psicologa-afirma-que-existe-um-movimento-para-naturalizar-a-pedofilia/>. Acesso em: 8 fev. 2018.

poder tocar um corpo nu de um adulto. Quiseram naturalizar este ato, este comportamento degradante, ali foi claramente trazido a discussão de aceitação social da pedofilia...

JL: O principal ponto que está sendo debatido [...] é que tipo de efeitos psicológicos a exposição de uma criança a um adulto estranho e nu, nos primeiros anos de infância, como se fosse algo natural. [...]

O abuso sexual é um tema que choca. É um ato desumano que traz feridas profundas, porém muitas vezes "invisíveis" aos olhos dos terapeutas. As vítimas de abuso sexual, de exposição a conteúdos eróticos, ficam marcadas pelo resto de suas vidas por esta ação destrutiva, o que inevitavelmente traz consequências muito sérias para seu desenvolvimento emocional e para seus relacionamentos futuros. Muitos sintomas aparecem ainda na infância como: problemas de sono, pesadelos, medo, insegurança, tristeza, depressão, comportamentos agressivos — por não entenderem, e não saberem expressar o que sentem —, compulsão por masturbação, interesse precoce por sexo. [...]

As pautas da esquerda são oportunistas, burras e abusivas. [...] A esquerda se associa a qualquer aberração apenas para ser do contra e perseguir seus desafetos, ainda que essa associação seja a um tema tão degradante como de exposição de crianças à pedofilia, zoofilia. [...] Batem no peito se dizendo defensores dos direitos humanos e negligenciam os cuidados mais primários com crianças enquanto se ocupam de pautas que só desconstroem valores da família e da infância.

Estamos vivendo uma guerra ideológica, de valores morais, inclusive política, é fato. Mas a esquerda está totalmente doente, confundindo lutas por direitos com pornografia, abuso sexual infantil, orgias, pedofilia, zoofilia etc. Confundindo direitos humanos com direitos a ofender e odiar a fé alheia e seus opositores. [...] Eles estão defendendo o indefensável. [...] Pedofilia não é arte, criança não é brinquedo, criança não é adulto.

Tudo isso parece tão evidente que, até não muitos anos atrás, faria parte do senso comum. Mas um dos objetivos da guerra de narrativas ainda em curso é, justamente, *alterar o senso comum*, de tal forma que mesmo o óbvio precise ser explicado e repetido à exaustão.

* * *

No livro didático *Sociologia em movimento*, adotado em muitas escolas públicas de ensino médio, um capítulo inteiro é dedicado ao tema "Gênero e sexualidade", e a "identidade de gênero" é descrita como uma "construção cultural estabelecida socialmente através de símbolos e comportamentos, e não uma determinação de diferenças anatômicas entre os seres humanos".

Os autores vão além, afirmando que o objetivo do livro é "reconstruir os papéis sociais estabelecidos":

As permanências da sociedade patriarcal e do androcentrismo estão entre as principais explicações para esse fenômeno (a discriminação), e serão trabalhadas ao longo do capítulo, juntamente com as evidências que apontam para a reversão desse quadro social.[*]

* * *

Em 2011, um documentário da televisão norueguesa colocou em questão a credibilidade da ideologia de gênero nos países escandinavos. Por causa da repercussão do telefilme *Hjernevask* (*Lavagem cerebral*), o Conselho Nórdico de Ministros (que inclui representantes da Suécia, Noruega, Dinamarca, Finlândia e Islândia) determinou a suspensão dos subsídios públicos destinados ao Instituto Nórdico de Gênero, o que gerou um intenso debate público sobre o assunto no país.[**]

O documentário contesta as teses dos defensores da ideologia de gênero com pesquisas realizadas por psicólogos e neurocientistas. Enquanto os primeiros afirmam que não há fundamento biológico nas diferenças de comportamento entre homens e mulheres, tratando-se *exclusivamente* de construções sociais, os cientistas apresentam resultados de seus testes empíricos que constatam diferenças inatas nas preferências e nos comportamentos de homens e mulheres — sem deixar de reconhecer, evidentemente, que a cultura *também* influencia o comportamento.

No Brasil como na Noruega, esse processo de naturalização da ideologia de gênero passa, evidentemente, pela universidade. Os cursos de ciências humanas, especialmente, se tornaram verdadeiras fábricas de teleguiados a serviço de um projeto de destruição e sabotagem de tudo que seja ligado à família e à "moral capitalista".

São esses jovens que, mais tarde, constituirão a geração seguinte de intelectuais orgânicos e de quadros a serviço da reprodução do novo discurso hegemônico.

---

[*] Disponível em: < https://palavraviva.com/noticias/a-prova-que-faltava-livro-recomendado--pelo-mec-ensina-genero-nas-escolas/>. Acesso em: 8 fev. 2018.
[**] O documentário está disponível no YouTube: <https://www.youtube.com/watch?-v=XU7i9Y83_JQ>. Acesso em: 29 nov. 2017.

A cada semestre, bancas de monografias e teses são alimentados por toneladas de lixo acadêmico, que felizmente ninguém vai ler, mas que, em casos cada vez mais frequentes, escapam do anonimato pela bizarrice, pelo ridículo e pela lacração — que frequentemente andam juntos.

Ficou famosa nas redes sociais uma lista[*] — autêntica — de dissertações de mestrado e teses de doutorado defendidas e aprovadas em universidades públicas, que incluíam:

Fazer banheirão: as dinâmicas das interações homoeróticas na Estação da Lapa e adjacências. (Mestrado em Antropologia na Universidade Federal da Bahia.)

Trecho:

> Percebo que, para além de um simples terminal com um sanitário, a Estação da Lapa é ressignificada como espaço de práticas sexuais de desejos dissidentes, na direção de interesses tão diversificados quantos são os sujeitos que interagem na cena e que só são reunidos aqui pelo traço em comum dos desejos, diversificadamente, homo-orientados.

Mulheres perigosas: uma análise da categoria piriguete. (Mestrado em Sociologia e Antropologia na Universidade Federal do Rio de Janeiro.)

Trecho:

> A piriguete representa, primeiramente, uma mulher que não se adéqua às normas de conduta feminina — ela expressa sua sexualidade e seu desejo, sua liberdade e seu poder.

Erótica dos signos nos aplicativos de pegação: processos multissemióticos em performances íntimo-espetaculares de si. (Mestrado em Linguística Aplicada na Universidade Federal do Rio de Janeiro.)

Trecho:

> Erótica dos signos denota a emergência de romper a divisão cartesiana entre mente e corpo e considerar o componente erótico na pesquisa para fazer ciência com corpo e alma. Também alude à sensualidade típica dos apps de pegação e evidencia o cuidado com a imagem de si, a pornificação de si como arena de

---

[*] <http://forum.outerspace.com.br/index.php?threads/humanas-news-dez-monografias-incomuns-bancadas-com-dinheiro-p%C3%BAblico.488039/>. Acesso em: 8 fev. 2018.

embate político, a necessidade de uma metodologia que considere o corpo do pesquisador na pesquisa".

Agora eu fiquei doce: o discurso da autoestima no sertanejo universitário. (Mestrado em Linguística e Língua Portuguesa na Universidade Estadual Paulista — Unesp.)
Trecho:

> A canção "Camaro amarelo" é um enunciado no qual estão presentes valores relacionados à ideologia capitalista do consumismo, tais como os valores das marcas famosas de produtos, da ascensão social e do amor por interesse.

E, especialmente relevante para o tema deste capítulo: *A pedofilia e suas narrativas: uma genealogia do processo de criminalização da pedofilia no Brasil.* (Doutorado em Sociologia na Universidade de São Paulo.)
Trecho:

> Por tudo que foi visto nesta tese, não é possível afirmar que a pedofilia seja, em sua totalidade, sinônimo de violência sexual contra a criança, embora os termos sejam usados de modo indiscriminado e intercambiável em quase todos os domínios do saber. Os diversos textos apresentados aqui demonstram que muitos pedófilos nunca violentaram sexualmente uma criança; e que muitos agressores sexuais infantis não podem ser considerados pedófilos, por não se enquadrarem na definição psiquiátrica da categoria.

Parece evidente que a proposta dessa tese é naturalizar a pedofilia, relativizando os abusos de crianças por meio de um palavrório vazio.

O que está por trás disso?

Conclusão

A revolução do mimimi: a guerra de narrativas não acabou

A certeza que eu criei é maior que meu entendimento.
Banda 3030, "Bom dia"

Cada vez menos pessoas para conversar. Regra geral, o que topamos pela frente são sectários desinformados e grosseiros. Se divirjo de alguma coisa LGBT, *[...] sou homofóbico. Se invisto contra* MBLs, *evangélicos e quejandos, sou comunista ou enviado do diabo. Se disparo contra petistas e similares, sou fascista. Se contesto o racialismo, sou racista... Assim, fica difícil. O que há é um furor patológico para reprimir divergências, inibir discordâncias, sufocar críticas.*
Antonio Risério, antropólogo baiano

Estamos em novembro de 2017.

Os exemplos do estado de desorientação e confusão mental em que se encontram intelectuais e artistas "do bem" — aqueles que militam na guerra de narrativas promovida pelo campo dito progressista — se multiplicam em um ritmo quase diário.

Caetano Veloso e outros famosos fizeram uma campanha "contra a censura", depois das polêmicas envolvendo a mostra 'Queermuseu' e a performance com uma menina de 5 anos no MAM. O que Caetano aparentemente não esperava era a reação das redes, intensa e imediata. Alguém lembrou as circunstâncias em que o cantor conheceu sua ex-esposa Paula Lavigne e reproduziu, no Twitter e no Facebook, uma matéria da *Folha de S.Paulo* de agosto de 1998 que explicava como o casal iniciou seu relacionamento: Caetano tinha quarenta anos, e Paula treze.

Evidentemente, a matéria viralizou, acompanhada da *hashtag #caetanopedófilo*, que em questão de horas se tornou *trending topic* no Twitter. E uma geração inteira que sequer sabia do episódio teve que lidar com o fato de que o cantor, em sua festa de aniversário de quarenta anos, desvirginou uma menina de treze.

Pela legislação atual, isso caracterizaria crime de estupro de vulnerável, independente de "consentimento", uma vez que a lei considera que uma menina de treze anos não tem capacidade legal de discernir.

Para uma geração criada à base de pera, Toddynho e discurso politicamente correto, não era algo fácil de assimilar. O único argumento que encontraram foi alegar que, na época, fazer sexo com uma menina de treze anos não era crime, o que revela, na melhor das hipóteses, desonestidade intelectual. Mal comparando, é mais ou menos como justificar a escravidão alegando que, segundo a legislação da época do Império, ter escravos não era crime.

Já para outra parcela da população jovem, cada vez mais empurrada à direita por associar os governos populares do PT à roubalheira e a escândalos de corrupção — sim, foi este o legado dos governos do PT à imagem da esquerda —, a polêmica só reforçou a ideia de que a esquerda abraça uma agenda que fere, em um nível muito profundo, valores arraigados no inconsciente coletivo do Brasil real — não no Brasil da *timeline* do Facebook, nem no Brasil das telenovelas.

Mas o principal aspecto a destacar nesse episódio é que os mecanismos de massacre virtual que esses artistas e intelectuais associados ao (e generosamente recompensados pelo) campo no poder usaram ao longo dos anos para calar e exterminar simbolicamente todos que fizessem qualquer questionamento crítico começaram a se voltar contra eles.

Talvez assim finalmente entendam que foi nisso que transformaram o Brasil: num círculo vicioso de ódio, ressentimento e rancor. E, aparentemente, agora o pêndulo vai ter que completar seu ciclo até que voltemos a ser um país normal.

A grande mídia parece não estar se dando conta desse fenômeno. Dia após dia, os jornais, revistas de informação e portais de conteúdo jornalístico alimentam involuntariamente os sites de humor com matérias que, pela parcialidade e estupidez, desmoralizam os profissionais da mídia.

O irônico é que todos esses intelectuais, artistas e jornalistas do bem estão eles próprios dando uma forcinha para empurrar o pêndulo para a direita.

Fato: a classe artística brasileira encontra-se em total descompasso com o povo — e acha que quem está errado é o povo. Isso explica a percepção crescente de que a grande mídia está menos comprometida e preocupada com a imparcialidade que com a defesa de uma agenda ideológica, sem qualquer pudor.

* * *

O escritor inglês G. K. Chesterton declarou: "A vida é um mundo, e a vida vista nos jornais é outro". Hoje, um terceiro mundo é o da vida vista nas redes sociais. Em um fenômeno que pode ser chamado de *provincianismo digital*, muitas pessoas acreditam sinceramente que a *timeline* de seu Facebook reflete a realidade do país.

São essas pessoas que ficam escandalizadas quando veem um deputado na TV dedicar seu voto à família (que horror!). Elas parecem não compreender que esse deputado foi eleito por votos que valem tanto quanto os delas — e que representa interesses e valores tão legítimos quanto os delas.

* * *

Como vimos ao longo deste livro, muitos brasileiros se tornaram reféns de uma armadilha moral imposta pela guerra de narrativas. Ao longo de muitos anos, pegava mal criticar Lula, Dilma e o PT; pegava mal falar dos escândalos de corrupção; pegava mal criticar a irracionalidade da política econômica que levaria o país ao colapso.

Contribuiu para o êxito desse projeto o fato de que os agentes desse discurso *eram, eles próprios, vítimas do processo que o engendrou*. O ambiente favorável a essa narrativa não surgiu espontaneamente, com a chegada do PT ao poder; ele é fruto de um lento e laborioso processo que já dura décadas:

- Os intelectuais, os artistas "do bem", os professores de escolas e universidades, os jornalistas que hoje ocupam posições de comando e influência foram formados em um ambiente universitário e cultural que já era hegemônico muito tempo antes de o PT chegar ao poder;
- O pensamento de certa esquerda tornou-se hegemônico na educação e na cultura muito tempo antes de esse grupo, que já era dominante na cultura, conquistar o poder de fato — e se tornar também o grupo dirigente.

Foi isso que permitiu que, no governo Dilma, enquanto os fundamentos da estabilidade econômica do país eram sistematicamente destruídos por um grupo que roubava o bolso e o futuro de milhões de brasileiros, a militância lulopetista reafirmasse diariamente nas redes sociais, com devoção religiosa, a sua convicção de que o PT era detentor do monopólio da virtude e do bom coração.

Felizmente, a tolerância dos brasileiros à corrupção sempre se desfaz quando a realidade de uma crise econômica se impõe — ainda que essas crises sejam provocadas mais frequentemente pela incompetência que pela própria corrupção.

A dura realidade é que, no Brasil, um governo pode roubar até dizer chega e ser popular, desde que a economia esteja bem. Mas nenhum governo sobrevive a longo prazo à percepção de que, enquanto os políticos no poder roubam, a sociedade sofre e empobrece.

Quem falou sozinho durante mais de treze anos não foi a oposição, foram o PT e seus militantes. Nas universidades, nas escolas, nas redes sociais, quem deteve o monopólio da fala nesse período foram os simpatizantes do lulopetismo, não seus adversários.

Isso mudou. Um exemplo notável foi um episódio ocorrido em uma sala de aula da Universidade Federal da Bahia, em setembro de 2017. Transcrevo o relato de uma estudante, Priscila Chammas, em uma rede social:

> Hoje fui num evento com o embaixador da Venezuela, na UFBA, promovido por professores de esquerda. [...] Não faltou fala (de professores e alunos) sobre o imperialismo, culpa da mídia, genocídio do povo negro, você está a favor do capital, precisamos implantar o socialismo de verdade na Venezuela e, pasmem, teve até um cara com a camisa do PCDOB que pediu a palavra para perguntar por que o governo de Maduro estava sendo tão permissivo com os opositores. Segundo ele, eram necessárias punições mais duras para garantir o sucesso da implantação do verdadeiro socialismo em favor dos trabalhadores.
>
> Foi uma coisa surreal. Antes disso, e após a (péssima) palestra do funcionário de Maduro, foi anunciado que perguntas só poderiam ser feitas por escrito (assim eles poderiam selecionar, né?). A professora disse isso e começou a anunciar a agenda esquerdista da semana, com ato em prol disso, contra o desmonte dos direitos daquilo etc.
>
> Eu já estava bem irritada com a impossibilidade de fazer perguntas, me levantei e perguntei por que eles não faziam um ato em defesa das vítimas do regime de Maduro. Chamei de genocidas, disse que eles deviam ter vergonha de promover um evento daquele com dinheiro público.
>
> A confusão se instalou. Palmas de um lado, vaias do outro, mas o que eles não contavam era que o auditório tinha mais gente do nosso lado que do deles. [...] E aí começou um grande coro de "Fora Maduro!", e eles ficaram meio sem saber onde enfiavam a cara perante um convidado tão importante. Foi lindo. Chorei, choramos.
>
> Não é fanfic. Tem o vídeo aqui.[*]
>
> A moral da história é que, depois do meu ataque de pelancas, eles acabaram abrindo para perguntas faladas e tomaram uma surra. [...] 90% das perguntas foram espinhosas e rolou até um depoimento de uns quinze minutos de um grupo de venezuelanos insatisfeitos com o regime. Dentre os que falaram a favor, um foi esse alucinado que pediu mais violência para com os opositores do regime, mas minutos antes estava me chamando de agressiva e antidemocrática.
>
> Também teve um esquerdomacho que pediu para o vereador [...] (que também estava lá) fazer eu calar a boca, num comportamento claramente misógino e querendo que um homem atropelasse o meu lugar de fala. E claro que, entre os revolucionários que lutam contra o capital, tinha um monte de tênis Nike, Iphones e barrigas alimentadas pelo capitalismo. Coerência não é mesmo o forte desse pessoal...

A maneira como a estudante conclui seu post é lapidar:

---

[*] Disponível em: < https://m.facebook.com/story.php?story_fbid=1584065604997367&id=1068737836530149&pnref=story>.

Mas a moral da história é que o jogo virou. Há alguns anos, eles estariam fazendo os seus eventos sem contraponto. Falando sozinhos, sendo donos da verdade. Esse tempo acabou, meus caros. A espiral do silêncio se rompeu, e é bom irem se acostumando ao contraditório, porque agora vai ser assim.

* * *

Ao longo de toda a crise que culminou no impeachment de Dilma Rousseff, um grupo de personagens se destacou, ao lado dos inocentes úteis e dos desonestos: aqueles intelectuais orgânicos que, mesmo reconhecendo a gravidade crescente da situação do país, irresponsavelmente defendiam como saída uma "guinada à esquerda", com mais intervenção do Estado e mais gastos públicos, o que teria como efeito inevitável acelerar a trajetória do país rumo ao abismo.

Foi o caso do professor de filosofia da USP Vladimir Safatle, cujo livro *Só mais um esforço* (Três Estrelas, 2017) eu resenhei em meu blog, em setembro de 2017:[*]

SÓ MAIS UM ESFORÇO... RUMO AO ABISMO

Chega a ser assombroso que, em um século XXI já à beira da maioridade, ainda exista quem escreva (e quem publique) um livro com as seguintes propostas:
Substituição dos poderes Legislativo e Executivo por mecanismos de democracia direta;
Confisco dos aparelhos de produção, que passariam a ser geridos pelos próprios trabalhadores;
Gestão coletiva dos recursos públicos;
Restrições ao direito de propriedade privada.

Pois é. Coisas assim são defendidas em *Só mais um esforço*, de Vladimir Safatle. Professor de filosofia na USP, Safatle escreve no estilo característico dos acadêmicos de Ciências Humanas no Brasil: em um tom pomposo e falsamente profundo, pontuado aqui e ali por ironias e citações poéticas. [...]
Mas, apesar das credenciais acadêmicas acumuladas em 44 anos de vida, a mentalidade é de um adolescente que sonha transformar o mundo abolindo a propriedade privada dos meios de produção e entregando o poder a conselhos populares. Safatle prega o conflito e debocha de qualquer política de conciliação

---

[*] Disponível em:<http://g1.globo.com/pop-arte/blog/maquina-de-escrever/post/so-mais-um--esforco-rumo-ao-abismo.html>. Publicado em: 24 set. 2017.

entre as classes sociais. Faz tudo isso ignorando a história, ou dela selecionando apenas o que reforça sua narrativa pseudorradical. [...]

Logo na primeira página, o autor afirma que o Brasil está "completamente à deriva" depois de um "golpe parlamentar" (acho que ele está falando do processo de impeachment chancelado pela Constituição e pelas ruas, tomadas por milhões de brasileiros cansados de corrupção e incompetência). É mesmo? A inflação estava em 10% e crescendo, hoje está abaixo de 3%; o PIB encolheu 7,2% em 2015 e 2016 e volta a crescer; o desemprego, que aumentava de forma galopante, já começa a cair. E é agora que o país está à deriva?

Safatle critica o lulopetismo não por ter destruído a economia brasileira, jogando milhões de brasileiros no desemprego, trazendo de volta a inflação de dois dígitos e provocando a maior recessão de nossa história (e as vítimas preferenciais desse processo são os pobres e oprimidos que o autor acredita representar, vale lembrar, ainda que não tenha procuração para isso). Ele critica o lulopetismo não pelos escândalos de corrupção em série a serviço de um projeto de perpetuação no poder. Ele critica o lulopetismo porque acha que tudo isso foi pouco. [...]

O autor propõe uma "refundação" da esquerda. Já ouvimos isso antes: a esquerda precisa se reinventar. Concordo, uma reinvenção é urgente — mas, seguramente, não será aquela que Safatle propõe. Resumindo: *Só mais um esforço* é só mais um esforço para tentar vencer, na narrativa, uma luta perdida no Poder Legislativo, no Poder Judiciário e nas ruas.

* * *

No primeiro capítulo deste livro escrevi que o desenrolar da crise política foi determinado pela interação dos comportamentos de diferentes atores: a classe política, a mídia, o Judiciário, os mercados e a opinião pública — cuja forma mais radical de expressão é ocupar as ruas.

No processo que levou ao impeachment de Dilma Rousseff, todos esses agentes atuaram em crescente harmonia, em uma espécie de tempestade perfeita:

- A classe política, que optou por apoiar Lula na crise do Mensalão, entregou Dilma às baratas: por instinto de sobrevivência, o consórcio de partidos responsável por sua eleição e reeleição se desfez numa velocidade assustadora, quando se consolidou a percepção de que a presidente tinha perdido as condições de governar o país;
- A mídia, que nunca foi exatamente rigorosa com os governos Lula e Dilma, entendeu que o estelionato eleitoral cometido na campanha de 2014 tinha ultrapassado os limites da paciência da população, ao mesmo tempo que percebeu que o descontrole crescente da

economia seria um caminho sem volta enquanto o PT estivesse no poder — e, com exceção dos blogs "independentes" financiados com dinheiro público, também abandonou Dilma;

- O Poder Judiciário, por sua vez, começou a se descolar de Dilma no momento em que ministros do STF nomeados por Lula e por ela própria passaram a emitir sinais de que respeitariam certos limites na defesa do governo, garantindo a legalidade do impeachment, ao mesmo tempo que o juiz Sergio Moro e os procuradores do MPF se transformavam em heróis, aos olhos da população;

- Também por instinto de sobrevivência, os mercados rejeitaram Dilma quando ficaram claros o fracasso da Nova Matriz Econômica e a incompetência do governo para reverter o quadro de inflação, recessão, desemprego e fuga de investidores que se instalou no país;

- O povo e as ruas deixaram de ter dono: desde junho de 2013, quando as manifestações populares saíram do controle do campo lulopetista, a população do Brasil real se deu conta do poder que detinha e promoveu os maiores protestos de rua de nossa história para pedir a queda de Dilma e o combate à roubalheira institucionalizada em seu governo.

Os comportamentos combinados desses cinco agentes se alimentavam mutuamente: o povo não teria ido às ruas se os indicadores econômicos fossem bons; a classe política não teria abandonado Dilma se o povo não fosse às ruas; a mídia não teria sido tão crítica ao governo se não percebesse que a desintegração da base parlamentar tirava da presidente as condições mínimas de governabilidade etc.

É muito difícil e raro que isso aconteça. O governo de Michel Temer conseguiu sobreviver a uma crise gravíssima porque alguns desses atores não entraram na onda que se tentou criar pela sua deposição, a partir da gravação divulgada pelos irmãos Joesley e Wesley Batista — hoje presos.

A mídia, em especial, apostou pesado na queda de Temer; alguns ministros do STF também; o Procurador-Geral da República, Rodrigo Janot, mais ainda. Mas foi só.

- Os mercados não compraram a tese de que a queda de Temer seria boa para eles e para o país. Durante meses a fio, Temer apanhou incessantemente no noticiário político, mais os indicadores econômicos teimavam em continuar positivos: inflação em queda, volta do crescimento, recuperação do emprego e da atividade industrial sinalizavam que os agentes do mercado apoiavam Temer e sua política econômica — e rejeitavam qualquer aventura rumo ao desconhecido;
- Independentemente da motivação, a classe política — com a previsível exceção do PT e seus puxadinhos, ou seja, do campo derrotado no processo do impeachment (derrotado no Legislativo, no Judiciário e nas ruas) — demonstrou impressionante coesão no apoio a Temer — e tampouco comprou a tese vendida pela imprensa de que apoiá-lo teria um alto custo eleitoral em 2018;
- O povo não bateu panelas nem foi às ruas, que ficaram desertas apesar do enorme esforço da mídia para criar um ambiente de indignação contra o presidente Temer. Talvez isso se deva ao fato de que o brasileiro comum sabe, em um nível muito profundo da consciência, como é importante a estabilidade econômica.

Fato: quem já passou perrengue com inflação galopante, desemprego e as consequências sociais do descontrole da economia — ou seja, a imensa maioria dos brasileiros adultos — simplesmente não estava disposto a apostar no desconhecido justamente no momento em que essa estabilidade começava a ser recuperada.

Quem vive de mesada e não precisa se preocupar com contas a pagar pode se dar ao luxo de acreditar que ser "do bem" é apostar no caos. Mas, enquanto a economia estiver se recuperando, a população do Brasil real jamais irá às ruas. Foi isso que a mídia pareceu (ou fingiu) não entender.

A população do Brasil real também é indiferente à narrativa que tenta classificá-la como atrasada ou obscurantista. Esta é, aliás, uma estratégia estúpida — da mesma forma que foi estúpida a estratégia de classificar como golpista quem apoiava o impeachment de Dilma Rousseff.

* * *

O mal feito à cabeça das pessoas, especialmente dos jovens formados nas salas de aula da Escola e da Universidade com Partido, é o pior legado do ciclo lulopetista. Levará décadas para ser superado.

Mas é preciso começar esse processo de superação. Com certa urgência, precisamos abandonar a visão simplista e tola de que somente os partidos associados ao campo lulopetista — e, por extensão, à ideologia a eles associada — se preocupam com o "social".

Pois, se acreditarmos nisso, a conclusão necessária é que um programa partidário já nasce, por definição, superior aos demais — o que seria uma maneira ingênua (ou, em uma hipótese pior, desonesta) de se pensar o debate político.

É preciso combater de forma vigorosa a inculcação, na Escola com Partido, da ideia de que a sociedade brasileira é dividida em duas partes, "nós" e "eles", "nós" com o PT, "eles" do lado da reação, do fascismo e do golpismo.

O fato peculiar de no Brasil a esquerda ser sempre "progressista" e a direita representar sempre um "retrocesso" é um efeito colateral da ditadura militar, que o PT soube capitalizar muito bem. Se a ditadura era associada à direita, e se mesmo hoje existem alucinados que defendem uma intervenção militar como solução para os problemas do país, não decorre daí que ser de direita implique defender a ditadura, da mesma maneira que, na Europa do pós-guerra, ser anticomunista não implicava abraçar o fascismo.

Não decorre daí, tampouco, que fazer oposição ao projeto de poder lulopetista implique ser de direita.

É preciso entender, por fim, que apoiar e elogiar medidas redistributivas e programas meritórios, em qualquer governo, de qualquer partido, não pode significar dar carta branca para um governante roubar, mentir e corromper, nem muito menos para fraudar as regras da democracia para se perpetuar no poder.

O êxito de determinados programas e medidas não pode autorizar nenhum partido a se autodenominar o defensor ou garantidor exclusivo de direitos sociais, como se o projeto de todos os demais partidos fosse aumentar a miséria e proibir os pobres de ter acesso à moradia, à escola, à saúde e mesmo à alimentação — como sugeria um programa televisivo da campanha de Dilma à reeleição, segundo o qual a candidata Marina Silva iria tirar a comida do prato dos trabalhadores.

Infelizmente, ainda hoje muita gente no Brasil age e pensa como se a realidade fosse assim. De maneira sincera ou cínica, a mensagem que foi espalhada e assimilada na guerra de narrativas foi: fazer oposição ao PT e defender o impeachment de Dilma Rousseff significa apoiar a ditadura militar e se colocar ao lado das elites contra o povo.

Estava montada a armadilha da *falsa dicotomia*: em um país tão pobre e com tanta desigualdade social como o nosso, ficar do lado das elites contra o povo seria mesmo um ato abominável e vergonhoso.

Se as opções apresentadas fossem estas — apoiar o PT ou apoiar a desigualdade social —, a conclusão necessária seria que caminhamos para uma unanimidade, já que todos desejamos a diminuição das desigualdades. Ou não?

É preciso acreditar que existem alternativas ao populismo de esquerda e ao populismo de direita. É preciso compreender que a política não é uma disputa entre o bem e o mal — muito menos no Brasil.

ESTE LIVRO, COMPOSTO NA FONTE FAIRFIELD,
FOI IMPRESSO EM PAPEL PÓLEN 70G/M2 NA STAMPPA,
RIO DE JANEIRO, MAIO DE 2018.